PARIS
HILTON

PARIS HILTON
A AUTOBIOGRAFIA

Tradução: Sofia Soter

GLOBOLIVROS

Copyright da presente edição © 2023 by Editora Globo S.A.

Copyright © 2023 by 11:11 Media, LLC.

Publicado mediante acordo com Dey Street Books, selo da HarperCollins Publishers.

Todos os direitos reservados. Nenhuma parte desta edição pode ser utilizada ou reproduzida — em qualquer meio ou forma, seja mecânico ou eletrônico, fotocópia, gravação etc. — nem apropriada ou estocada em sistema de banco de dados sem a expressa autorização da editora.

Texto fixado conforme as regras do Novo Acordo Ortográfico da Língua Portuguesa (Decreto Legislativo nº 54, de 1995).

Título original: *Paris: The Memoir*

Editor responsável: Guilherme Samora
Editora assistente: Gabriele Fernandes
Preparação: Adriana Moreira Pedro
Revisão: Nestor Turano Jr. e Angélica Andrade
Foto de capa: Randee St. Nicholas
Design de capa: Guilherme Samora
Projeto gráfico e diagramação: Douglas K. Watanabe

CIP-BRASIL. CATALOGAÇÃO NA PUBLICAÇÃO
SINDICATO NACIONAL DOS EDITORES DE LIVROS, RJ

H55p

    Hilton, Paris
      Paris Hilton: a autobiografia / Paris Hilton ; tradução Sofia Soter. — 1ª ed. — São Paulo: Globo Livros, 2023.

    Tradução de: Paris: The Memoir
    ISBN 978-65-5987-090-5

    1. Hilton, Paris. 2. Celebridades — Estados Unidos — Biografia. 3. Socialites — Estados Unidos — Biografia. 4. Modelos (pessoas) — Estados Unidos — Biografia. I. Soter, Sofia. II. Título.

23-82418

CDD: 305.52092
CDU: 929:391(73)

Gabriela Faray Ferreira Lopes — Bibliotecária — CRB-7/6643

1ª edição, 2023

Editora Globo S.A.
Rua Marquês de Pombal, 25
Rio de Janeiro, RJ — 20230-240
www.globolivros.com.br

Para a família em que nasci,
a família que formei,
e a família que encontrei pelo caminho.
Amo todos vocês.

Prólogo

O DR. EDWARD HALLOWELL, autor de *Tendência à distração*, diz que o cérebro com TDAH é como uma Ferrari com freios de bicicleta: poderoso, mas difícil de controlar. Meu TDAH me faz perder o celular, mas também me torna quem eu sou, então, para amar minha vida, tenho que amar meu TDAH.

E eu amo minha vida.

É junho de 2022, e estou tendo uma das melhores semanas que já vivi. Minha amiga e vizinha Christina Aguilera me chamou para ser uma de suas convidadas especiais supersecretas da LA Pride Festival & Parade. Enquanto minha equipe carregava meu equipamento de DJ, eu estava tão nervosa e animada que saí sem sapatos e apareci no trailer dos bastidores de regata, legging aveludada e meias. Passei ainda mais vergonha ao entrar, sem querer, no camarim errado. Tinha uns dançarinos se arrumando lá e todos gritaram de alegria ao me ver.

Aí, selfies. Óbvio!

Sempre tento tirar a foto — tipo, segurar a câmera da pessoa no ângulo certo, de cima para baixo, o que é importante quando a pessoa é alta, porque a foto sai muito esquisita com o ângulo de baixo para cima, pegando as narinas, ou quando as mãos da pessoa estão tremendo, talvez porque ela esteja nervosa, ou porque seja meio tímida, o que eu entendo bem. Então foi isso que fiz, soltando um monte de "Loves it! Loves it! Sliving!" coisa e tal, e aí fui embora de meias, fazendo um negócio que meu marido, Carter, chama de "trote do unicórnio": não chego a correr, é mais gracioso do que um galope, e está mais para dançar do que para saltitar. Acho difícil andar devagar.

Então lá estou, na parada, com Christina e umas outras 30 mil pessoas, todas cheias de arco-íris e purpurina, dançando, rindo, se abraçando, se divertindo horrores no meu set, que veio logo depois do da Kim Petras, que cantou no nosso casamento em 2021 — uma versão linda de "Stars Are Blind", em ritmo de balada, e "Can't Help Falling in Love" enquanto eu e Carter subíamos ao altar... É por isso que essa segunda música me fez chorar semana passada, no casamento da Britney Spears, quando nossa linda noiva princesa angelical surgiu, depois daqueles anos todos de pesadelo, e foi flutuando até o altar de vestido Versace (porque, né, *Versace*, por favor), ao som daquela música icônica do Elvis Presley, que já foi cantada em milhões de casamentos em Las Vegas. Foi lá que meu avô, Barron Hilton, começou a moda de residências ao contratar o Elvis para se apresentar no Las Vegas Hilton International em 1969, dando a letra para Britney e tantos outros artistas inovadores prosperarem no formato, um exemplo perfeito da visão criativa de uma pessoa que acende a faísca de genialidade que se inflama rumo ao futuro.

Outro exemplo perfeito: meu bisavô, Conrad Hilton.

Espera aí. Onde eu estava mesmo?

Na parada!

Essa galera. Nossa senhora! Era energia, amor, luz; uma vitalidade sem fim.

Estou nas picapes. É como pilotar uma nave espacial repleta das pessoas mais maneiras da galáxia. Meu set é estruturado com base em músicas icônicas, tipo "Toxic" e um remix irado do BeatBreaker de "Genie in a Bottle" da Christina, rainha da noite, além de um monte de outros remixes e originais muito massas, que eu deveria lançar no podcast, ou no YouTube, porque é um set divertidíssimo. (Lembrete: fazer uma playlist para este livro.) Eu estava tão concentrada no set (lembrete: botar Ultra Naté na playlist) que só na metade do show me ocorreu que tinha esquecido o celular na bancada do camarim onde tirei as selfies com os dançarinos seminus.

Fodeu.

Venho tentando não falar tanto palavrão, especialmente *foda*, *foder* e variantes. Não quero que perca o sentido, porque é uma palavra ótima, que serve para vários contextos. É substantivo. É verbo. Serve de descrição de trabalho. Serve para tudo. *Foda* salva o dia. Então: *fodeeeeeeu!* Porque eu me sinto pelada sem celular, e tenho uma superparanoia de alguém pegar o aparelho e espalhar todo o conteúdo pela internet, o que já me aconteceu mais de uma vez, então, Deus abençoe Cade — melhor amigo, anjo da guarda —, que foi atrás do meu celular depois de eu arrasar no set, e finalmente seguimos para a *after* que eu e Christina organizamos na Soho House.

Agora estou em casa, com meus amores: Diamond Baby, Slivington, Crypto, Ether e Harajuku Bitch, a chihuahua originária.

Arrasou, Harajuku Bitch!

Ela tem 22 anos. Multiplique por sete; em idade de cachorro, ela tem literalmente 154 anos! Ela dorme 23 horas por dia e parece o Gizmo, de *Gremlins*, mas ainda está por aqui, vivendo no "bem-bom". Sei que, alguma noite, vou chegar em casa e ela vai estar dormindo seu sono eterno. Morro de medo dessa noite, e odeio esse pensamento intrusivo aleatório. Pensamentos intrusivos são meus inimigos e estragam minha alegria até quando participo de um evento épico, com gente que me põe lá no alto, e meu marido está já na cama, esperando, paciente, que eu tome banho e faça o *skin-care*, rotina que ele sabe que nunca ignoro.

Desde que eu e minha irmã éramos pequenininhas, nossa mãe nos ensinou o valor de cuidar da pele; eu sempre sinto a presença dela nesse ritual relaxante. O cuidado com a pele, se bem-feito, é um momento de ternura em meio a um mundo abrasivo. Você retira a máscara — sua cara de coragem, de bom humor, de linha dura, a fachada — e se vê, limpa e reabastecida, e a sensação é, tipo, "Ok. Estou bem". Dá para sentir tudo com tanta clareza depois de lavar o rosto! Como um recém-nascido ao sentir o primeiro frescor do ar.

Um dia, Kim Kardashian e eu estávamos preparando frittata e rabanada com cobertura de sucrilhos para o café da manhã, e ela falou:

— Não conheço ninguém que caia na gandaia que nem você e continue bonita desse jeito.

Cuidar da pele. Sério. Se não aprender mais nada com minha história, pelo menos registre o seguinte: *cuidar da pele é sagrado.* A maioria das mulheres que cheirava cocaína nos anos 1990 chegou a meados dos anos 2000 com a cara acabada. Foi um grande fator para eu me afastar. Não vou dizer que nunca experimentei, mas não estava disposta a sacrificar minha pele. Digo o mesmo de fumar cigarros. Para mim, dá na mesma que bater na própria cara com uma pá.

Hoje em dia, meu único hábito ruim é bronzeamento artificial a jato. Nicky, minha irmã, não suporta, mas eu tenho certo vício. Fora isso, eu e Carter somos do time do bem-estar e do autocuidado. Sempre dizemos que "A eternidade não é suficiente". Cuidar de nós mesmos é o que fazemos por amor um ao outro. Queremos que nossa vida boa dure.

Depois de eu botar a frittata no forno e ligar o temporizador bonitinho de pinguim, Kim disse:

— Agora são os doze minutos da limpeza. A regra é *limpar enquanto cozinha.*

Minha única regra é cuidar da pele. Filtro solar é meu 11° mandamento.

Você talvez se pergunte: *E o que isso tudo tem a ver com TDAH?*

Nada. E tudo. E qualquer coisa. Ao mesmo tempo.

TDAH é exaustivo e extasiante, e é como Deus me fez, então deve estar certo.

Carter não entende muito bem como é ter TDAH, mas ele é o primeiro e único homem da minha vida que se esforçou para compreender. No início do nosso relacionamento, dedicou muito tempo e energia a pesquisar sobre TDAH, o que é o ato mais autêntico de amor que qualquer cara já demonstrou a mim. A maioria das pessoas suspira, tamborila os dedos e me explica como é absurdamente frustrante ser pego na centrífuga eterna da minha vida. Carter entra no jogo. Onde a maioria das pessoas vê um lixo flamejante, Carter vê uma fogueira do Burning Man. Ele fica frustrado, claro, mas não tenta me desprogramar.

Carter é capitalista de risco. A M13, empresa que ele fundou com o irmão, Courtney, é conhecida por se envolver com unicórnios — start-ups avaliadas em mais de 1 bilhão de dólares —, como Rothy's, King e Daily Harvest. Carter é um encantador de unicórnios. É sentimental e inovador, e gosta de mandar, mas tem a mão leve. Por exemplo: se estamos em uma reunião do conselho da 11:11 Media discutindo sobre um contrato e eu começo a me distrair falando de uma ferramenta melhor para vídeos espontâneos no Instagram, de como essa ferramenta poderia ser projetada, desenvolvida e vendida de um modo bem divertido e acessível, e que eu poderia divulgar com conteúdo promocional, e quem sabe a imagem pudesse ser uma lontrinha, ou uma preguiça, ou um canguru...

Carter se aproxima e cochicha ao pé do meu ouvido:

— Gata.

Não é por maldade. É só para me trazer de volta ao centro.

Um tempo atrás, eu participei do documentário *The Disruptors*, que trata de pessoas extraordinárias com TDAH, incluindo will.i.am, Jillian Michaels, Justin Timberlake, os fundadores da JetBlue e da Ikea, Steve Madden, Simone Biles, Adam Levine, Terry Bradshaw, o astronauta Scott Kelly, Channing Tatum e por aí vai. *The Disruptors* também apresenta o dr. Hallowell, além de outros psicólogos e neurologistas que avançaram com a ciência nos estudos do TDAH. A mensagem do filme vai contra todos os equívocos e estigmas.

A estrutura e a função do cérebro com TDAH são um retorno à época em que a gente precisava ser durão para sobreviver, encontrar comida e procriar. (Referência visual: Raquel Welch no papel de rainha das cavernas poderosa em *Mil séculos antes de Cristo*.) O lobo frontal — lar do controle de impulsos, da concentração e da inibição — é menor, porque o durão primitivo precisava reagir por instinto, sem medo. As conexões neurais não se formam nem amadurecem no mesmo ritmo, porque era mais importante que a rainha durona primitiva catasse frutas e matasse tigres-dentes-de-sabre do que lesse livros. Dopamina e noradrenalina, substâncias importantes que regulam sono e facilitam a comunicação entre neurônios, fluem devagar, porque ela precisava despertar ao menor ruído de um galho quebrado.

Eu, como 5% das crianças e 2,5% dos adultos, sou uma durona primitiva em um mundo de pensadores contemporâneos, um mundo que quer obediência e conformidade. Mesmo se quiséssemos ser o tipo de pessoa organizada que todo mundo que amamos quer que sejamos, não conseguiríamos. Temos que aceitar quem somos, senão morreremos tentando ser outra pessoa.

As vantagens do TDAH incluem criatividade, intuição, resiliência e capacidade de ter ideias. Sou boa em administrar crises, porque vivo perdendo coisas, me atrasando e irritando as pessoas. Sou boa em fazer várias tarefas ao mesmo tempo, porque não fui feita para me concentrar em uma coisa só por tempo prolongado. Uma vez que minha atenção é limitada, não encaro o tempo de forma linear; o cérebro com TDAH processa o passado, o presente e o futuro como uma mandala de eventos interconectados, o que me dá certa sensibilidade para tendências da moda e da tecnologia.

É fácil curtir meu barato, porque meu barato é o que me interessa em determinado momento. Minha neuroquímica exige experiências sensoriais. Sons, imagens, quebra-cabeças, arte, movimento, experiências, tudo que dispara adrenalina ou endorfina — é tão necessário quanto oxigênio para o cérebro com TDAH.

Não é só que eu ame me divertir. Eu *preciso* me divertir. Diversão é meu combustível.

A principal desvantagem do TDAH é que as pessoas ao nosso redor frequentemente acham nosso comportamento inconveniente e esquisito, ou se magoam; então vivemos sendo julgados e castigados, o que faz a gente se sentir uma merda. Ideação suicida é mais frequente em pessoas com TDAH. Há uma endemia de ódio internalizado e de automedicação. Se o resto do mundo chama você de irritante e burro, ou diz que seu cérebro não funciona, se amar se torna um ato de rebeldia, lindo e ao mesmo tempo exaustivo, especialmente quando se é criança. Como aquela criancinha carente vive para sempre dentro da gente, nossa vida vira uma busca épica por amor — ou o que, no momento, parece amor.

Quando era pequena, não fui medicada (que eu saiba), nem fizeram testes para me diagnosticar com TDAH. Mesmo para quem tem os pais mais maravilhosos e carinhosos do mundo (como eu tenho), o diagnóstico nem sempre chega rápido, especialmente no caso de meninas que são boas em esconder os sintomas. O tratamento de TDAH, em geral, foi voltado para destruir comportamentos indesejáveis. Na década de 1980, as pessoas estavam só começando a falar de hiperatividade, ou de estar "no espectro".

Ninguém nunca me disse: "Relaxe, menina. Há muitos tipos de inteligência diferentes".

Em vez disso, me diziam que eu era burra, mimada, descuidada, ingrata ou que não era dedicada. Nada disso era verdade. Eu precisava ser criativa e esforçada como a sociedade queria para me encaixar, mas sou naturalmente criativa e esforçada do meu jeito, então me submetia àquilo todo dia, o que me desgastava para tentar me encaixar, até ficar forte o suficiente para dizer: "*Não vou me encaixar, foda-se*", o que planejo ensinar aos meus filhos desde o princípio, qualquer que seja seu perfil de desenvolvimento neurológico.

Na vida adulta, minha relação com medicação foi fluida. Quando eu tinha vinte e poucos anos, um médico explicou qual era meu "problema" e me receitou Adderall. Por uns vinte anos, eu e Adderall tivemos um relacionamento de amor e ódio, até eu e Carter encontrarmos o dr. Hallowell.

Dr. Hallowell falou:

— Desde 1981, tento explicar às pessoas que esta condição, se aproveitada adequadamente, é uma vantagem composta de qualidades que não se compra, nem se ensina. É o estigma que nos atrapalha. O estigma e a ignorância. Uma combinação fatal.

Senti aquele choque de quando alguém fala uma verdade dura que sempre soubemos, mas que nunca escutamos ninguém dizer.

— Nossa kryptonita é o tédio — disse o dr. Hallowell. — Se não ocorrer estímulo, o criamos. Nós nos automedicamos com adrenalina.

TDAH pode ser uma fonte de energia criativa, mas a gêmea do mal da energia criativa é a compulsão encrenqueira. Quer adrenalina? Faça tudo do jeito mais difícil. Entre em relacionamentos desastrosos. Há milhões de jeitos de se ferrar em nome da adrenalina. Minha imaginação é infinita, mas me leva a lugares sombrios com a mesma facilidade com que me leva em direção à luz. O dr. Hallowell chama isso de "Demônio", a cobra que se mete em tudo para dizer que, se for ruim, você merece, e, se for bom, não vai durar. É claro que o Demônio mente, mas tente só explicar isso ao meu cérebro quando ele está com desejo de um balde de ansiedade frita.

— Seu maior trunfo é seu pior inimigo — disse o dr. Hallowell.

E meu cérebro disse: *Fodeu*.

— Diga, Paris, como é sua autoestima?

— Eu finjo bem — respondi.

Ele falou:

— É comum nas pessoas que vivem com TDAH.

Não "pessoas que sofrem de TDAH". Nem "pessoas afetadas por TDAH". Pessoas que vivem com TDAH.

Alguns de nós descobriram que TDAH é nosso superpoder. Eu queria que o *T* fosse de *topa tudo*. Queria que o *D* fosse de *dizimar*. Queria que o *A* fosse de *arrasar*. Queria que o *H* fosse de *herói*.

Não estou me gabando, nem reclamando, só contando: é meu cérebro. Tem muito a ver com como este negócio de livro vai se desenrolar, porque adoro frases imensas — e apostos. E fragmentos. Provavelmente vou dar muitos pulos pela minha história.

A mandala do tempo. Tudo conectado.

Por décadas, evitei falar de algumas dessas questões. Sou uma máquina de evasão. Aprendi com os melhores: meus pais. Nicky diz que nossos pais são "o rei e a rainha de varrer tudo para debaixo do tapete".

Há uma hierarquia, e as regras na minha família são as seguintes:

Se não falar de um assunto, não é um problema.

Se esconder o quanto algo te magoou, nada aconteceu.

Se fingir não notar como magoou alguém, não precisa sentir culpa.

É claro que é tudo baboseira e, o que aumenta a loucura, *é ruim para os negócios*. Eu venho de uma família de empreendedores brilhantes. Como a gente pode ser tão ruim em administrar sentimentos e emoções? Relacionamentos, profissionais ou pessoais, são transações. Toma lá dá cá. Para o bem e para o mal. A gente investe e espera o retorno. Mas sempre há riscos.

Amo minha mãe e sei que ela me ama. Ainda assim, nos fizemos passar por um inferno e não conseguimos trocar mais do que poucas palavras sobre certos assuntos. Ela vai achar difícil ler este livro. Não vai me surpreender se ela decidir deixá-lo de molho por um tempo na prateleira. Ou para sempre. E está tudo bem!

Estou tentando assumir algumas questões pessoais intensas de que nunca consegui falar. Coisas que fiz e disse. Coisas que me fizeram e disseram. Acho difícil criar confiança, e não é fácil compartilhar meus pensamentos mais íntimos. Protejo muito minha família e minha marca — a empreendedora que cresceu de dentro da festeira, e a festeira que ainda vive dentro da empreendedora —, então tenho medo de pensar no que muita gente vai dizer.

Mas agora chegou o momento.

Há tantas mulheres jovens que precisam conhecer essa história. Não quero que elas aprendam com meus erros; quero que parem de se odiar por seus próprios erros. Quero que riam e descubram que têm uma voz própria, um tipo próprio de inteligência. Amiga, *foda-se, não se encaixe.*

Parte 1

Nunca se arrependa de nada,
porque, em determinado momento,
era exatamente o que você desejava.
Marilyn Monroe

Part 1

1

ME DISSERAM QUE ERA BESTEIRA pular de paraquedas na manhã seguinte à minha festa de aniversário de 21 anos em Las Vegas, mas, na época, eu não estava nem aí, e hoje sei que estavam errados. Se você quiser pular de paraquedas logo depois de uma farra estratosférica, vai nessa. Seu aniversário de 21 anos é o momento ideal para fazer besteiras, e muitas besteiras que fazemos aos vinte e poucos anos vira aprendizado, sabedoria futura. Quando ficamos mais espertas, notamos que as besteiras que *não* fizemos são os maiores arrependimentos. Aos vinte e poucos anos, eu era toda "*Lacrou*, amiga": não deixe nenhuma besteira para trás. Ame os homens errados. Odeie as mulheres erradas. Vista Von Dutch.

Não tenho arrependimento nenhum.

Tá, tenho alguns.

Mas não me arrependi de pular de paraquedas.

Quando decidi pular, achei que seria o final perfeito para uma comemoração de aniversário de arromba, em diversas cidades, cheia de famosos, que foi o maior babado — talvez a maior festa de 21 anos desde a de Maria Antonieta, o que digo com autoridade, porque farra é uma especialidade minha, um talento rentável que desenvolvi em uma vida de prática dedicada.

Uma breve história do meu legado festeiro

(Os detalhes serão apresentados ao longo do livro.)

As festas que frequentei quando pequena eram, em sua maioria, comemorações de família em Brooklawn, a casa dos pais do meu pai, Barron e Marilyn Hilton, que eu chamava de Papa e Nanu. Talvez você tenha visto essa casa na minha série documental *Paris in Love*; é a mansão em estilo georgiano na qual me casei em 2021. Com projeto do lendário arquiteto Paul R. Williams — que também desenhou casas para Frank Sinatra, Lucille Ball, Barbara Stanwyck e outros imortais de Hollywood —, a casa foi construída para Jay Paley, um dos fundadores da CBS, em 1935.

Na época, Papa tinha oito anos e morava com o irmão mais velho, Nicky, o irmão mais novo, Eric, e meu bisavô, Conrad Hilton. Minha bisavó (de acordo com a mitologia familiar) os tinha abandonado porque não gostava da vida de trabalho difícil no hotel, e tinha desistido da esperança de Conrad um dia ganhar dinheiro de verdade. (Insira aqui mentalmente o gif "Bye, Felicia".)

Mais tarde, Conrad teve um casamento que durou pouco com a socialite húngara Zsa Zsa Gabor, que não tinha grana, mas era linda e ficava feliz de sair para dançar toda noite. Zsa Zsa tinha uma personalidade exuberante e desenvolveu uma versão inicial do modelo de negócios do que hoje chamamos de influencer, pois era paga para usar certas roupas, aparecer em certas festas e elogiar certos cosméticos, para as marcas aparecerem na imprensa de Hollywood. O fim do casamento foi amargo, e Conrad decidiu que era melhor criar os filhos sozinho. Ele os ensinou valores cristãos tradicionais, os fez trabalhar de office boy no hotel e deu a lição que trabalho e família são deuses ciumentos em eterna guerra, disputando o tempo e a devoção completa do homem. Papa se casou com Nanu após a Segunda Guerra, e eles tiveram oito filhos. Meu pai é o sexto. Quando ele era pequeno, a família se mudou para a casa de Jay Paley e a batizou de Brooklawn.

Essa história toda parece antiga, mas, para me entender, precisa entender o lado Hilton da coisa. Quem conheceu Conrad Hilton me diz que sou igualzinha a ele, e considero isso um elogio. Quase. Ele morreu dois anos antes de eu nascer e, diferente do que a maioria das pessoas supõe, deixou a maior parte da fortuna para a caridade. Papa trabalhava. Meus pais trabalharam. Eu sou trabalhadora. Em 2022, assinei um contrato imenso para servir de rosto dos hotéis Hilton em campanhas publicitárias e posts promocionais nas minhas redes sociais, e amo trabalhar com a empresa, mas acho que é o maior dinheiro que ganharei por ser uma Hilton.

Mas sou Hilton, e isso é muito importante. Cá estou eu, reconhecendo como fui abençoada e tenho sorte, tá? Minha família já foi chamada de "realeza americana". Não vou diminuir o privilégio e o acesso extraordinários que isso me ofereceu. Experiências. Viagens. Oportunidades. Agradeço por isso tudo.

A família Barron Hilton é imensa, e nós andamos juntos, nos amando e metendo o bedelho na vida de todo mundo, apesar de não nos vermos com tanta frequência desde a morte de Nanu. Quando éramos pequenas, eu e Nicky vivíamos em aventuras por Brooklawn com nossos milhões de primos, escalando cercas e jogando bola no gramado verde vibrante. As festas em Brooklawn eram festivais completos, com passeios de pônei, animaizinhos fofos, castelos pula-pula, torneios de tênis e competições radicais de Marco Polo na piscina gigante, decorada com um mosaico elaborado de azulejos italianos importados... estampados com os signos do zodíaco. Sou de aquário, e achei que o símbolo era aquele que parecia uma sereia, mas, no fim, esse era o de virgem. Aquário era um cara musculoso carregando uma jarra d'água no ombro. Acho que chorei ao descobrir. Na verdade, acho que chorei por três segundos, e depois decidi que seria a sereia, independentemente do que diziam as estrelas ou os fabricantes de azulejos velhos italianos.

Meus pais, Rick e Kathy Hilton, passaram a década de 1970 na farra com Andy Warhol e a galera mais descolada possível, de Studio City ao Studio 54. Meu pai trabalha nos mercados imobiliário e financeiro, e é cofundador da Hilton & Hyland, uma companhia imensa, especializada em propriedades empresariais e residenciais de alto nível. Meus pais davam muitas festas relacionadas ao negócio dele, e, quando minha mãe organiza uma festa, planeja até a última pétala de rosa, todos os detalhes que fazem os convidados se sentirem especiais. É tudo perfeito, inclusive a anfitriã. Minha mãe se arruma e arruma o ambiente com gosto impecável. Ela entra em uma festa e socializa como uma aristocrata — inteligente, gentil e linda. As pessoas a amam porque ela tem interesse genuíno nelas, as escuta e faz com que elas também se sintam inteligentes, gentis e lindas.

Verdadeira sofisticação é a capacidade de se encaixar em qualquer lugar por ter respeito e compreensão vastos por todo tipo de gente. Minha mãe é sofisticada assim. Ela é engraçada, inteligente e estilosa, mas seu verdadeiro superpoder é ser esperta. Eu não fazia ideia de como ela tinha bobeira dentro dela até se inscrever para participar de *The Real Housewives of Beverly Hills*, em 2021. Parecia que alguém tinha tirado a rolha de uma garrafa de champanhe rosé.

Quando eu e Nicky éramos pequenas, antes de nascerem os meninos, minha mãe nos ensinou a etiqueta das festas. Que garfos usar. Como posicionar os pés ao posar para fotos no tapete vermelho. Entendemos que nosso sobrenome tinha peso e chamava atenção. Tínhamos um lugar específico na sociedade, que vinha com expectativas específicas. Quando pequenas, eu e Nicky frequentamos eventos sociais superchiques, festas beneficentes, bailes de fim de ano e recepções elegantes no Waldorf ou no Met, onde meus pais conversavam com advogados, agentes, políticos e todo tipo de gente extraordinária que fazia coisas incríveis.

Uma das minhas lembranças mais antigas é de me sentar no colo de Andy Warhol e desenhar, em uma *after* no Waldorf-Astoria. Ele me amava e sempre dizia à minha mãe: "Essa menina vai ser uma estrela".

Amo que meus pais tenham nos incluído nisso tudo. Pode parecer que eventos sociais e profissionais chiques seriam chatos para uma criança, mas eu amava as festas. Aprendi a admirar a arquitetura de um bom vestido de gala. Fui exposta à ótima música: conjuntos de jazz, quartetos de cordas e apresentações particulares de artistas famosos. Ficava sentada que nem uma borboleta na cerca, espreitando conversas adultas sobre manobras empresariais, acordos imobiliários, fortunas ganhas e perdidas, casos românticos imprudentes e divórcios difíceis. Era sempre amor e dinheiro, e os dois assuntos me fascinavam, porque todo mundo parecia enfeitiçado por um ou por outro.

A primeira vez que entrei em uma boate foi aos doze anos. Eu e Nicky éramos amigas de Kady, filha de Pia Zadora, e Pia era amiga da nossa mãe, então fomos com ela a um show do New Kids on the Block em Los Angeles. Como Pia era famosa, entramos nos bastidores e ficamos, assim, sem fala.

— Vamos curtir a *after* no Bar One — os garotos da banda disseram para Pia. — Você deveria vir também.

Eu, Nicky e Kady insistimos:

— A gente tem que ir! Por favor! *Por favooooor!*

Éramos todas completamente obcecadas por New Kids on the Block. Pia era legal, então fomos ao Bar One e, por ser famosa, os seguranças deixaram ela entrar na mesma hora.

A atmosfera dentro do Bar One explodiu minha cabecinha. Tive uma resposta visceral imediata de "É ISSO AÍ!" porque... *LUZ, MÚSICA, GARGALHADA, MODA, MÚSICA, ALEGRIA, LUZ, DENTES BRAN-COS, DIAMANTES, MÚSICA* — era um disparo de estímulos sensoriais intensos que meu cérebro com TDAH desejava constantemente. Eu não sabia que estava sentindo uma alteração factual na minha química biológica, mas sabia que aquele sentimento era sincero, e amei. Tudo em mim ganhou vida — corpo, cérebro, pele, alma —, e foi incrível.

Infelizmente, bem enquanto eu admirava aquilo tudo, esbarramos na irmã da minha mãe. Tia Kyle ficou chocada, puxou Pia para uma conversa breve e irritada, e nos levou para casa, mas eu sabia que precisava voltar.

No começo da adolescência, aproveitei todas as oportunidades que conseguia criar para escapar de casa de fininho. Virei uma daquelas festeiras ao estilo *Procura-se Susan desesperadamente*, que dominavam as noitadas no início dos anos 1990. Os dançarinos de vogue, as drag queens e as Harajuku Girls me apadrinharam e cuidaram de mim, e foi assim que aprendi os elementos centrais de uma farra de rockstar:

1. Hidrate-se.
2. Fique bonitinha (ficar meio alta pode ser fofo, mas encher a cara demais é nojento).
3. Use botas — botas de plataforma boas e firmes — e roupas confortáveis para dançar a noite toda e pular janelas e cercas com facilidade quando necessário.

Na época, eu não bebia nem me drogava. Naquela idade, a diversão era minha única droga. Eu não estava lá para ficar doidona; estava lá para dançar. Álcool e drogas serviam para fugir da realidade, e eu queria engolir toda a realidade possível. Só comecei a beber como forma de escapismo mais tarde.

Certa noite, depois da aventura com Pia Zadora, tentei entrar no Bar One com Nicky, nossa prima Farah, e nossa amiga Khloé Kardashian. Khloé e Farah eram pré-adolescentes, então arrumei Khloé com muita maquiagem, uma peruca vermelha comprida e um chapelão preto.

Falei:

— Se alguém perguntar seu nome, é Betsey Johnson.

Botei Farah nos ombros de alguém, coberta por um sobretudo. A gente se esforçou tanto no disfarce, que se chocou por não passar pela corda de veludo.

— Acho que precisa vir com alguém famoso — falei.

Não gostei de ser rejeitada na frente de todo mundo. Não iria deixar aquilo se repetir. Aos dezesseis anos, arranjei identidades falsas para mim e para Nicky. A gente não enganava ninguém, mas, como estávamos com certa fama, não era difícil entrar no Bar One (agora Bootsy Bellows), no Roxbury (agora Pink Taco), e em outros lugares badalados da época.

Minhas oportunidades de farra dos dezesseis aos dezoito anos eram limitadas, porque eu vivia trancada em uma série de acampamentos de sobrevivência bizarros e "internatos de desenvolvimento emocional". Quando escapava e tinha algumas semanas abençoadas de liberdade, achava mais seguro ir a festas pequenas na praia e fazer resenhas na sala, onde a gente ficava só de boa, conversando, até eu fazer todo mundo se levantar e dançar. Especialmente quem era tímido ou tinha vergonha do corpo. São essas as pessoas que mais precisam dançar. Essa ainda é a regra em todos os meus shows como DJ, no meu mundo virtual ou na vida real: em uma festa da Paris, todo mundo dança.

Aos dezoito anos, assinei contrato com uma agência de modelos, e o que acha que as pessoas querem fazer depois de um desfile de moda? Curtir com modelos. É fácil pensar "jura?" com sarcasmo, mas supere a suposição fácil de que homens são nojentos e modelos são burras. Isso não é justo, nem verdadeiro, nem útil. A maioria dos homens é basicamente decente, acho, e modelos de sucesso viajam o mundo todo. Viajar é a melhor educação possível. A maioria das modelos é adolescente, ou tem vinte e poucos anos, e às vezes a imaturidade transparece, mas elas ainda estão crescendo. Dê um minutinho.

Fazer networking — ou seja, saber como trabalhar na festa — é um aspecto crucial no desenvolvimento de um negócio. Aos vinte e poucos anos, eu era tão boa nas festas e nos negócios que começaram a me pagar para ir a certos eventos. Não inventei o negócio de ser paga para curtir, mas *re*inventei. É um orgulho ser chamada de influencer original. As meninas precisam entender o valor que trazem para uma festa. Vai muito além de ficar parada e ser bonita. Manequins cumpririam bem esse papel. Uma festeira de sucesso é uma facilitadora, uma negociadora, uma diplomata — é a estrelinha *e* o fósforo.

Saibam seu valor, meninas. Não é sorte sua estar na festa; é sorte da festa receber você. Aplique essa lógica, conforme o necessário, a relacionamentos, empregos e família.

Assim como meu casamento em 2021, minha comemoração de 21 anos em 2002 durou vários dias e cobriu vários fusos horários. Fazia anos que eu frequentava boates, mas estava de saco cheio de enrolar seguranças, de usar identidade falsa — até parece que não sabiam. Todo mundo tinha que fingir, o que me parece um desperdício de energia tremendo. Eu estava muito animada para fazer 21 anos e finalmente deixar tudo isso para trás. Era minha primeira vez com tudo na legalidade, então caprichei, planejei festas pelo mundo todo e arranjei patrocinadores para pagar tudo. Minha festa de arromba da maturidade foi um multiverso de dança, bebida e social que deixou todo mundo paralisado de exaustão.

É óbvio que montei um armário incrível. Era um evento de vários looks, com uma seleção enorme de vestidos de design inovador, saltos plataforma, acessórios e tiaras de diamante. Foi a origem do meu vestido icônico de cota de malha, desenhado por Julien Macdonald — um vestido que Kendall Jenner clonou em seu aniversário de 21 anos, em 2016. É uma peça eterna. Usei o meu vestido de novo (claro que guardei!) na minha última noite em Marbella, na Espanha, quando trabalhei de DJ por lá, em 2017.

Julien fez o vestido para eu usar na minha festa em Londres, no final da London Fashion Week, em que qual desfilei para a marca dele. Era para eu performar uma noiva, e o vestido era incrível, mas, na primeira vez que vi o vestido de aniversário icônico de cota de malha, fiquei maravilhada.

— Esse vestido é *tudo* — falei. — Vai parar em um museu um dia.

O peso e a construção são de uma engenhosidade espetacular, incorporando milhares de cristais Swarovski. O movimento é de uma mola maluca. O decote desce ao sul da Argentina, então precisa de fita dupla-face para os mamilos não escaparem. O método normalmente funciona bastante bem até eu começar a suar na pista, mas dançar com aquele vestido é mais gostoso que tomar banho de leite.

Eu caí de cara no chão ao correr para abraçar alguém, então pensei que era bom tirar o salto quinze. Acho que foi aí que troquei de roupa e pus um vestido esvoaçante e azul de sereia. De costas nuas, mas bem construído. No GO Lounge, em Los Angeles, usei um minivestido rosa translúcido, bordado à mão com 1 trilhão de miçangas de strass. Mas nada se compara ao que senti ao dançar até cair naquela noite no Stork Lounge, em Londres, com aquele vestido prateado de Julien Macdonald.

Quero que toda menina se sinta assim em seu aniversário de 21 anos: livre, feliz, linda e amada.

Invencível.

Heatherette fez um vestido estilo sereia turquesa coberto de cristais Swarovski para eu usar no Studio 54 em Nova York. Le Cirque serviu um bufê gourmet extraordinário e um belo bolo de aniversário de 21 andares. Depois, veio a festa em Paris, na França (afinal, era *Paris*), e aí em Tóquio, onde organizei uma festa imensa para milhares de fãs, porque nunca deixaria meus Little Hiltons de lado. Então voltei para Los Angeles e dei uma festa móvel, que ia do aeroporto à minha casa em Kings Road, com parentes e amigos que conhecia e amava desde sempre.

Minha casa em Kings Road estava repleta de presentes. Amigos e fãs do mundo todo me mandaram rosas, anéis, pulseiras e bichos de pelúcia. Muitos presentes carinhosos e doces. Fiquei comovida com as palavras de amor em cartões, cartas e e-mails. Escrevi respostas até meu braço cair.

Selecionar os convidados de uma festa exige talento. Andy Warhol era o gênio indiscutível da lista de convidados. Prince herdou o título e o levou a outro nível com seu tempero especial: música. É isto que fica na minha memória dessas festas. A música e as pessoas. Minha irmã e meus primos. Muitos amigos de infância, como Nicole Richie. As matriarcas gostosas: minha mãe, Kris Jenner, Faye Resnick, tia Kyle e tia Kim. Lendas aleatórias, tipo P. Diddy e o *restaurateur* Sirio Maccioni. Todos os amigos e parentes que me acompanharam constantemente na vida e também um monte de gente legal que veio e foi, porque algumas amizades são de temporada, e tudo bem.

Essa mistura fascinante de gente dançou ao som da minha playlist. Todo. Mundo. Dançou. Isso foi antes da minha época de DJ profissional, mas eu sempre tive talento para o ritmo do vaivém. A música de boate no começo dos anos 2000 era feita para pirar.

"Star Guitar", da The Chemical Brothers.

"Freelove", da Depeche Mode.

"Caught Up", do DJ Disciple feat. Mia Cox.

"You Got Me (Burnin' Up)", da Funky Green Dogs.

Também precisei incluir a música da minha alma: "Free", da Ultra Naté.

No Bellagio, em Las Vegas, o DJ AM tocou, então eu sabia que a música ia ser das boas. Não queria que a noite acabasse. Na maior parte da minha vida adulta, se eu dormisse sem meus cachorros — e, frequentemente, mesmo com eles —, pesadelos devoravam meu cérebro e dilaceravam meu estômago, então eu morria de medo de pegar no sono. Adiei o fim da festa como pude — dançando, bebendo champanhe, dançando, dançando, bebendo, rindo, dançando — até chegar a manhã e meu corpo gritar: *Parou, gata. Acaboooooouuuu...*

Quando voltei a mim, o celular estava vibrando no meu sovaco.

Tinha alguém esmurrando a porta do quarto do hotel.

— Paris? Paris, acorda. A gente tem que sair para a pista de pouso.

Abri os olhos. Tudo girava que nem um globo espelhado.

— Quê? Por que... a gente... aonde a gente vai?

Aí lembrei que tinha dito a todo mundo que ia pular de paraquedas.

Ai. Não!

Ia ser um saco, mas eu não queria passar a vergonha de desistir. Vesti um conjunto de moletom. Virei uma garrafa toda de água, mas minha boca continuava parecendo uma caixa de areia. A água me deixou meio enjoada, como se eu fosse vomitar, mas não tinha nada na barriga. Talvez um pouco de bolo. De tanto dançar, eu nem tinha chegado perto do bufê. Normalmente, champanhe é garantido contra ressaca, mas eu também tinha tomado umas doses, uns martínis, ou uma bebida qualquer de festa de 21 anos. Meu olho direito era uma supernova. Meus folículos capilares estavam berrando.

A caminho da minúscula pista de pouso e decolagem, nos arredores de Las Vegas, eu não parava de repetir para mim mesma: *Não seja tosca, não seja tosca, não seja tosca.* Eu sabia que, se vomitasse, chorasse ou desistisse, algumas das pessoas que estavam curtindo comigo não guardariam segredo. Alguém tiraria fotos e as venderia depois. Algumas das pessoas ali eram amigos de confiança, mas outras eu não conhecia bem, e não tinha confiança alguma em certas delas, e, como a ressaca esgotara minha energia para diferenciar, entrei no modo *não confie em ninguém* e tentei fingir estar muito animada.

— Estou só exausta — falei. — Vou... é.

Cobri a cabeça com a jaqueta e tremi que nem um cachorrinho encharcado.

Chegamos à pista particular na vastidão seca e vazia nos arredores da cidade. De tão desidratada e esgotada, nem entendia a informação toda que o cara falava. Um negócio de "blá-blá-blá instrutor de paraquedismo, blá-blá-blá salto a quatro quilômetros, blá-blá-blá queda livre por dois quilômetros". Eu só pensava: *Em que merda me meti?* Aí afivelaram o aparato todo em mim e a parada ficou séria. Eu estava 100% sóbria e apavorada.

Enquanto subíamos naquele aviãozinho ridículo que sacolejava, todo mundo ria e conversava — aos gritos, porque o motor fazia muito barulho. As vozes alegres e esganiçadas esfaqueavam meus ouvidos. Fiquei ali sentada. Em silêncio. Quando sinto medo, fico sempre quieta. Que nem um coelhinho movido apenas por instinto, encolhido em uma bola silenciosa, pronto para medidas de evasão. Há humildade em lembrar que, por maior que seja nossa vida, ainda somos um grãozinho de poeira que pode ser varrido da face da Terra em meio segundo.

Os óculos de segurança apertavam meu rosto. Minha cara iria ficar marcada, com certeza. *Ugh.* Eu estava sentada no colo de um cara, um desconhecido, cujo corpo estava literalmente amarrado ao meu — de conchinha —, o que era esquisito, e minha vida estava nas mãos daquele homem, e o negócio todo era tão absurdamente apavorante que eu queria vomitar.

Aí abriram a porta. Uma lufada de ar congelante entrou rugindo.

Acima da porta estava a mesma placa que aparece acima de toda porta em todo avião. Letras vermelhas. Tudo em maiúsculas.

ESTA PORTA DEVE PERMANECER FECHADA

Existe um motivo para isso! Quando se abre a porta, o mundo acaba. Sua cabeça é chupada ao contrário. Seu coração seca que nem um cogumelo abandonado.

ESTA PORTA DEVE PERMANECER FECHADA

Mas a porta está aberta.

Estou no banco, atrás de outras pessoas, e, sempre que alguém pula, o resto vai um pouquinho para a frente. Alguém pula. A gente avança um pouquinho.

Pular. Ir um pouquinho para a frente.

Pular. Ir um pouquinho para a frente.

Meu colega de conchinha vai me empurrando para mais perto da porta, gritando:

— *Está mandando bem, Paris. Vai ser muito maneiro, Paris. Quase lá, Paris. Parabéns.*

Chegamos à porta. Sinto a beirada sob meus pés. O vento é tão rápido e ruidoso que arranca o som dos meus gritos, como se puxasse um fio solto.

— No três! — diz o cara.

Se ele chegou no três, eu não ouvi. Foi "um", e aí...

Nada.

Tudo.

Ar.

Luz.

Brilho insuportável.

Uma onda deliciosa de adrenalina.

Eu esperava sentir que estava caindo. Que o chão vinha voando até minha cara. Não é assim. Você começa a quatro quilômetros de altura — a literalmente milhares de metros da terra —, então, mesmo caindo a 190 quilômetros por hora, o espaço ao seu redor é tão vasto e a distância tão tremenda que sua perspectiva é de uma nuvem vagarosa.

Não havia nada a segurar. Nada a soltar.

Abri os braços e senti alegria pura.

Liberdade.

Êxtase.

Tudo que se deseja e nunca se encontra com drogas, dinheiro e amor.

Todas as vontades constantes do meu cérebro viciado em adrenalina.

Conrad Hilton era religioso. Ele escrevia muito sobre Deus. Temia a Deus. Queria conhecer Deus. Desejava Deus. Deveria ter pulado de paraquedas.

O instrutor abriu o paraquedas e eu fui pega em uma trajetória lenta e silenciosa, suspensa acima do deserto como um diamante em uma corrente delicada de prata. Parei de pensar, parei de tentar, parei de duvidar.

O céu era de um azul cristalino e perfeito. As montanhas ao longe eram enrugadas, em amarelo e ocre, salpicadas de neve invernal. O deserto vasto emanava mil tons de cinza, cortado por estradas, pontilhado de estruturas minúsculas e quadradas.

A insignificância de qualquer pessoa que já me amou ou magoou.

A minha insignificância.

Não havia plateia para a qual atuar.

Apenas paz profunda.

Estado de graça.

Descemos, carregados pelo vento, embalados por correntes elevadas.

Gratidão.

Júbilo.

Triunfo.

Estou aqui.

Sobrevivi.

Não tenho medo.

Amo minha vida.

Marilyn Monroe certa vez disse: "Medo é besteira. Arrependimento, também". De forma geral, concluí que é verdade. Muitas vezes, ao longo da minha vida, os momentos mais assustadores levaram aos mais satisfatórios. Voar em queda livre pelo deserto de Nevada é apenas um exemplo. Quero contar alguns outros, mesmo sabendo que nem todo mundo vai gostar do que tenho a dizer.

Todo mundo tem uma porta de emergência dentro de si e, por muito tempo, sinalizei a minha em letras vermelhas. Tudo em maiúsculas.

ESTA PORTA DEVE PERMANECER FECHADA

Preparem-se, gatas. Vamos escancarar a porta.

2

Nasci em Nova York, em 17 de fevereiro de 1981, três dias após o Dia dos Namorados nos Estados Unidos: sol em aquário, lua em leão, ascendente em sagitário. Seis meses depois, a MTV estreou oficialmente, com "Video Killed the Radio Star", de The Buggles.

A conta fecha.

No contexto de um renascimento tecnológico, a história da minha vida faz perfeito sentido.

Todo mundo diz que eu fui uma menina fofa. Meus pais têm centenas de horas de vídeos caseiros para provar. Meu pai sempre usou novas tecnologias e, assim que aquelas filmadoras antigas e imensas começaram a ser vendidas para o público, ele comprou uma e gostou da ideia de que tudo deveria ser gravado para entretenimento no presente e valor de arquivo no futuro. Ele filmou tudo da minha vida, começando com meu nascimento. Eu amava sentir o olhar dele concentrado em mim. Naqueles momentos, a atenção dele era destilada àquela pequena lente redonda, e lá estava eu, bem no centro.

Meu pai sempre me chamou de "Star", "estrela" — no sentido de "estrela de cinema", sim, mas também de um jeito meio inatingível e misterioso.[*]

---

[*] No original, "[...] *but there was also a how* I wonder what you are *vibe*", em que Paris cita trecho da música infantil "Twinkle, Twinkle, Little Star" [brilha, brilha, estrelinha]. (N. T.)

Quando eu tinha dois anos, Cyndi Lauper lançou seu primeiro single — "Girls Just Want to Have Fun" — e minha irmãzinha, Nicholai Olivia, nasceu. Tia Kyle diz que eu fiquei perdidamente apaixonada por Nicky assim que ela chegou em casa. Não tenho lembranças da vida sem ela. Quando éramos pequenas, ela era minha melhor amiga e minha capanga. Nossa mãe nos vestia como se fôssemos gêmeas. A gente brincava com as roupas dela, nos arrumando com echarpes e joias, e desfilando por uma passarela de mentirinha.

Desde então, sempre arrastei Nicky para aventuras e desventuras. Contei com o apoio de Nicky para disfarçar quando eu fazia alguma coisa proibida, como esconder um furão em uma caixa debaixo da cama ou escapar pela janela do quarto e descer pela calha quando estava de castigo. Ela tenta me frear desde que aprendeu a palavra *consequência*. Na adolescência, ela virou a maior dedo-duro, mas acredito piamente que ela achava mesmo que estava cuidando de mim.

Desde que eu era bebê, meu cérebro dava pulos e estalos devido ao desequilíbrio químico do TDAH. Às vezes, era demais. Eu precisava me levantar para dançar à luz da minha pequena luminária de princesa da Disney. "Trégua" ou qualquer coisa que exigisse que eu ficasse parada era tortura. Eu certamente dava trabalho, mas nunca fui de mentir nem de fazer maldade. Nicky e eu frequentamos aulas de etiqueta, e eu sabia pedir desculpas como uma boa menina, talento que treinei muito. Para ser uma "boa menina", era preciso ser silenciosa.

Obediente.

Quieta.

Eu era incapaz disso, então, para compensar, precisava ser adorável. Precisava ser fofa, precoce e engraçada. Precisava me fazer de boba e fazer voz de criancinha, o que me vinha naturalmente em momentos de nervosismo, porque a tensão no pescoço e nos ombros aperta o aparato vocal e faz a voz sair aguda e glotal. (Aprendi isso no treinamento vocal para o musical *Repo! A ópera genética*.) Eu cantava, dançava e fazia teatrinho na sala de Nanu, com Nicky e nossos bichos de estimação, mas não gostava da ideia de me apresentar em público. No fundo, eu sempre fui tímida — uma introvertida extrovertida, compensando minha tendência a um comportamento social exagerado.

Quando Nicky e eu estávamos na pré-escola, nossa família se mudou para Bel-Air, para uma casa que meus pais compraram de Jaclyn Smith, de *As panteras*. Jaclyn tinha construído uma casa de bonecas elaborada para sua filhinha — que nem a casa da Barbie, só que em tamanho real —, que Nicky e eu transformamos em um hotel de bichinhos. Eu sempre economizava dinheiro para comprar animais em um pet shop fedido onde vendiam peixes tropicais, cobras e outros seres fantásticos. Eu queria amar e confortar toda criaturinha que exista.

Nicky e eu brincávamos de fantasia e faz de conta, enquanto tia Kyle tirava fotos e nos filmava com a câmera. Minha mãe só permitiu que um pouquinho dessas gravações fosse levado a público. Em um vídeo antigo, há um momento revelador, quando eu, aos oito anos, abro um sorriso torto, com a cara manchada de batom, franja bem "Forever Your Girl" — despenteada e volumosa, com o chapéu adequado —, sombra azul, digna de Boy George, e camadas de roupas franzidas e coloridas como era a moda no fim dos anos 1980.

— Ei — diz tia Kyle. — Você não é aquela estrela famosa do cinema?

— Sou!

— Qual é seu nome?

— Paula Abdul.

Eu fujo, correndo atrás de um coelhinho preto e branco.

— Você é linda? — pergunta tia Kyle.

— Não — digo, mostrando o coelhinho. — Ele que é.

— Faz uma cara de raiva — diz. — Cara de feliz. Cara neutra, sem emoção.

Faço as caras que ela pede, gostando da brincadeira, mas só por um instante. O coelho era muito mais interessante.

Meu pai notou e encorajou meu amor por animais. Ele me levava para ver cachorrinhos nos pet shops, e os gatos-de-bengala nas apresentações de espécies exóticas. Uma vez, passamos um dia maravilhoso no zoológico de San Diego, quando meu pai contratou uma experiência VIP para eu ver todos os animais de perto e ajudar os funcionários com os cuidados. Meus avós tinham um rancho, onde eu andava a cavalo. Meu pai me levava para pescar e fazer trilha de bicicleta, e me ensinou a cuidar dos pintinhos recém-nascidos no galinheiro. Era nesses momentos em que eu mais me sentia próxima dele. Ele e minha mãe eram incrivelmente tranquilos com meu zoológico particular de furões, coelhos, gerbos, gatos, cães, pássaros, cobras, porquinhos-da-índia, chinchilas, até um macaquinho e um cabrito que ficava perto da quadra de tênis de Papa e Nanu.

Eu tinha uma comunidade inteira de ratos, todos batizados com nomes dos atores de *Barrados no baile*: Luke, Tori, Jason, Shannen, Brian, Ian, Jennie, Tiffani e Gabrielle. É, sei o que você está pensando — *ratos*, jura? —, mas ratos domésticos na verdade são muito limpos, doces e inteligentes. Eu tinha um rato grandão, chamado Max, que tinha testículos enormes. Um dia, quando eu estava abraçando-o no quintal, um furão veio correndo e Max, coitado, soltou um grito bizarramente alto com aquela boquinha de rato escancarada e me mordeu. Eu o soltei e ele saiu correndo, subindo a rua o mais rápido possível, com aqueles testículos estranhamente enormes quicando. Comecei a chorar, não por estar machucada, mas por achar que o tinha perdido.

— Max! Max! — Chorei aos soluços, sentada na frente de casa.

Max olhou para trás e voltou correndo. Eu o peguei no colo, o beijei e disse que não estava brava. Ele pareceu profundamente envergonhado da situação toda.

Ratos são um amor. Eu deveria ter outro rato.

(Recado para Carter: rato de aniversário.)

Às vezes, eu e Nicky visitávamos o escritório do nosso pai em Century City. (Mais tarde, ele e o sócio, Jeff Hyland, se mudaram para Canon Drive, em Beverly Hills.) A energia dos telefones tocando e das máquinas de fax rodando dava a sensação de que coisas importantes aconteciam, e a secretária do meu pai, Wendy White, mantinha tudo em movimento sem o menor sinal de caos.

Sabe aquele velhinho genial, de sotaque charmoso, que cuida do Batman e mantém a Batcaverna funcionando bem? Na minha memória, esse papel na vida de meu pai sempre foi de Wendy White, uma mulher sul-africana extremamente educada que não tolera nenhuma baboseira. Ela gosta de lembrar todo mundo disso.

Espera. Talvez só goste de lembrar a mim.

— Sou muito rígida, Paris. Não levo desaforo para casa.

Enfim, como ela fala com aquele sotaque da África do Sul, é bem impactante. Wendy sempre ficava feliz quando eu e Nicky a visitávamos. Ela arranjava papel, canetinhas, lápis e tesouras para fazermos colagens ou cartões de Natal. Eu adorava fazer qualquer tipo de arte, especialmente se desafiasse o conceito simples de "colorir". Eu tinha um cofre enorme de ferramentas, com as quais criava porta-retratos de família em 3D e molduras decoradas. Nada poderia se esconder do meu BeDazzler, uma bugiganga que dava para comprar por catálogo e que servia para grudar strass e pedras preciosas falsas em basicamente qualquer objeto estático. Agora dá para comprar na internet. (Parabéns para quem inventou o BeDazzler!)

Eu amava criar colagens, sentada no chão do escritório de meu pai, cercada de revistas, tesouras e cola. A profundidade e variedade incessante das propagandas na *Vogue* e na *Vanity Fair* me davam o mesmo barato que eu sentia com boa música. Poderia passar horas vivendo naquelas camadas de imagens. É assim que minha cabeça funciona melhor: na associação livre de fragmentos. A gente normalmente fazia uma bagunça imensa, que ia saindo do controle até Wendy ficar séria e nos fazer arrumar.

Depois, conforme Nicky e eu crescíamos, Wendy aparecia para dar uma mãozinha. Ela acalmava os vizinhos infelizes, surgia com encanadores e jardineiros quando necessário, expulsava hóspedes indesejados e dava conselhos quando alguma de nós se sentia perdida nas responsabilidades do mundo adulto. Ela é pragmática, mas também acredita no amor.

No dia do meu casamento com Carter, Wendy falou:

— Lembrem: a vida é uma jornada com altos e baixos. Continuem sendo honestos.

Mais uma vez, o sotaque. Vou amar Wendy para sempre, mesmo no caso de, um dia, ela entender que na aposentadoria não se trabalha.

Em 1989, eu tinha oito anos e Nicky, seis. O Muro de Berlim caiu, *Os Simpsons* estreou na Fox e meu irmãozinho fofo, Barron Nicholas Hilton II, nasceu. Nós o amamos de cara. Ele era quase tão querido quanto um cachorrinho. (Brincadeira! Te amo, Barron!) Nossa mãe era uma mamãe poderosa dos anos 1990, administrando a casa e um negócio próprio e garantindo que estivesse todo mundo bem alimentado e arrumado. Ela tinha uma butique na Sunset Plaza, onde vendia presentes, acessórios e antiguidades que refletiam seu gosto impecável. A loja se chamava Staircase, "escada", um nome que adoro, porque foi seu caminho de ascensão.

Bethenny Frankel, amiga de tia Kyle, era nossa babá na época. Acho que as duas tinham uns dezenove ou vinte anos. Minha mãe administrava a loja, então era responsabilidade de Bethenny buscar a mim e a Nicky no Lycée, a escola bilíngue onde estudávamos em inglês e francês. Nicky gostava de ir à Rampage — uma loja no shopping, entre a Hot Topic e a Forever 21 —, mas eu sempre implorava para Bethenny nos levar ao pet shop em Westwood para visitar os peixes tropicais, os camundongos e os periquitos. Às vezes a gente encontrava Kyle para patinar no gelo ou comprar balas no Mobile Mart.

Minha mãe e suas irmãs trabalharam de modelo e atriz na infância e na adolescência. Minha avó arranjava sessões de fotos e pequenos papéis para elas em um monte de programas de televisão. Minha mãe tinha o tipo de beleza mais apropriado ao padrão dos anos 1960: meio irlandesa e meio italiana, olhos cor de mel, cabelo loiro, pele de porcelana. Foi um bebê da marca Gerber e fez comerciais antigos da Barbie. Ela teve pequenos papéis em *A feiticeira*, *The Nanny*, *Family Affair* e *Arquivo confidencial*. Aos dezoito anos, foi backing vocal de Leather Tuscadero (papel de Suzi Quatro) em um episódio de *Dias felizes* chamado "Fonzie, Empreendedor do Rock, Parte 1". Ela e outra menina faziam a coreografia, de sapatilha, dando um passinho para a frente e outro para a trás, e cantarolando "oooooo" e "da da da", enquanto Richie (Ron Howard) tocava saxofone alto e Fonzie (Henry Winkler) assistia à cena, faminto, em uma cabine da Arnold's Diner.

Minha mãe estudou na Montclair College Preparatory School, em Los Angeles, onde foi melhor amiga de Michael Jackson, um dos muitos jovens na turma dela que trabalhavam na indústria do entretenimento. Enquanto isso, tia Kim e tia Kyle fizeram *A montanha enfeitiçada*, da Disney, e Kyle tinha um papel recorrente em *Os pioneiros*. As três irmãs trabalharam bastante na adolescência. Sempre achei que a experiência fosse positiva, mas alguma coisa não devia ser tão boa, porque minha mãe insistia para que eu e

Nicky não fizéssemos nenhum trabalho de atriz ou modelo quando crianças. Fizemos alguns desfiles de mãe e filhas para fins beneficentes, mas nada de profissional. Só por diversão. Meu sonho era ser veterinária quando crescesse, o que meus pais encorajavam.

Nicky e eu não podíamos usar maquiagem nem roupas curtas e justas. Nossa mãe era rígida nesse sentido, e eu não me incomodava. Eu só queria ficar confortável. Shorts, camisetas, moletons. Sempre pronta para a ação. Nossa mãe valorizava a modéstia e a graciosidade. A gente não falava de nada que ela considerasse íntimo, nojento ou desagradável. Eu ainda tenho problemas com isso.

Quando Carter sugeriu nadarmos com *sperm whales* (cachalotes) na nossa lua de mel, eu respondi:

— Não. Não posso estar associada a nada que envolva a palavra *sperm* (esperma).

— Ok — respondeu ele, amigável. — Então *humpback whales* (jubartes).

— Amor. "*Hump*"? — retruquei, pois "*hump*" também pode ser uma gíria para sexo.

Ele riu. Achou que era brincadeira. Ele não entende por que sou tão hipersensível. Eu também não entendo totalmente, mas sou assim.

Na pré-adolescência, eu era atlética, esperta e completamente destemida, o que deve ser o tipo mais apavorante de criança para os responsáveis, mas não para meus pais, que eram um bom time. Às vezes, eu conseguia fazer uma cara e uma voz fofas para convencer meu pai a me deixar fazer alguma coisa que minha mãe já proibira, mas, na maior parte do tempo, eles concordavam em tudo. Eram rígidos, mas eu me sentia segura e amada na família, tanto na mais próxima, quanto na mais distante.

Nicky e eu estudamos em Buckley, uma escola particular aristocrática em Sherman Oaks, repleta de filhos de executivos de Hollywood e pessoas da indústria do entretenimento. Quando eu estava no quinto ano, éramos todos doidos por uns tênis Reebok Pump que inflavam quando se apertava uma bolinha de basquete na lateral. Eu precisava deles, mas, quando minha mãe me levou para comprar em Pixie Town, só tinha sobrado um par.

Minha mãe tentou argumentar:

A autobiografia 39

— Não vai dar certo. É dois tamanhos acima do seu.

Eu não me incomodava. Eles eram incríveis. Calcei vários pares de meia, inflei os tênis ao máximo, e fui com eles à escola no dia seguinte, crente de que estava arrasando. Assim que viu, uma garota comentou:

— Meu Deus do céu, Paris! Parece até o Ronald McDonald.

Todo mundo entrou na chacota e fugi correndo para o banheiro, querendo morrer. Eu me recompus e joguei os sapatos no armário de alguém a caminho do orelhão para ligar para minha mãe.

— Eu te odeio! Por que você comprou esses tênis para mim? Todo mundo está sendo malvado!

Minha mãe me acalmou e comprou tênis que serviam melhor, mas foi difícil me recuperar daquilo. Estando do lado dos alunos alvos de bullying, a escola pode ficar bem sofrida. Minhas notas começaram a baixar.

Quando eu estava no sexto ano, todo mundo era apaixonado por Edward Furlong, o menino de *O exterminador do futuro 2*. Ele estava sempre nas páginas das revistas *Tiger Beat* e *People*, e deu início a uma moda de penteados. Buckley ia da pré-escola ao ensino médio, então, quando os garotos do primeiro ano do ensino médio, de franjinha estilo Furlong, me convidaram para escapulir do colégio e almoçar no McDonald's, eu topei. E, óbvio, não podia andar por aí com aquela saia ridícula até o joelho, então enrolei a cintura para encurtar e me meti em encrenca. Eu não fiz nada com os garotos. Só gostava da atenção.

(Acabei namorando Eddie Furlong aos dezoito anos. Ele era ativista pelo direito dos animais, então tínhamos esse aspecto em comum. Alguns anos depois, soube que ele foi preso por liberar lagostas de um tanque em um mercado, o que achei incrível. *Corram, lagostinhas, corram!* Queria que ele tivesse pensado nisso quando a gente ainda namorava.)

No fim do ano letivo, o diretor disse a meus pais que eu não seria bem-vinda no sétimo ano, o que foi uma chateação, porque eu precisaria abandonar minha melhor amiga da escola, Nicole Richie.

Nicole era da minha turma na Buckley, e, graças a Deus, a família dela morava perto da minha, então ainda podíamos nos ver. Juntas, queríamos ser o tipo de dupla descolada que Bethenny e Kyle eram. Levamos essa energia ávida para as primeiras festas com meninos e meninas, e nossos primeiros beijos aconteceram simultaneamente (com meninos diferentes) no mesmo jogo de verdade ou consequência.

Eu mudei para uma escola católica, que ia só até o oitavo ano, em Los Angeles. Na época, João Paulo II era o papa, e só metade das freiras usavam hábitos tradicionais ao estilo A *noviça rebelde*, mas eram todas más como sempre. Eu começava uma prova de matemática confiante, mas, depois de alguns minutos, não conseguia ficar parada. Os números pulavam sempre que alguém tossia.

Tinha um pássaro voando perto da janela.

As mangas da minha roupa pareciam assimétricas.

Irmã Godzilla tinha uma verruga no queixo.

— Quieta, Paris.

Parecia que a verruga estava gritando comigo, o que me fez rir, e aí a irmã veio até mim e disse que ia ligar para minha mãe. Minha mãe já estava exausta das ligações. E das advertências. E das reuniões na diretoria. Minhas notas ainda não tinham chegado ao fundo do poço, mas meus pais sabiam que eu podia me sair melhor.

— Você é uma das crianças mais inteligentes que conheço — meu pai dizia sempre. — Só precisa se esforçar. Ser mais disciplinada.

O que me salvava era ser líder de torcida. Eu me exauria ao aprender a coreografia do time, o equilíbrio perfeito de exercício físico e mental. Depois de várias horas sentada na escola, era um alívio poder pular, dançar e gritar, e receber atenção positiva pela primeira vez no dia. Eu me sentia bem na arena da torcida. Era uma das meninas descoladas.

Eu tinha um diário elaboradamente decorado com meu BeDazzler, e nele registrava todos os dramas da torcida, além de páginas repletas de ideias de invenções, reflexões sobre a vida, poemas, sonhos, desenhos, reclamações sobre alguém que me magoou, odes aos garotos de quem estava a fim e histórias espontâneas e ilustradas sobre cavalos, unicórnios e reinos animais.

Em certo momento, ouvi Nicky dizer *"That's hot"*,* e me fez bem. Escrevi a expressão no diário e ilustrei com flores e fogos de artifício. É uma declaração

---

* "Que gostoso", "Que sexy" ou, literalmente, "Que quente". *"That's hot"* virou bordão de Paris Hilton na época do reality show *The Simple Life*. (N. T.)

ótima, né? Positiva. Sem pretensão. A palavra *hot* é evocativa; tem energia —
hot pink (rosa-choque), *hot shit* (fodão), Red Hot Chili Peppers. E, se você
elogiar assim a próxima pessoa que conhecer, garanto que vai receber um sorriso. Quer dizer, não fale de um jeito bizarro, mas quem não ama um pouco de
afirmação? Se encontrar alguém que admira, diga. Solte uma faísca de positi-
vidade no mundo.

É que nem "Tá gata", só que mais gostoso.

De repente, várias coisas no meu mundo pareciam merecer essa honra,
e eu as registrei com fidelidade no diário.

Mamãe comprou canetinhas com purpurina para mim. That's hot.
Aprendemos a fazer diagramas de sintaxe. That's hot.
Nicole vai passar o fim de semana todo aqui. That's hot.

A moda pegou. Logo, todo mundo da minha turma andava por aí dizendo *"That's hot"*. Eu fiz essa expressão pegar, isto é, "barro" pegar! (Referência
a *Meninas malvadas. "That's hot."*)

Meu pai viajava muito a trabalho, e meus pais nunca dormem separados. Até hoje, aonde ele for, ela vai. Por isso, viajávamos muito em família, ou
minha mãe ia com meu pai e tia Kyle cuidava da gente, o que era ótimo, porque Kyle sempre nos encorajava a convidar amigas. Nicole, minha melhor
amiga da escola, dormia muito lá em casa. A gente se achava super-radical
porque sabia a letra toda de "Baby Got Back", de Sir Mix-A-Lot.

Minha mãe, Kim e Kyle apresentaram um modelo fabuloso de dinâmica de irmãs. Hoje, minha mãe conta que a mãe delas era muito rígida
quando ela era pequena, mas minha avó aparentemente relaxou um pouco
depois de se divorciar do pai da minha mãe e se casar com o segundo marido.
Kim chegou cinco anos depois, e Kyle, dali a mais cinco anos. Minha avó
se divorciou desse cara e se casou e se divorciou mais duas vezes, então as
meninas passaram por poucas e boas, mas superaram tudo com beleza, tino
para negócios, estilo impecável e uma *joie de vivre* natural que sempre admi-
rei. Elas se apoiavam, se defendiam e se amavam incondicionalmente, mas
também confiavam umas nas outras para dizer sempre a verdade nua e crua.
Se uma delas tivesse brócolis nos dentes, as outras avisavam. As conversas

animadas eram sempre cheias de gargalhadas e confidências. Minha mãe ama fazer as pessoas rirem.

Certa noite, passando pelo quarto da minha mãe, ouvi ela falar em uma voz exagerada de bonequinha. Kim e Kyle estavam gargalhando a ponto de chorar. Não lembro as frases exatas, mas ouvi alguma coisa do tipo:

— *Nicole diz que eu devia só falar para ele que acho ele gostoso. Kim diz que eu devia contar para um dos amigos dele que gosto dele e ver o que acontece...*

Levei um minuto para entender. Ela estava lendo meu diário.

Eu fiquei tão furiosa que nem conseguia me mexer. Fiquei parada atrás da porta, paralisada, fervilhando, humilhada. Não havia maldade alguma nas risadas das minhas tias; elas só achavam uma fofura. E *era* uma fofura. Minha mãe só queria compartilhar minha fofura com as irmãs. Depois de revirar minha gaveta de meias. E ler meu diário em uma voz de bonequinha.

Na categoria de coisas ruins que podem acontecer com crianças, isso não é grave. Eu sei. Só menciono porque o momento me marcou por muito tempo. Que nem quando um copo escorrega da sua mão e quebra na pia. De modo geral, não é grave, mas, naquele momento, você percebe a natureza frágil das coisas e se sente estranhamente frágil também.

Não sei o que aconteceu com meu diário. Eu queria tê-lo ainda. Imagino que, se o visse, eu também riria. Mas também reconheceria sua beleza. Às vezes, esquecemos como é aquele momento precioso de ser um espírito criativo antes de nos inibir, antes de sermos obrigados a admitir que, sim, nos importamos com a opinião alheia. Especialmente de pessoas que amamos e admiramos.

Em 1994, fiz treze anos, e meu irmão mais novo, Conrad Hughes Hilton, nasceu. Comecei a prestar mais atenção em música e moda. Idolatrava Madonna e Janet Jackson. Não entendia metade da letra de "Shoop", de Salt-N-Pepa, mas sabia cantar junto a música toda, assim como a maior parte de "Funkdafied", de Da Brat, e "Gin and Juice", de Snoop Dogg.

No Ano-Novo, minha família, a família de Nicole e mais um monte de gente conhecida foram para Las Vegas. Meus pais amam Vegas, então esse encontro era uma tradição importante para todos nós. Normalmente, os adultos saíam para dançar no Ano-Novo, enquanto as crianças ficavam jogando jogos de tabuleiro e vendo filmes nas suítes do hotel com as babás. Mas, naquele ano, Nicole e eu imploramos por um quarto próprio. Fomos insistentes e argumentamos como era ofensivo ter babá naquela idade avançada.

— Somos adolescentes! Temos idade para ser babá uma da outra.

Finalmente convencemos nossos pais que, se nos deixassem ficar no nosso próprio quarto de hotel, assistiríamos a *Dick Clark's New Year's Rockin' Eve* e iríamos dormir logo depois da meia-noite.

É claro que não foi o que aconteceu.

Às nove, já estávamos de saco cheio e conversamos no telefone com dois garotos da Buckley um pouco mais velhos do que a gente. Feliz coincidência! Eles também estavam em Las Vegas com a família. Os garotos vieram ao nosso quarto e sugeriram um passeio. Nicole e eu tínhamos sido proibidas de sair, mas queríamos ser legais, então dissemos que só poderíamos passear pelo hotel. Aí pareceu que deveríamos evitar a chance de esbarrar em nossos pais, então, é claro, a decisão prática era caminhar pela Strip com os meninos.

Foi muito divertido. Não queríamos beber, fumar, nem nada; só sair e ver o movimento. Música fluía de todas as portas. Gente feliz e bonita comemorava, de roupas chamativas e chapéus de festa. À meia-noite, a rua estava cheia de luz, gente aplaudindo e buzinas. Ficamos com os meninos — só uns beijos —, e eles foram embora.

Nicole e eu continuamos a caminhar sozinhas. Andamos e andamos admirando tudo, vendo as vitrines, rindo e papeando. Tinha gente saindo dos cassinos e dos bares dos hotéis — muita gente — a caminho de outras festas. A rua estava muito lotada e era um pouco assustadora. Nicole e eu continuamos a avançar, de braços dados para não nos separarmos.

Finalmente, falei:

— É melhor a gente pegar um táxi e voltar ao hotel.

Nicole concordou, mas a rua inteira tivera a mesma ideia. Isso foi muito antes da época do Uber. Para pegar um táxi, era preciso fazer sinal em uma esquina, ou entrar na fila do hotel, mas tinha tanta gente que era impossível achar um táxi, muito menos vazio. Finalmente, abordamos um policial que parecia ocupado mas simpático.

— Licença — falei. — Tem algum lugar para a gente pegar um táxi? Essa fila tem 1 milhão de pessoas.

O policial me iluminou com a lanterna e perguntou:

— Quantos anos vocês têm?

— Vinte e um.

Nem hesitamos.

Ele cruzou os braços.

— Cadê sua identidade?

— Não está comigo — falei. — Perdi.

— Como você se chama?

— Jennifer Pearlstein — falei. — Essa é minha amiga, Leslie.

— Quantos anos você tem, Jennifer?

— Já falei! Vinte e um!

— Não tem, não.

— Dezoito?

— Também não tem dezoito — disse ele —, e é ilegal vocês estarem na Strip depois das nove. Tem toque de recolher. Querem ser presas? Eu deveria prender vocês agora mesmo.

Nicole e eu insistimos que tínhamos, *sim*, dezoito anos, e só estávamos em Las Vegas para um trabalho, mas o policial não acreditou. Ele nos mandou entrar na viatura e ficamos lá sentadas, tipo *Puta merda! O que a gente faz? O que a gente faz?*, enquanto ele falava no rádio, parado na esquina.

Esperamos muito tempo. Pareceu levar duas horas, então, provavelmente, levou uns quinze minutos, na verdade. Nicole e eu conversamos aos cochichos, acertando nosso disfarce, planejando uma estratégia. Finalmente, o policial abriu a porta do carro e Nicole desembuchou:

— Ela se chama Paris Hilton! Estamos hospedadas no Hilton Las Vegas! A mãe dela é Kathy Hilton!

— *Nicole* — falei, dando uma cotovelada nela. — Nossa senhora.

— Desculpa, senhor policial. A gente não queria fazer nada de errado — disse Nicole.

Ela deu o número da minha mãe para ele e, pouco tempo depois, meu pai veio nos buscar. No caminho do hotel, ele foi gritando com a gente, como era de se esperar.

— No que estavam pensando?! Fazem ideia do que podia ter acontecido? Você está de castigo, Star. "de castigo"?

Eu retruquei:

— Como assim, de castigo? Já estou em Las Vegas.

— O castigo é não ver Nicole — disse meu pai. — Vocês duas obviamente não são boa influência uma para outra. Vocês não podem mais se ver.

Os pais de Nicole ficaram tão furiosos quanto os meus, então a encrenca foi em dobro. Botaram a gente em quartos separados e nos proibiram de conversar. Quando voltamos para Los Angeles, nossas mães confiscaram os telefones dos nossos quartos, mas a casa de Nicole ficava bem do outro lado do campo de golfe, e descobrimos que, se cada uma gritasse de sua varanda, a voz ecoava pelo gramado, e a gente se escutava.

O amor sempre dá um jeito. Éramos inseparáveis.

Eu e Nicole Richie viramos amigas do peito aos dois anos e continuaremos assim até o fim do mundo. Na adolescência, quando a gente fazia piada e vozes bobas, todo mundo ao nosso redor morria de rir. A gente morria de rir. Morro de rir agora só de pensar! Não sei o que era; a gente só parecia se alinhar, que nem um diapasão. De tanto nos divertir, surgia uma espécie de magia do humor, ao estilo Lucy e Ethel, e foi essa a magia do programa *The Simple Life*.

Nicole é inerentemente gentil e doce, então pega todo mundo desprevenido com suas tiradas obscenas, e a reação das pessoas é pura comédia. A comédia precisa ser destemida, e Nicole nunca hesita.

Uma das nossas atividades preferidas era passar trote, o que aprendemos com a rainha do trote: minha mãe. Minha mãe sabe disfarçar a voz e fazer você acreditar que um entregador está a caminho com cem pizzas havaianas, que ela está trancada no porta-malas do carro, ou em literalmente qualquer coisa. Uma vez, ela e Nicky me levaram para almoçar em um pequeno vinhedo e me fizeram acreditar que era um casamento surpresa e que a noiva era eu.

Inspiradas pelo exemplo épico de trotes da minha mãe, eu e Nicole passávamos horas no meu quarto, respondendo aos classificados no *Los Angeles Times* ou telefonando para meninos da nossa turma e fingindo ser secretárias de um olheiro esportivo profissional. Esses telefonemas normalmente eram bem parecidos com os que eu e Nicole fizemos com números aleatórios que vimos em um quadro de avisos da lavanderia na gravação de *The Simple Life*.

ALEATÓRIO: Alô?

EU (*forçando uma voz grave e rouca*): Pois não, estou ligando a respeito do quarto para alugar.

ALEATÓRIO: É grande. Você vai gostar da mobília. É sinistra.

EU: Não gosto de coisas sinistras, meu bem. Espere. Sinistro é bom? Não entendo o palavreado jovem. Sou um senhor solitário.

ALEATÓRIO: Sinistro é bom.

EU: Diz que é proibido fumar. Eu adoro meu cigarrinho.

ALEATÓRIO: É proibido fumar.

EU: Ok. Posso nadar pelado na piscina? Atualmente moro em Caliente, que é uma colônia nudista. Você não tem nada contra nudez, tem?

(*Clique.*)

3

Fiz catorze anos em fevereiro de 1995. Eu amava *Toy Story* e *Jumanji*, e pular por aí com o braço levantado, cantando bem alto "This Is How We Do It", de Montell Jordan. Estava no oitavo ano na escola católica. Usávamos uniformes — roupas básicas e largas —, mas Nicky e eu dávamos um jeito de encurtar as saias e melhorar o look com acessórios da Hello Kitty, técnicas para enfiar a blusa na cintura e cabelo escovado. Eu mal podia esperar para chegar em casa e chutar para longe aquela saia xadrez e aquela blusa engomada. Corria por aí de bermuda de surfe, camiseta larga e tênis. Dormia de samba-canção e camisas de beisebol que roubava do guarda-roupa do meu pai.

Eu era bem moleca, mas certamente não me via como criança. Tinha um pager e uma linha telefônica só minha, conectada à minha secretária eletrônica. Gravei a mensagem da secretária eletrônica diversas vezes, tentando deixar minha voz rouca e sedutora, que nem as linhas de telessexo que via nas propagandas da televisão de madrugada.

Alô, é a Paris. Não estou, mas quero muito falar com você...

Passava a noite largada na cama, fofocando com minhas amigas sobre assuntos muito adultos: se Rachel e Ross ficariam juntos em *Friends* e o que andava acontecendo nas reprises de *Barrados no baile* que passavam depois do horário escolar.

Em meados dos anos 1990, Shannen Doherty era o símbolo das meninas rebeldes. Era impossível passar no caixa do mercado ou comprar bala no jornaleiro sem vê-la estampando os tabloides. Ela posou quase nua na *Playboy*. Ela farreava com garotos, brigava com garotas, e então — *imperdoável!* — abandonou a série *Barrados no baile*. O público que a transformou na estrela da série se voltou contra ela, e fomos todos na onda: "Que piranha. Que vaca". Todos os comentários genéricos que se aplicam à garota que todo mundo ama quando ela se torna a garota que todos amam odiar.

Minha mãe andava muito ocupada com os meninos, então estava começando a perder a paciência com minha bagunça, meus bichinhos e meu hábito de sair quicando por aí. Nós sempre fomos próximas, mas estávamos sentindo o atrito que naturalmente ocorre entre mães e filhas adolescentes. Ela era superconservadora; eu não era *nada*. Eu ouvia *Bacdafucup* de Onyx sem parar e usava camisetas com estampas grosseiras da Gadzooks. Eu falava palavrão, não escrevia agradecimentos para presentes e, sempre que queria evitar os desafios de pedir permissão aos meus pais, escapulia pela janela do quarto e descia o andar por fora, que nem o Super Mario. As freiras da escola reclamavam de eu não parar quieta, causar confusão e não prestar atenção nas aulas.

Eu vivia de castigo, e minha solução era sair escondida. Certa vez, eu e Nicole armamos um plano para ir a uma festa da escola, apesar de estarmos proibidas por causa de nosso mau comportamento geral. Fomos a uma loja chamada Judy's, no Beverly Center, e compramos roupas idênticas: shortinhos de veludo, blusas curtas e meias-calças arrastão. (Não era de bom gosto, mas também não era extremamente inadequado. Tem roupas mais sensuais no *Dance Moms*.) Aí fomos à casa do pai dela, argumentando que iríamos fazer um trabalho de escola, nos vestimos e cobrimos a roupa com jaquetas e calças largas. Assim, saímos para a festa, depois de convencer nossos pais de que estávamos uma na casa da outra.

A gente ficava muito empolgada com esse tipo de coisa.

O planejamento! A intriga!

Nunca fazíamos nada de terrível; só amávamos a sensação de liberdade e de tentar driblar quem acreditávamos estar tentando nos conter. Quase fomos pegas e ficamos de castigo outra vez, o que, na época, nos pareceu incrivelmente injusto. Estávamos só explorando. *Como é se sentir sexy? O que é ser sexy, afinal?* São perguntas completamente razoáveis para meninas adolescentes investigarem.

O problema é quando meninas entram nessa fase de exploração em segredo e mal informadas. Se a mensagem que passa é "Não falamos dessas coisas" — adivinhe! — suas filhas se aproximam da vida adulta com a ideia de que ser adulta é guardar segredos. As freiras não nos ensinaram nada sobre saúde reprodutiva na aula de biologia. Claro que não trabalhamos com a obra *Lolita* na aula de literatura. Minha mãe não falava de nada que entrasse nas categorias nebulosas de "íntimo" e "sujo". Aprendi as informações básicas com propagandas de absorvente na revista *Seventeen*. Meu entendimento de sexualidade era uma máquina de fumaça de clipes da Madonna, propagandas da Calvin Klein e um impulso vagamente safado, que me causava a mesma pontada de culpa que sentia ao roubar um brilho labial da bolsa da minha mãe.

Então, como a formatura do fundamental estava chegando, na minha cabeça eu estava praticamente no ensino médio. O que quer dizer que eu era quase adulta, né? Quando saiu o anuário, todos os alunos do oitavo ano estavam retratados de beca, e minha foto vinha com a legenda: "Boa da Turma".

É outra ótima palavra, né? "Você está indo bem, é boa." Ou, "Não tem nada de errado com ela, já é boa". Ou talvez se refira a uma coisa positiva e bonita.

Mas, claro, nesse caso, *boa* é de *boazuda*. De *gostosa*, de *sexy*. Eu era a menina mais *sexy* do oitavo ano! Porque existe isso… ser uma menina sexy no oitavo ano, né?

Que nem uma fantasia de Halloween?

Eu estava de boa com ser a "Boa da Turma". Entrei na onda.

Enquanto isso, todas as meninas da turma estavam apaixonadas por um professor jovem e bonito. Viviam dizendo que ele era ridiculamente gostoso. Bem estilo os modelos da Abercrombie. Cabelo bagunçado. Olhos penetrantes. Todo mundo amava ele, até as freiras.

Mas ele *me* escolheu. A Boa da Turma.

— Estou a fim de você — disse ele, com um sorriso galanteador.

Ele fez eu me sentir notada de um jeito importante e adulto. Ele me lisonjeou, me provocou e disse que todas as outras meninas falavam de mim pelas costas porque eram invejosas. Porque sentiam inveja da minha gosto-sura. Porque os namorados delas provavelmente queriam largá-las assim que eu entrava na sala. Ele pediu meu número de telefone particular e avisou que eu não deveria contar para ninguém.

— É nosso segredinho — disse, e eu guardei o segredo que nem bala escondida debaixo do travesseiro.

Eu nunca me senti manipulada. Eu me sentia idolatrada. Eu era prati-camente a Marilyn Monroe. Ele não conseguia se conter, porque eu o tinha enfeitiçado.

Por que eu não adoraria essa narrativa? Girava toda em torno de mim, da lindinha que eu era. O foco era minha beleza inebriante, e não o compor-tamento indevido dele.

O sr. Abercrombie me ligava quase toda noite e a gente passava horas falando de como eu era incrivelmente madura, linda, inteligente, sensual, incompreendida e especial. Ele me lembrou que a princesa Diana era treze anos mais nova que o príncipe Charles. Que a Priscilla Presley tinha mi-nha idade quando Elvis se apaixonou por ela. Eu merecia um astro do rock. Merecia um príncipe. Porque eu era uma princesa. Eu merecia ser admirada e amada de um jeito que nenhum menino do oitavo ano entenderia.

Ele me fez acreditar que eu era rara e preciosa, e quer saber? Eu era *mesmo*. Toda menina dessa idade é rara e preciosa. Toda menina dessa idade é um tesouro, uma obra de arte inestimável, então seria de se esperar que todo professor do oitavo ano fosse um guarda de segurança em uma galeria de arte. Ele não está ali para admirar a beleza; está ali para protegê-la. Está ali para fazer valer as regras, e a regra número um é: *NÃO. TOQUE. NA. ARTE.* Não mexa nas obras-primas com seus dedos, sua boca nem suas par-tes íntimas. Deve ser óbvio que a *Moça com brinco de pérola* merece a opor-tunidade de sorrir melancólica na pintura sem ser apalpada por um tarado. Porque o dano causado naquela obra de arte preciosa pode ser escondido, mas nunca desfeito.

Quase toda noite, meu professor perguntava:

— Seus pais estão em casa?

Uma noite, quando eles saíram, eu falei:

— Não, só a babá.

— Saia um pouco — pediu ele. — Estou esperando.

Calcei meus tênis, saí pela janela do quarto e desci pela calha. O ar noturno encheu meus pulmões, junto ao cheiro de grama aparada e gardênias. Vi um SUV mais antigo parado na entrada. Subi no banco do carona. O professor me abraçou e me beijou.

A intensidade do ato me chocou e me deleitou. Meu cérebro se iluminou, repleto de adrenalina, curiosidade e uma variedade de sentimentos que nem sabia nomear. Esse beijo assustadoramente delicioso continuou pelo que me pareceu muito tempo e parecia estar evoluindo para algo mais. Não sei até que ponto ele teria ido se meus pais não tivessem chegado.

A luz do farol brilhou no para-brisa, e o feitiço se quebrou.

Vislumbrei o rosto chocado do meu pai. O professor enfiou a chave na ignição e deu a partida. Eu me agarrei ao assento enquanto saíamos cantando pneu. Ele dirigiu a uma velocidade maníaca pelas ruas chiques de Bel-Air e Westwood, voando pelas curvas fechadas, surtando sem parar.

Eu ri. Nervosa. O coração a mil. Os ouvidos zumbindo. Meu Deus do céu! Eu nem estava de cinto! Era como Bonnie e Clyde!

— *Merda! Merda! Merda!* — exclamava o sr. Abercrombie, parecendo chorar. — Minha vida acabou. O que estou fazendo? *Por que você me fez fazer isso?*

Finalmente, ele voltou e me largou na frente de casa. Nem me beijou na despedida, como imaginei que alguém faria em um encontro. Não foi cena de comédia romântica; ele só me jogou do carro e foi embora à toda. Corri pelo quintal, escalei a calha, pulei a janela do quarto e me meti debaixo do cobertor. Meus pais irromperam no quarto, para lá de furiosos, os dois aos berros. Eram palavras demais para decifrar. Um muro sólido de ultraje.

Pestanejei, de olhos arregalados, e falei, com uma voz infantil e sonolenta:

— Quê? O que está acontecendo? Eu estava dormindo.

Não sabia o que mais eu podia fazer. Tenho certeza de que eles não acreditaram em mim nem um segundo, mas dane-se — eu queria que eles fossem embora e, óbvio, eles queriam ir também, então foram, e ninguém nunca mais mencionou esse acontecimento constrangedor.

O ano letivo estava quase no fim, mas aquele último mês e pouco foi cheio de drama, na escola e em casa. Nunca contei para ninguém, mas as

A autobiografia 53

pessoas pareciam saber mesmo assim. Talvez fosse apenas minha imaginação, mas tudo parecia diferente. Ele ainda era o sr. Abercrombie, mas eu não era mais a Boa da Turma. Eu era a Shannen Doherty da escola católica. Todo mundo amava me odiar. Nada que eu fazia era certo. Eu não sabia o que sentir nem fazer e tentava processar tudo no espaço solitário e confuso do segredo.

Durante a festa de formatura, saí para dar um pulo no McDonald's e, quando voltei, os professores responsáveis não me deixaram entrar.

As freiras disseram:

— Acabou para você, filha da puta. Vaza.

Quer dizer, provavelmente não falaram bem assim, mas o recado foi dado. Precisei ligar para minha mãe e pedir para ela ir me buscar, sabendo que ela ficaria lívida e envergonhada.

Foi esse o fim da minha vida feliz na casa dos sonhos da Barbie em Bel-Air.

Meus pais me mandaram para a casa da minha avó, em Palm Springs. Achei que fosse só para passar as férias, mas acabou sendo muito mais que isso.

Não sei se o professor sofreu qualquer punição, ou se houve alguma tentativa de impedi-lo de escolher outra menininha. Meus pais nunca me disseram nada, e eu nunca perguntei, mas suponho que o medo do falatório os teria impedido de causar escândalo ou denunciar. Entendo que eles podem ter acreditado que era para meu bem.

Por 25 anos, registrei esse acontecimento na minha cabeça como "meu primeiro beijo", porque, apesar de não ser de fato meu primeiro beijo, fez todos os beijos anteriores parecerem os beijinhos que eu dava nos meus furões. Eu nunca me permiti falar, nem mesmo pensar, no que foi de verdade e no porquê de eu ter pulado a janela para beijar aquele pedófilo idiota. Levei décadas para conseguir falar a palavra *pedófilo*.

Atribuir a ele o papel de abusador implicava em atribuir a mim o papel de vítima, e eu não conseguia fazer isso. Não conseguia aceitar que todos os elogios dele — toda a afirmação que uma menina adolescente precisa desesperadamente ouvir — vieram de um lugar malévolo, e que eu fui boba e vaidosa o suficiente para acreditar. Era como sonhar com o toque gentil do meu amado e, ao acordar, notar que na verdade era uma barata subindo pela minha pele. Eu não conseguia conciliar o fato de ter gostado de uma experiência que, na realidade, era inteiramente vil. Agora, vendo isso nessa perspectiva, eu chego a ficar enjoada.

Eu queria ser uma aranha; não, uma mosquinha. E, no fim, fui eu que saí em desgraça e fui mandada embora de casa, então devia ser minha culpa, né? Assim como sacos plásticos fazem o vento soprar, a vergonha era *minha* por estragar a vida daquele "coitado".

E a vergonha ainda é minha.

Mesmo hoje sabendo, em minha perspectiva de adulta, que nenhuma criança pode ter culpa alguma pelos comportamentos indevidos de adultos, meu rosto arde ao contar para vocês esse segredo horrível. Não sei se um dia conseguirei me livrar dessa sensação por completo. Porém é parte central da minha história, o catalisador de muito do que ocorreu depois.

Eu chorei ao ler o livro de memórias de Marilyn Monroe, *My Story*, e fui inspirada pelo fato de ela ter encontrado a coragem de falar que foi molestada pelo vizinho da tia quando era pequena. O homem a manipulou com brincadeiras galanteadoras e a atraiu ao quarto com gentileza e tranquilidade. Ele a trancou ali e a apalpou, e disse que ela era tão linda que ele não conseguia se controlar. Em seguida, ele abriu a porta e disse para ela nunca contar a ninguém. Ele tentou dar uma moeda para ela comprar sorvete, mas a pequena Norma Jeane jogou a moeda na cara dele e correu para contar à tia, que ralhou com ela por mentir sobre o vizinho, que era um homem de tanto respeito. Alguns dias depois, a tia a levou a um culto da igreja, onde o homem que molestara Marilyn rezou em voz alta para perdoar os pecados dela.

"Naquela noite, eu chorei e quis morrer", Marilyn diz em *My Story*. "Eu pensei: 'Se nunca houver ninguém com quem eu possa conversar, vou começar a gritar.' Mas não gritei."

Agora, me enfurece pensar na facilidade com que eu e Marilyn aceitamos essa narrativa sobre nossa aparência física ser a desculpa para o comportamento criminoso de outra pessoa. Mas como não aceitar?

Nos deram uma escolha:

A: "Você é uma criança idiota que foi enganada, usada e jogada fora que nem lixo."

B: "Você é uma sereia irresistível cuja beleza e encanto têm o poder de mudar o que alguém pensa, alterar sua alma e transformar seu comportamento."

Diante da escolha entre vítima e influenciadora, Marilyn e eu incorporamos nosso lado sereia.

4

O MICROCLIMA DE PALM SPRINGS é ideal para resorts. A área ao redor é uma frigideira escaldante cheia de escorpiões e cactos, mas a posição de Palm Springs se beneficia das sombras das montanhas San Jacinto. O clima é agradável na maior parte do tempo. Pessoas da alta sociedade começaram a frequentar a área no início do século XX porque o ar quente do deserto era recomendado para tratar de problemas de mulheres vitorianas frágeis, com tísica e histeria, termo que usavam para TPM, menopausa e qualquer coisa que desse às mulheres a ideia louca de que tinham o direito de expressar sua opinião.

Dizem as lendas que Marilyn Monroe foi "descoberta" por um olheiro de talentos da William Morris (no sentido em que Colombo "descobriu" as Américas) enquanto pegava sol na piscina do Charlie Farrell's Racquet Club em Palm Springs, em 1949. Conrad Hilton chegou por lá no início dos anos 1960 e construiu um hotel de luxo sob um contrato de 99 anos.

Quando cheguei a Palm Springs, no verão de 1995, o Racquet Club estava sob mudança de gerência e largado às moscas. Metade das lojas do shopping Palm Springs, inclusive as maiores, I. Magnin e Saks, tinha fechado. O centro de Palm Springs ainda era um parque de diversões para a elite de Hollywood, mas o bairro onde eu morava com a mãe de minha mãe era repleto de velhinhas de cabelo azul.

Minha avó não entrava nessa categoria.

O cabelo de minha avó era ruivo-cobre, da cor de uma moedinha nova, e ela nunca saía de casa sem passar batom vermelho-bombeiro. Ela era glamorosa. Sempre coberta de diamantes. Adorava joias — quanto mais, melhor, e todas ficavam lindas nela. Gram Cracker, como eu a chamava, era uma força da natureza e mudava a energia de todo ambiente em que entrava. Ela era uma figura. Amava socializar. Amava ser linda. Em vez de tentar se encaixar no molde típico, gostava de ser quem era.

Em uma palavra, Gram Cracker vivia *sliving*.

Sliving é uma palavra que inventei em uma festa de Halloween há uns anos. Comecei a falar *"slaying"*, "arrasando", mas no meio mudei para *"living your best life"*, "vivendo na melhor", e saiu *"sliving"*. Todo mundo morreu de rir, mas eu pensei: *Que palavra ótima. Vou registrar essa marca para ontem.* Talvez eu estivesse meio altinha, mas é uma palavra ótima mesmo! É um movimento, e um estilo de vida. E minha avó era a personificação de *sliving*.

Em retrospecto, fico muito feliz por ter tido aquele tempo com ela. Minha avó me mostrou o que é estilo, o que é força, e como as duas coisas se encaixam. Parecia que ela dominava aquela cidade. Todo mundo amava o estilo e o ânimo dela. Mesmo quando criança, eu reconhecia isso. Ela não tinha os recursos que eu via no lado Hilton da família; ela fazia tudo acontecer com audácia e força de vontade.

— Trabalhe muito e seja independente — disse ela. — Não deixe um homem ditar sua vida. Você é uma estrela, a coisa mais linda do mundo. Os homens vão se dobrar para você, mas você precisa saber o que quer e correr atrás.

Um dia, cheguei triste em casa porque um menino estava me maltratando na escola. Gram Cracker conhecia os pais dele, então telefonou para o menino e deu um esporro daqueles:

— Escuta aqui, seu espinhento feioso, não se meta com minha neta. Se você falar com ela, vou aí te moer na porrada.

Fora a linguagem usada, ela me deu um exemplo poderoso: defenda aqueles que ama, e se ame o suficiente para *se* defender.

Eu amei as férias com minha avó, mas quando o período acabou, minha mãe fez uma visita e me matriculou no nono ano na Palm Valley

58 Paris Hilton

School, uma escola particular de preparação para o vestibular em Rancho Mirage, a meia hora da casa da minha avó. Eu não vi aquilo como castigo pelo que tinha acontecido com o professor. Muitos adolescentes se mudam para estudar em escolas preparatórias. Não é grave. Além do mais, uma vez que meus pais viajavam muito, acho que sentiam que eu estava mais segura com minha avó do que com uma babá. Eu era mais esperta do que a maioria das babás, mas não era mais esperta que Gram Cracker. Ninguém nunca foi, nem será.

Fiquei devastada quando soube que minha família se mudara para Nova York sem mim. A casa da minha avó certamente era o melhor dos lugares para ser encarcerada, mas eu estava morando ao lado de um campo de golfe no deserto, enquanto minha família se instalava no hotel de luxo Waldorf-Astoria. Foi difícil de engolir. Eu tinha só catorze anos. Queria estar com minha família. Precisava da minha mãe. Sentia saudade do cheiro limpo de Chanel nº 5 nos pulsos dela. Sentia saudade de experimentar roupas no closet lotado dela. Sentia saudade das tardes maravilhosas no zoológico com meu pai. Meu irmãozinho Barron estava crescendo tão rápido que eu mal o reconhecia. Meu irmãozinho Conrad ainda era pequeno, e eu mal tivera a oportunidade de conhecê-lo direito, de brincar com ele ou de mimá-lo como Nicky e eu mimamos Barron quando ele era bebê.

Eu não era uma menina ruim.

Podia, às vezes, ser respondona, birrenta e teimosa. Em outras palavras: *tinha catorze anos*. Se seu filho de catorze anos anda por aí que nem um anjinho perfeito, seria bom fazer um exame de doença de Lyme. Eu nunca tinha bebido álcool nem experimentado drogas. Nunca tinha fumado cigarro. Não falava (muito) palavrão nem (muita) mentira, e, apesar de brigar com minha mãe, como é costumeiro com meninas adolescentes, amava meus pais e sabia que eles me amavam. Doía muito profundamente pensar em minha família tomando café, batendo papo na frente da TV... em todas as coisinhas que aconteciam lá sem mim. Eu chorava muito, com saudade da minha mãe, dos meus irmãos, querendo ir para casa.

Eu não sabia o que minha família queria. Aparentemente, não era eu.

Por isso, fiz o que as pessoas fazem quando não têm a família de que precisam: formei a minha. É bom aprender a fazer isso, porque praticamente todo mundo em certo momento da vida passa por uma fase distante da família em que nasceu. Para muitas pessoas, isso vai além de uma fase e permanece a vida toda. Muitos dos meus amigos e fãs LGBTQIAP+ existem nesse espaço e, sem expor demais minhas questões, sempre tentei fazer eles se sentirem compreendidos e amados. Eu os entendo.

Deus abençoe Gram Cracker.

Eu e ela éramos unha e carne. Eu nunca esperei que ela fizesse o papel de senhorinha recatada; ela nunca me viu como colegial católica. Éramos só autênticas, eu e Gram Cracker. Mil vezes, ela me disse:

— Antes de você nascer, uma médium me contou: "Essa menininha um dia vai ser uma das mulheres mais famosas e fotografadas do mundo". Brigitte Bardot, Audrey Hepburn, Marilyn Monroe, Grace Kelly... você vai ser maior que todas elas.

Na casa dos meus pais, eu nunca tivera permissão de usar maquiagem, sair com meninos ou passear à toa no shopping. Já minha avó não era conservadora com nada disso. Ela me ensinou tudo que minha mãe se recusara a explicar: o que devia saber sobre meninos, sutiãs, rímel e outras questões totalmente adequadas e necessárias para uma menina de catorze anos. Ela me levou ao salão e me deixou pintar de loiro meu cabelo castanho-claro e cortá-lo em camadas que nem as da Farrah Fawcett. Ela me apresentou as modas de maquiagem do momento: base fosca, lápis labial exagerado, sobrancelhas perfeitamente feitas à pinça e glitter sutil. Ela era mestre do olho Nefertiti — pálpebra azul-clara ou lilás com branco prateado subindo até a sobrancelha —, mas eu preferia a moda grunge, com olho esfumado.

Minha avó me deixava ir ao shopping no final de semana e sempre me dava dinheiro para usar na praça de alimentação. Ela me deixava namorar e ir a festas. Eu podia receber amigos, tanto meninos quanto meninas, para ver televisão no quarto, então não precisava escapulir. Eu tinha muito mais liberdade do que com meus pais, mas minha avó também tinha limites, e não era de brincadeira.

O nono ano foi o último ano em que realmente aproveitei a escola. Não matava aula nunca. Fazia o dever de casa, pensava na faculdade. Estava envolvida com meu primeiro namorado sério, Randy Spelling, que morava com os pais, Aaron e Candy Spelling, e a irmã, Tori, em uma mansão lendária de 5250 metros quadrados chamada de Manor. A casa de Randy tinha um cinema, uma pista de boliche e várias outras coisas que, como namorada, me divertiam. Ele era uns dois anos mais velho do que eu e tinha carteira de motorista, então vinha me visitar em Palm Springs. Uma vez até alugou um bangalô legal, com piscina e ofurô. Fizemos grandes planos para o final de semana. Não eram planos sexuais. Só de diversão. Eu era virgem, e deixava bem claro que tinha escolhido esperar até o casamento.

Criada com uma visão católica da virgindade, eu admirava minha mãe e queria me casar com alguém igual ao meu pai. Eles eram fiéis e gentis como casal. Eles se adoravam. Eu queria ser adorada assim, e me foi ensinado que, para ser a esposa certa, era preciso ser virgem ao casar. Ela me ensinou insistentemente que garotos só querem o que não podem ter, então, se me entregasse, no dia seguinte seria rejeitada. Ela dizia que boquetes estavam abaixo do meu nível.

— Isso é para meninas desesperadas. Você não precisa se ajoelhar. Você é Paris Hilton.

Minha mãe sempre dizia para mim e para Nicky:

— Nunca se diminuam ou se entreguem a alguém que não reconhece seu valor. Vejam a si mesmas como bolsas Chanel. Vocês são Hermès originais, não imitações baratas de brechó.

Por isso, apesar de estar doida por Randy, pensei: *Seja a Birkin*. E Randy estava tranquilo com isso. A gente ainda podia se divertir, né?

O fim de semana não era só entre nós dois; era um grupo todo de amigos. Um negócio bem *Barrados no baile*. Arrumei umas roupas bonitas na minha malinha e falei para Gram Cracker que ia passar o fim de semana na casa da minha amiga Crystal, o que ela aceitou porque era amiga da mãe de Crystal. Não me ocorreu que, por serem boas amigas, minha avó ligaria para ela para falar comigo. Não sei de onde ela arranjou o endereço do bangalô alugado, mas acho que prova o que falei sobre a influência dela em Palm Springs. Ela foi correndo para lá e esmurrou a porta bem quando a gente estava curtindo o ofurô nos fundos da casa. Eu espiei pelo olho mágico.

Vi uma Gram Cracker aos berros:

— Paris, sei que você está aí!

Peguei a mala, saí correndo pelos fundos e pulei a cerca. O bangalô ficava no limite de um campo de golfe, então corri pelo gramado, descalça, desviando de bancos de areia e *sprinklers*, até chegar à casa da minha avó. Ela chegou pouco depois, furiosa. Tentei todo tipo de enrolação que me ocorreu — *Juro que estava na casa da Crystal! A gente estava na casa de hóspedes, aí a mãe dela* blá-blá-blá... é. Não. Não dava para mentir para Gram Cracker. Ela mirou seus olhos de laser em mim e enxergou até minha alma. Ela não me botou de castigo, mas me passou um sermão sobre integridade e consequências, e eu me senti horrível por tentar passar a perna nela.

Em comparação com o que adolescentes fazem hoje, isso era bem inocente, mas meus pais tinham feito o possível para manter a mim e a Nicky fechadas em um Tupperware à vácuo de amor e privilégio, protegidas do mundo, desde que nascemos. Minha mãe cresceu trabalhando e se casou jovem; nunca teve a oportunidade de viver uma adolescência "normal" — se é que isso existe —, então acho que sentia medo desse período da vida. O nome Hilton era importante para eles. E para mim. Eu sentia orgulho de ser Hilton. Mas também queria ser Paris.

Naquela época eu sentia que era a rainha do meu destino, bonita e confiante, curtindo com amigos no Mac.

Às vezes eu ia a Los Angeles, passava o fim de semana com Papa e Nanu e saía com amigos, e normalmente acabávamos no Century City Mall, que era *muito* melhor do que o shopping de Palm Springs. Eu e minhas amigas sempre encontrávamos por lá dois caras mais velhos, de vinte e tantos anos. Eles eram bonitos, simpáticos e muito adultos com aquelas roupas de shopping, e a gente se sentia adulta também por eles quererem ser nossos amigos, sair, pegar nosso número de page e ligar para bater papo.

Certo fim de semana, eu estava no shopping com uma amiga não tão íntima — vamos chamá-la de Iffy —, e esbarramos nesses dois caras gatos, e eles nos convidaram para ir ao apartamento de um amigo, que ficava por perto. O convite não nos pareceu esquisito nem inadequado, porque não eram desconhecidos; eram caras legais que a gente conhecia fazia tempo. Eles eram mais velhos, mas não éramos crianças, afinal já estávamos no ensino médio. Era manhã de sábado, e os pais de Iffy esperavam que a gente voltasse para casa a tempo do jantar.

Por isso, eu e Iffy fomos com eles, e ouvimos música e dançamos, só de boa. Um dos caras insistia para que bebêssemos uma garrafinha de drink de vinho com frutas, mas, precavida, eu tinha levado uma garrafa de Sprite.

— Estou de boa com a Sprite — disse.

Mas ele não parava de aparecer com a garrafinha do drink, a garrafinha, a garrafinha. Dizia sem parar:

— Para de criancice. Nem tem gosto de álcool. Mal embebeda. É um suquinho. Olha, você precisa beber, já está aberto. Não vamos desperdiçar. Só um golinho.

Tomei um golinho. Era doce, com gosto de xarope e tinha um tom azulado.

Depois disso, não lembro de muita coisa. Pedaços. Fragmentos. Ecos. Ruído. Silêncio. Senti um peso esmagador em cima de mim. Sufocando. Estalando as costelas. Senti uma pontada de pânico e tentei me levantar, mas o impulso se perdeu, como se algo tivesse rompido minha coluna. Quando tentei gritar, não tinha ar nos pulmões. Só me saiu um *"Para... O que está rolando... Para..."* baixinho e rouco, até o cara cobrir minha boca com a mão... tipo, agressivamente, com *força*. Ele segurou meu rosto e sussurrou:

— É um sonho. Um sonho. Você está sonhando.

O cochicho bizarro no ouvido, que nem um mosquito.

E aí... nada.

Acordei sozinha, em um quarto que não reconhecia. O sol da tarde batia forte pelas janelas sujas. Meus olhos pareciam pedras no crânio. Minha boca estava inchada, com gosto de sangue. Meu corpo todo doía, instável, como se eu tivesse sido rasgada ao meio e colada de volta por dentro da roupa. Eu não sabia se minha amiga tinha me abandonado ou se estava morta em outro quarto. Eu precisava vomitar.

Fui ao banheiro, vomitei e lavei o rosto com água fria. Antes de abrir a porta da suíte, encostei a orelha. Fazia silêncio. Abri a porta com cuidado e saí para o corredor. O cara estava parado no meio da sala, bloqueando a porta do apartamento.

Senti um aperto na garganta. Não conseguia respirar. A postura dele ali — parecia que não ia me deixar ir embora. Parecia que ele queria que eu sentisse medo. Mas aí ele sorriu e falou:

— Oi.

— Cadê a Iffy? — perguntei.

— Eles já foram embora. Acho que foram almoçar. E aí você dormiu. Né? Lembra que pegou no sono?

— Eu... é. Eu... devo ter pegado no sono.

— Você teve, tipo, algum sonho esquisito? Lembra alguma coisa?

Eu olhei a porta e falei o que achei que ele quisesse ouvir:

— Não lembro nada. Só dormi. Só isso.

Ele continuou arrastando os pés, de um jeito esquisito e desajeitado, me perguntando se eu me lembrava de alguma coisa, se eu tivera algum pesadelo. Eu fingi que não sabia do que ele estava falando e insisti que tinha que ir embora porque estavam me esperando. Finalmente, ele se afastou o suficiente para eu passar e sair pela porta. Tentei correr, mas minhas pernas eram de cimento líquido. Só consegui descer a escada aos tropeços, morta de medo de olhar para trás.

Não lembro aonde fui nem como voltei à casa da minha avó em Palm Springs. Minha memória daquele dia e dos dias seguintes é estranha e emaranhada, como se as lembranças fossem picadas e processadas em um liquidificador.

Nunca contei à minha avó. Ela vivia perguntando:

— Por que você anda tão rabugenta? Vamos ter que mudar seu nome para srta. Rabugenta.

E eu vivia fingindo rir.

A primavera de 1996 foi Céline Dion cantando "Because You Loved Me".

O verão de 1996 foi Bone Thugs-N-Harmony cantando "Tha Crossroads".

Randy estava ficando menos tranquilo com a história de não transar. Eu tinha quinze anos. Ele tinha quase dezenove. A gente namorava fazia um ano. Todos os amigos dele diziam:

— Cara, ele vai te trair se você não der para ele.

Todos os amigos dele, e alguns dos meus, já tinham transado. (Ou diziam.) Eu sabia que tinha alguma coisa errada comigo. Queria que ele me beijasse e abraçasse, mas se tocasse meus peitos ou qualquer outra parte mais íntima, meu corpo todo virava pedra.

Eu bebi champanhe antes. Ajudou.

Dali para a frente, dava para contar uma história bem melhor de "Como perdi a virgindade".

Era uma vez. Com um menino bonito que me amava.

Não me permiti pensar naquele dia no apartamento do cara do shopping. Definitivamente não contei para Randy. Nunca contei para Nicky. Nunca contei para minha mãe. Até para Carter só contei recentemente. Faz tanto tempo, e tanta coisa aconteceu desde então... do que adiantaria? Para ser sincera, eu mal pensei nisso desde que ocorreu. Pensar nisso fazia eu me sentir estragada, envergonhada e enjoada, então enfiei a memória no canto mais fundo e escuro da mente. Eu me recusei a ver a sombra imensa lançada sobre mim.

Porém algo estranho ocorreu comigo de alguns anos para cá. Uma mudança de perspectiva, talvez. Ou uma mudança em como processo as lembranças que prefiro deixar pra lá, como um pesadelo. Sabe como é ver uma teia de aranha iluminada pelo orvalho? Dá para ver todas as conexões: causa e consequência. Dá para ver a vida se espalhando em espiral, a morte presa nos fios grudentos. Há beleza no desenho que une aquela galáxia, e vejo-a mim — vejo a estrela — no meio de tudo.

Não quero dizer que o mundo gira em torno de mim; quero dizer que *meu* mundo gira em torno de mim, assim como seu mundo gira em torno de você. E não temos a distância necessária para ver quantos mundos cruzam os nossos. Mas cruzam.

Essas coisas que aconteceram comigo não acontecem no vácuo. Em algum lugar, sem dúvida, há muitas outras mulheres tentando esquecer o pesadelo daquele apartamento. Talvez, se uma delas tivesse contado a alguém, não teria acontecido comigo. E talvez, se eu tivesse contado a alguém, não teria acontecido com mais outras. Por isso estou contando agora.

Porque a vergonha é um perigo. Um veneno.

E não só para quem a carrega.

Você já se perguntou por que duas em cada três agressões sexuais não são denunciadas? Ou tem o luxo de não se importar? Muitas pessoas que ouvem a história de uma menina de quinze anos que foi estuprada ou explorada automaticamente pensam: *Que menina burra*. Nossa cultura é tão boa em manipular a história que é o que dizemos para nós mesmas. Por décadas, sempre que aquela voz de mosquito incômoda cochichava em meus pesadelos, eu acordava pensando: *Que menina burra, burra, burra!*

Até as pessoas mais entendidas, feministas, legais e iluminadas que você conhece — ah, nem tente mentir — pensam assim, você sabe. Quem é mais generosa, evoluída e progressista do que a Pink? Ninguém! Ela é maneira pra cacete. Genial! E parece uma mãe ótima, o que me faz gostar dela e respeitá-la ainda mais. Mas quando estava todo mundo falando do vídeo sexual de uma certa adolescente de um programa de televisão que logo faria sucesso — uma garota que repetiu enfaticamente, sem parar, que não queria que o vídeo fosse divulgado —, a resposta dela foi "Stupid Girl" ("Menina burra"). O clipe todo é uma crítica nada sutil às "porno paparazzi girls" ("meninas de pornô e paparazzi") em geral e, mais especificamente, a mim, em uma paródia da minha *sex tape* infame.

A *sex tape*, filmada quando eu ainda não tinha idade para me servirem um Cuba Libre no bar, foi distribuída e comercializada contra minha vontade, mas, quando chegou à internet, o peso inteiro do ultraje, do desprezo e do nojo do público desabou em mim, em vez de recair na multidão de gente que tinha comprado e vendido o vídeo, dando origem a um fluxo regular de *sex tapes* falsas da Paris Hilton, e a uma indústria inteira que viria a arruinar a vida de outras adolescentes vulneráveis no futuro.

Pink cantou sobre "outcasts and girls with ambition" ("meninas rebeldes e ambiciosas"), e disse "that's what I wanna see" ("é o que quero ver"). Mas escolheu não ver isso em mim.

Esclareço: não estou chateada com Pink.

Não existe uma "rivalidade" Pink *versus* Paris. Não existe isso. Não dou atenção a isso, e sou péssima em guardar rancor. De qualquer modo, raiva não ajuda; o que ajuda é honestidade. Por isso, agora estou sendo honesta.

Participar de ativismo no contexto de adolescentes problemáticos me ensinou a natureza tóxica do silêncio e da vergonha, e, em retrospecto, me vejo fazendo um imenso esforço para reestabelecer a autoridade sobre meu corpo e retomar o que era bom e natural em mim. Isso causou muito desconforto em muita gente, que não se deu ao trabalho de refletir sobre o fato e se perguntar "O que está acontecendo *de verdade* com essa garota?".

Ano passado, em um torneio de tênis, fui apresentada a um conhecido muito simpático de Carter, que disse me conhecer da Palm Valley High. Vasculhei décadas de nomes e rostos emaranhados na confusão de memórias daquela época.

— Ah, oi! — falei, tentando fingir saber quem era.

Honestamente, eu não me lembrava do cara, mas ele mencionou um acontecimento que me era, sim, familiar.

Em uma noite de sexta-feira, no nono ano, houve um evento na escola que duraria a noite toda, em que a gente deveria ir ao ginásio de pijama, com um bicho de estimação preferido, e ficar até de manhã vendo filmes. A maioria das meninas chegara de moletom, calça de flanela e camiseta larga, com ursinhos e cachorros de pelúcia. Eu cheguei em um macaquinho de seda da Victoria's Secret, parecendo pronta para uma festa na Mansão Playboy. Não era supersexy nem nada disso, mas era rosa-choque e bem curtinho. E eu levei um furão vivo. A professora responsável ligou para minha avó e disse que eu não podia ficar.

Quando contei a história para Carter, rimos até chorar.

— Talvez fosse por causa do furão — disse ele. — Talvez fosse contra as regras de saneamento básico, aí daria problema no seguro da escola.

Porque é assim que funciona o cérebro lindo, nerd e sexy do meu marido, compulsivo por consertar problemas. Ele queria mesmo que a questão fosse o furão.

— Claro — falei, com um tapinha no joelho dele. — Aposto que foi isso.

Não sei quanto meus pais falavam com minha avó sobre minha vida em Palm Springs, mas deviam estar confortáveis com isso, porque morei lá mais ou menos por um ano. Meus pais me visitavam regularmente, me levavam em algumas viagens de família, e, depois, acabaram decidindo me levar com eles para casa.

Eu fiquei feliz de voltar para minha família, mas devastada por abandonar minha avó. No ano em que morei com ela em Palm Springs, nossa vida tinha virado do avesso, mas a gente superou juntas. Foi o que me fez suportar.

Não sei se naquela época ela já sabia que tinha câncer de mama. Se sabia, não sei se contou para minha mãe. Só sei que minha mãe não contou para mim e para Nicky até ficar óbvio que o cabelo ruivo brilhante de Gram

Cracker estava caindo. Quando fiquei sabendo, eu já era adulta e morava sozinha, mas senti medo. *Câncer de mama* são palavras assustadoras, e eu fiquei apavorada por ter que me despedir de Gram Cracker. Ela era inquebrantável. Ou talvez eu só a visse assim porque não aguentava a ideia de perdê-la.

Ela resistiu por um tempo, e eu me permiti acreditar que ficaria tudo bem. Mas não ficou. O tratamento foi pesado para ela. Da última vez que a vi, chorei, a abracei apertado e falei:

— Não quero deixar você aqui. Tenho medo de nunca mais te ver.

— Para com isso — disse Gram Cracker. — Não vou a lugar nenhum.

— Prometa! Prometa que não está morrendo.

— Bom, *hoje* eu não morro... a não ser que você me afogue nessas lágrimas.

Ela me passou um lencinho e me ajudou a ajeitar a maquiagem. Antes de eu ir ao aeroporto, ela segurou meu rosto e beijou minha testa.

— Vou estar sempre com você — falou. — Sempre que você ver um beija-flor, vai saber que sou eu.

Kathleen Mary Dugan Avanzino Richards Cartain Fenton nasceu em Nebraska em 1928. Ela foi mãe solo e empresária de três filhas extraordinárias. Era de um amor ultrajante e de uma autenticidade incessante. Na série *American Woman*, produzida pela tia Kyle, Alicia Silverstone fez uma personagem baseada na minha avó, e tem uma cena ótima em que ela desafia um cara que está se metendo com a filha dela:

— Sabe, Jerry, estou de olho em você. Você é só uma nuvem escura de chuva pairando acima de uma árvore linda, tentando assustar todo mundo com seus trovões e relâmpagos, mas quer saber? Minha filha aguenta qualquer temporal. Porque a árvore é ela. Ela é a sequoia inteira.

A série é fictícia, mas o momento é realista — era essa a fé ferrenha que ela tinha nas filhas e nas netas.

Gram Cracker morreu em 2002, quando *The Simple Life* ainda estava em pré-produção. Ela nunca viu a realização da visão da médium, mas não precisou disso. Foi a visão dela que fez a diferença; ela acreditou em mim até o último segundo. Sempre que vejo um beija-flor, sinto ela me abraçar, e, quando lancei minhas primeiras NFTS — na tentativa de trazer mulheres artistas fortes e talentosas para esse novo espaço poderoso —, colaborei com Blake Kathryn em "Hummingbird in My Metaverse" ("Beija-flor no meu metaverso"), que envolve planetas em fluxo e um beija-flor voando.

Um beijo para Gram Cracker.

Onde quer que ela esteja hoje, sei que está cuidando de mim.

5

Papa me contou que, por mais de uma década, sob o vidro da mesa do pai dele, ficava uma foto do hotel Waldorf-Astoria. Nessa fotografia amarelada, Connie escrevera "O Maior de Todos". A história de como Conrad Hilton estudou, perseguiu, comprou e reformou o Waldorf é que nem a história de *Moby Dick*, mas com um monumento art déco imenso de calcário em vez de uma baleia-branca. Você pode ler a história toda no livro de memórias de Conrad Hilton, *Be My Guest*.

Em suma: Ele viu. Ele quis. Ele deu duro até acontecer.

O Waldorf tem 47 andares e ocupa uma quadra inteira do bairro Midtown de Nova York, ladeado pelas avenidas Park e Lexington e pelas ruas 39 e 50. Se entrar pela porta da Park, você será recepcionado por *The Spirit of Achievement*, uma escultura art déco elegantemente agressiva de Nína Sæmundsson. Toda vez que fecho um contrato, tenho uma ideia ou atinjo uma vitória que faz eu me sentir uma chefona foda, penso naquelas asas abertas e erguidas. Amo a postura dela, na ponta dos pés, com o corpo forte e alongado, o rosto composto e concentrado.

O hotel é uma obra de arte, tem uma arquitetura espetacular e é lar de inúmeros tesouros. O relógio da Exposição Mundial de 1893 agora foi para a New York Historical Society, mas antes ficava na Peacock Alley do Waldorf, onde minha mãe ensinou a mim e a Nicky a etiqueta do chá como aprendida no palácio de Kensington. Aonde eu olhasse, via quadros inestimáveis ou vasos Ming. Em um canto do mezanino ficava o piano de Cole Porter.

A lista de líderes mundiais, aristocratas, estrelas de Hollywood e magnatas da indústria que moraram no Waldorf é mais longa do que o prédio. Marilyn Monroe morou na suíte 2728, a mesma em que, quarenta anos depois, encontrou-se um ladrão de diamantes assassinado. John F. e Jackie Kennedy passaram a lua de mel lá. Minha família morou no 30H. Michael Jackson, no 30A com os filhos. Barbra Streisand e Frank Sinatra também estavam no prédio. Não dava para atravessar o saguão ou pegar o elevador sem esbarrar em um diplomata estrangeiro, um astro do cinema ou um integrante do Rolling Stones.

O Waldorf é um centro de eventos da alta sociedade e do mundo dos negócios de luxo, então está sempre cheio de pessoas fascinantes, conversas interessantes e festas enormes.

Além disso, há uma salada de nome Waldorf, que é estranhamente gostosa, apesar de misturar maionese e chantilly com um monte de outras coisas que parecem não combinar, mas combinam. É TDAH em forma de salada.

Eis minha receita para uma salada Waldorf clássica:

Umas maçãs verdes azedas. Não sei quantas. Como vou saber o tamanho das maçãs da sua feira? Vai a gosto.

Aipo. Capriche, por causa das fibras.

Nozes ou pecã. Ou as duas. Não tema o exagero. Toste um pouco, se não se distrair fácil.

Uvas roxas. A quantidade que você não comer enquanto faz a salada.

Açúcar. Provavelmente só um pouquinho.

Sal. Digamos que uma pitada. Porque gosto da palavra "pitada".

Maionese. Sei que parece nojento! Mas jogue uma colherada. Depois vai me agradecer.

Chantilly. Pode ser de lata, não sou purista. Acho que dá para trocar por iogurte grego e servir o molho à parte, mas por que não ir com tudo?

Salpique com purpurina comestível ou sal rosa e sirva.

Voilà! Salada Waldorf.

De nada.

Voltando ao Waldorf.

Minha família tinha se mudado para um apartamento irado no Waldorf enquanto eu morava em Palm Springs com Gram Cracker, e fiquei com muita inveja. Como não ficaria? Entenda, não era um quarto de hotel, nem mesmo uma suíte. Era um apartamento completo, com 230 metros quadrados, mármore italiano, detalhes arquitetônicos art déco, luminárias estonteantes e vista da cidade em toda a extensão, até na banheira.

Quando voltei a morar com minha família, de início foi meio esquisito tentar me encaixar no ritmo da casa, era muito diferente da experiência mais relaxada na Califórnia. Todo mundo estava ocupado com suas próprias coisas, e eu não tinha "coisas" logo de cara. Minha mãe montara um quarto lindo para mim, com roupa de cama branca, um tapete rosa felpudo e todas as bonecas e bichinhos de pelúcia que eu amava quando era pequena. O único problema era que eu não era mais pequena. Muita coisa tinha acontecido. Eu já tinha quinze anos. Estava no ensino médio. Tinha minhas ideias do que queria da vida e do meu espaço, mas guardei muito disso para mim. Não queria parecer ingrata, porque estava *muito* agradecida!

MUITO. AGRADECIDA. MESMO.

Agradecida por estar em casa.

Agradecida por ser amada.

Agradecida por ter minha família por perto.

Meus irmãos queridos — eu os amava tanto. Amava ver desenho animado com meus irmãozinhos, que quicavam pela sala e subiam em mim. Amava correr pelo hotel com minha irmãzinha, que roubava minhas roupas e tentava me dar ordens. Amava meus pais, que viviam ocupados com coisas interessantes e ainda tiravam tempo para me dar bronca por causa da escola, de etiqueta e blá-blá-blá. Não é ironia. Eu estava feliz de voltar ao seio da minha família perfeitamente imperfeita. Eu não teria mudado nada em nenhum deles. Só pensava: "Ebaaaaaaa! Valeu, Deus!".

Acredite, eu tinha total clareza da bênção e da sorte que tinha.

A quadra inteira estava sempre viva com atividades e agito. Às vezes, eu e Nicky nos arrumávamos e nos convidávamos para festas. Ou entrávamos de fininho no salão vazio depois de um evento, correndo por lá descalças e de pijama, comendo o que tinha sobrado nos carrinhos de sobremesas chiques e mexendo nos restos de sacolas de presentes. Era um parque de diversões para duas adolescentes cada vez mais obcecadas por moda, música e arte.

Naquele verão, fomos passar as férias nos Hamptons, o que também foi como voltar para casa. Estava em um lugar conhecido, com gente amada. Homens viviam dando em cima de mim e dizendo que eu deveria virar modelo, o que homens adoram fazer, então dane-se, mas, em Nova York, as pessoas que diziam que eu e Nicky deveríamos virar modelos eram profissionais legítimos daquele mundo. Agentes. Estilistas. Fotógrafos. Notamos que daria para a gente ganhar um pouco de dinheiro próprio.

— De jeito nenhum — disse minha mãe. — Antes dos dezoito, não.

Nicky sempre fica tranquila durante esse tipo de conversa, então a deixei falar.

— Você e o papai estavam dizendo agora mesmo, nos Hamptons, que a gente devia arranjar trabalho.

— Estávamos falando de bicos de babá — disse minha mãe. — Trabalho em uma sorveteria. Essas coisas.

— Mãe — disse Nicky —, você foi modelo desde bebê.

— Foi outra época, e a escolha não foi minha.

— Quer dizer que você não queria? — perguntei.

— Quer dizer que ninguém me perguntou. Eu queria cantar — disse minha mãe. — Eu trabalhei nisso. Arranjei um contrato. Mas aí engravidei e precisei cuidar de vocês, e foi essa a vida que escolhi.

Ela falava como se tivesse simplesmente virado a página e começado um novo capítulo. Eu não conseguia interpretar sua expressão.

Se perguntar à minha mãe como ela suporta conversas difíceis, ela diz:

— Faço assim.

Ela abaixa a mão na frente do rosto, que nem uma cortina, e, quando volta a cruzar as mãos no colo, abre um sorriso impecável, digno de *Mulheres perfeitas*. Tão imaculado. Tão lindo. É um talento que acabei aprendendo. Meu sorriso de Mulher Perfeita. Uso bastante.

Mesmo sem a permissão dos nossos pais, começamos a trabalhar de modelo. Achávamos que daria para a gente sair, trabalhar e voltar sem que eles soubessem. Na maior parte do tempo, dava certo, mas, às vezes, alguém ligava para minha mãe e dizia:

— Ah, é, acabei de ver Paris e Nicky na sessão de fotos lá em [um lugar qualquer].

Aí a gente precisava encará-la ao voltar. Ela não gostava, mas íamos gastando a paciência dela aos poucos.

Três motivos possíveis para minha mãe não querer que a gente trabalhasse de modelo

1. Ela sabia mais do que a gente do mundo de modelo/atriz e não queria que a gente aprendesse nada do jeito mais difícil.
2. Doía nos ver trabalhar porque fazia ela pensar em muitos "E se?". Assim como ver Nicky com seus filhos lindos me faz pensar em muitos "E se?".
3. Secretamente, ela queria que a gente trabalhasse, sim, mas queria que a gente fizesse algo mais difícil. Conrad Hilton ensinou a Papa, que ensinou ao meu pai, que é perigoso quando crianças ricas não têm "dragões a enfrentar".

Talvez fosse uma combinação desses três. Resultado: ela recusou todo desfile e ensaio de fotos que me ofereceram.

No outono, nossos pais foram comigo e com Nicky para uma entrevista na Sacred Heart, uma escola de prestígio em Manhattan, só para meninas. Uma freira nos acompanhou, mostrou o campus, e nos contou toda a história da Santa Madalena Sofia Barat, fundadora da Sociedade do Sagrado Coração.

— Seguimos o exemplo dela no ensino — disse a freira. — Santa Madalena Sofia Barat dizia: "Seja humilde, seja simples, traga alegria aos outros". Nossas meninas aprendem a viver uma vida com propósito.

Eu não queria estudar lá. Não sabia o que me incomodava no lugar — os uniformes que lembravam minha escola antiga, as salas de aula cheias de fileiras rígidas —, mas imediatamente soube que ia ser difícil pra cacete. Eu me conhecia. Ainda não tinha sido diagnosticada com TDAH, então não tinha vocabulário para meus desafios e idiossincrasias, mas tinha

A autobiografia 75

certeza de que seria odiada pelas freiras irritadas e pelas meninas frescas, e eu acabaria me odiando.

Depois da visita, Nicky e eu precisamos ser entrevistadas pela freira responsável pela admissão de novas alunas. Eu fiquei me remexendo e balançando a perna, enquanto ela e Nicky conversavam muito sobre blá-blá--blá, então finalmente a freira me perguntou:

— Do que você mais gostou na escola, Paris?

Tentei soar desinteressada.

— Nada.

— Bom, do que você mais gostava na sua escola em Palm Springs?

— Artes. Hóquei na grama — falei, me remexendo na cadeira desconfortável. — Olha, eu não quero estudar aqui, então não estou tentando impressionar.

— Entendi — ela disse.

— Esse lugar é um saco. Prefiro me matar.

Senti o olhar da minha mãe me queimar como um laser. A freira organizou os documentos na mesa.

— Temo que você não seja para a Sacred Heart, Paris — disse ela, e se voltou para Nicky, sorrindo. — *Você*, sim.

Nicky então entrou na Sacred Heart, e eu fui estudar na Professional Children's School, onde podia optar por um currículo voltado para história da moda. Macaulay Culkin, Christina Ricci e um monte de outros atores, bailarinas e modelos estudavam lá. O apartamento de Macaulay ficava bem ao lado da escola, então a gente dava festas lá depois das aulas.

Eu achei que seria a escola mais legal do mundo, e era mesmo, mas eu achava insuportável ficar em um lugar só — mesmo um lugar legal — por tantas horas a fio. Derramar hormônios adolescentes em um cérebro com TDAH é como derramar gasolina em um incêndio. Muitas meninas adolescentes com TDAH lidam com oscilação de humor, aumento de peso, ansiedade, ataques de pânico e muita turbulência física e emocional assustadora e estranha, que as levam a serem isoladas, julgadas, agredidas e castigadas, o que torna tudo mil vezes pior.

Eu sentia que tinha um ninho de cobras dentro de mim. Era impossível ficar de boca fechada e mãos paradas, mesmo que, por dentro, eu me desse ordens — *cale a boca, pare as mãos* — e enfiasse as unhas no braço. Às vezes, era demais. Eu precisava ir embora e andar por Nova York. Eu caminhava e brincava com cachorros aleatórios no parque. Corria pela Quinta Avenida e as vitrines passavam como uma apresentação de slides, toda loja contendo algo colorido e maravilhoso.

Meus pais foram passar umas semanas fora do país a negócios. Barron tinha sete anos e Conrad era bebê, então a babá estava bem ocupada, e eu tive tempo de sobra para fazer o que quisesse. Ainda mais liberdade do que tinha em Palm Springs. E Nova York era 1 milhão de vezes mais divertida.

Esperei Nicky chegar da escola e falei:

— Vamos sair.

Ela hesitou.

— Sexta eu saio, mas hoje não, porque amanhã tem aula.

— Fala sério! Por quê?

— Porque não sou idiota. Quero tirar notas boas.

Nicky tinha treze anos e era meio mandona. Ela frequentemente esquecia quem era a irmã mais velha. Dane-se.

Desci para o saguão do Waldorf, peguei um exemplar da *Time Out New York* e fui direto para a parte de trás, onde listavam tudo que acontecia à noite na cidade. Todo tipo de música imaginável — jazz, pop, karaokê, clássico —, e todo tipo de evento costumeiro de Nova York — vernissages, competições de drag, performances e desfiles de moda. Melhor ainda, listavam todas as boates, DJs e raves.

Time Out New York virou meu dever de casa diário. Aprendi a identificar as melhores festas, músicas e DJs. Passava a maior parte do dia dormindo, depois brincava um pouco com Barron e Conrad ou ficava ao telefone no quarto de Nicky enquanto ela fazia lição. Depois de todo mundo ir dormir, eu saía, levando só o dinheiro necessário para comer alguma coisa na rua. O pessoal mais festeiro só chegava à balada depois de meia-noite, e não dava para saber exatamente onde seriam as raves até o horário de fechar dos bares, então meia-noite era a hora ideal. Dava bastante tempo de passar em algumas festas e averiguar a situação antes dos bares fecharem.

Como diz a música: *Não precisa voltar para casa, mas, aqui, não pode ficar.**

A gente se metia em grupo num táxi ou pegava o metrô para ir a um galpão, um shopping abandonado ou uma loja falida e curtir até o amanhecer. A música pulsava tanto que não dava para conversar, mas tudo bem. A gente não precisava conversar. Era tudo sensação: liberdade, abandono, adrenalina. Eu queria que fosse para sempre, mas quando finalmente ficava suada e exausta, voltava ao Waldorf, passava de fininho pela portaria e me recostava na parede fria e limpa do elevador até abrirem as portas. Entrava no apartamento com o máximo de silêncio, tomava banho e me largava na cama enquanto todo mundo acordava para se aprontar para a escola.

Era fácil perder a noção do tempo entre as paredes de tijolo e janelas fumê. Quando as raves iam até tarde, tão tarde que voltava a ser cedo, eu achava melhor nem voltar para casa. Ia para a casa de algum amigo, dormia o dia todo e saía de novo à noite.

Certa manhã, saí do elevador e encontrei meus pais à espera, com uma expressão mista de raiva e alívio. Minha mãe estava devastada, se debulhando em lágrimas. Ver o sofrimento da minha mãe tinha deixado meu pai ainda mais furioso.

— Onde você se meteu? Sabe o que passamos aqui? Sabe o que imaginamos?

Eu estava exausta. Queria que o confronto acabasse, então, em vez de me explicar, me desculpei e prometi que não aconteceria outra vez. Eu queria que fosse verdade. Odiava magoá-los assim, mas sentia que eles deveriam confiar que eu sabia me cuidar e me deixar de boa. Óbvio que era uma ideia totalmente boba e egoísta. Por que qualquer pai acharia isso tranquilo? Eu certamente, como mãe, não acharei.

Porém tentei convencê-los:

— Relaxa. Vou ficar de boa.

— Tem predadores por aí — disse minha mãe. — Homens que procuram meninas que nem você.

---

* No original, *"You don't have to go home, but you can't stay here"*, frase popular que aparece nas placas dos bares na hora de fechar e que é citada na música "Closing Time", da banda Semisonic. (N. T.)

— Ninguém vai se meter comigo — falei. — Não na frente dos paparazzi que estão sempre por aí me fotografando.

— É o *quê*?

Esclareço que não estamos falando do furacão de paparazzi que me seguiu mais adiante na minha carreira. Aqueles eram uns teimosos sonolentos que passavam a noite acampados na rua, esperando alguém famoso sair de boates que faziam sucesso entre certas celebridades. Eu não era famosa, mas tinha um nome famoso. Às vezes, era o melhor que eles arranjavam. Uma foto de "Paris, a herdeira" valia um pouquinho, então eles me chamavam:

— Ei! Ei, é você a menina Hilton?

— Oi, meninos!

— Aonde você vai, Paris?

— Ah, você sabe.

— Esse aí é seu namorado?

— Não, só um amigo.

Eu sempre posava bonitinha e tentava ser educada. Se estivesse andando sozinha em uma rua escura ou pegando um táxi às três da manhã sem ninguém por perto para ver a placa, sentiria medo. Eu me sentia mais segura ao saber que os paparazzi — que na época eram sempre homens — estariam lá à minha espera, tentando me fazer olhar e rir, mostrando aos predadores que eu estava sendo vigiada e acompanhada.

Por algum motivo absurdo, meus pais não acharam isso nada reconfortante.

É óbvio que, em primeiro lugar, temiam pela minha segurança; além do perigo desconhecido das ruas, tinham um medo legítimo de sequestradores verem essa menina de uma família rica e pedirem resgate por mim. Porém também temiam o que as pessoas diriam se vissem sua filha adolescente em boates e raves até o amanhecer.

Agora que comando uma marca bilionária, entendo a angústia dos meus pais com a possibilidade da minha foto sair na Page Six, a coluna de fofoca do *New York Post*. Meu pai tinha dado sangue e suor para construir seu negócio imobiliário de luxo, no contexto de uma família cujo parâmetro de sucesso era incrivelmente alto, e minha mãe o acompanhou a cada passo. Eles não queriam que eu corresse por Manhattan fazendo eles passarem vergonha. Na construção de uma marca, atos vergonhosos têm um preço.

Eu não via por que alguém ligaria para o que eu fazia. Eu era só uma adolescente vivendo a vida. Não estava arrumada toda sexy. Saía de calça larga, regata e tênis. Meu cabelo era curto, em um corte chanel, e dava só para fazer marias-chiquinhas, e eu usava pouca maquiagem, porque, quatro vezes por semana, dançava como se estivesse correndo uma maratona.

Para sair e entrar escondida de casa que nem eu fazia, era preciso ter talento de ninja, então eu não tinha interesse em encher a cara. Queria só participar do rolê, dançar com o pessoal nas raves. Eu andava por aí bebendo Sprite na taça de champanhe, com um cigarro apagado entre os dedos. Amava a moda e a maquiagem exageradas, a criatividade dos looks, e o fato de que era todo mundo aceito na pista. Não havia ninguém excluído. A música pulsante e as luzes de laser entravam em sincronia com ritmos únicos do meu cérebro. Sei que parece paradoxal, mas o caos me dava conforto.

Enquanto isso, meus pais andavam recebendo telefonemas e e-mails da escola, então estavam infelizes. A situação escolar causava atrito entre nós e fazia minha mãe chorar, o que me deixava péssima. Eu prometia melhorar — e queria mesmo —, mas continuava a reprovar nos testes e a matar aula. Finalmente, fui expulsa da Professional Children's School.

Entrei no décimo ano da Dwight, uma escola particular que era considerada uma última opção para doidões e outros riquinhos que tinham sido rejeitados de todo lugar. Ainda vejo piadas pela internet: "DWIGHT: Dumb White Idiots Getting High Together" ("Brancos Idiotas e Burros Ficando Chapados Juntos"). Maconha na época não era nada a minha praia, então eu não me encaixava na Dwight, assim como não me encaixaria na Sacred Heart. Fui colocada em uma turma com só mais dois alunos, que tinham muitos problemas. Era assustador e esquisito. Além do mais, eu morria de tédio. O dia escolar infinito era que nem ser sufocada com milk-shake de baunilha em uma mesa de tortura. Ser expulsa dessa escola também foi um alívio.

Implorei para meus pais relaxarem.

— Por que não posso só trabalhar? Me deixem arranjar um agente e virar modelo em tempo integral.

Agentes viviam interessados em mim. Eu era boa na passarela — alta, de pernas compridas, que nem meu pai e Papa —, e os estilistas para quem desfilava ficavam felizes quando eu aparecia na Page Six, diferente dos meus pais, que agiam como se fosse o fim do mundo. A escola fazia eu me sentir uma merda. Nos bastidores de um desfile — todo mundo correndo por aí em uma nuvem de laquê e energia frenética —, eu me sentia alta e confiante. Desfilar me dava a oportunidade de brilhar, enquanto os dias na escola pareciam fadados ao fracasso.

Meus pais, de início furiosos, acabaram ficando estranhamente quietos. Eles me mandaram para um terapeuta, que eu achava uma piada, mas parecia fazer eles se sentirem melhor. Eu entendia a gravidade da situação, mas achei que estivesse dando conta. Arranjava trabalho. Aprendia sobre os negócios. Cultivava conexões.

Sentia que *eu* estava chegando a algum lugar.

Que podia mesmo fazer sucesso assim.

Em fevereiro de 1997, fiz dezesseis anos. Eu queria que minha festa fosse em Los Angeles, para Gram Cracker, Papa, Nanu e todos meus primos e amigos de Los Angeles poderem ir. Minha mãe trabalhou com Brent Bolthouse e Jen Rosero para organizar uma festa de dezesseis anos incrível na Pop, uma boate em Highland onde adolescentes de menos de dezoito anos podiam curtir às quintas e ao sábados. Foi uma das minhas primeiras festas em Hollywood e definitivamente a melhor festa de dezesseis anos a que já fui.

Minha mãe deu uma festa épica, de arromba.

Todo mundo estava vestido nos trinques. Brent contratou DJ AM. Nicky, eu e nossos amigos nos sentimos muito adultos. *Estamos nessa boate! Com esse DJ sensacional! E estamos muito gatos!* Foi emocionante.

— Você era uma bonequinha fofa — brinca Brent hoje, em um tom de irmão mais velho, mas eu não me sentia mais criança na época.

Antes de pisar na passarela, eu me olhava no espelho e via uma mulher no reflexo, o que contribuía com a moda do sutiã Wonderbra — talvez porque a tendência para as mulheres fosse a magreza, o que naturalmente diminuía os peitos. O sutiã Wonderbra nasceu nos anos 1960, durante o reino do sutiã-bala, e estava na hora de voltar. Aceitei a dinâmica e usei a meu favor e, mais tarde, por volta de 2015, projetei meus próprios sutiãs com o enchimento dos sonhos sob a marca Paris Hilton.

Hoje em dia, tenho que tomar cuidado ao usar um sutiã desses, porque sempre leva a boatos de gravidez, e a coisa mais irritante que pode acontecer quando se quer ter filhos é ouvir boatos constantes no Twitter e nos tabloides: "Paris parece grávida. Grávida, Paris? Ainda não engravidou? E agora? Está com cara de grávida. Por que não engravidou?". Argh. Calem a boca. Já deu.

Espera. Do que a gente estava falando? Vou dar marcha à ré um segundo.

Wonderbra.

Bolthouse.

Dezesseis anos.

Issoooo! Eu me sentia pronta para sair e conquistar o mundo. Estava animada para dirigir. Em Nova York, dá para ir a qualquer lugar de táxi ou metrô, mas achei que acabaria passando a maior parte do tempo em Los Angeles se fosse trabalhar com moda, atuação e música, que parecia ser a direção que eu tomara na vida. A faculdade de veterinária não ia rolar, mas eu adorava a ideia de usar minha plataforma para praticar ativismo em defesa dos animais, como Tippi Hedren e Brigitte Bardot.

Já que eu não estava estudando, podia dormir bastante e descansar antes de sair à noite e explorar a cidade. Sempre tinha alguma coisa interessante rolando, roupas bonitas para admirar, pessoas fascinantes para observar, músicas para dançar. O desafio de sair escondida era que nem uma brincadeira em que eu era muito boa. Quando o 30H ficava escuro e silencioso, eu descia o corredor de fininho, de tênis e conjunto de ginástica. Eu levava amigos junto, se eles quisessem ir, e fiz muitos novos amigos que gostavam da noite, que nem eu.

Meus pais estavam arrasando — administrando empreendimentos multifacetados e gerenciando equipes enormes —, o que deveria ter facilitado minhas idas e vindas, mas minha mãe é esperta. Se ela encontrasse um cartão de visitas ou um guardanapo com um número anotado, mudava o 1 para 7, ou o 3 para 8. Eu ligava para o número, e as pessoas atendiam, tipo:

— Que porra é essa?

Nicky me dedurava sem parar. Exceto quando queria sair comigo. Mas isso só no fim de semana. Durante a semana ela ficava em casa. Eu, não.

Quando acabou o ano letivo, fomos aos Hamptons, onde todo mundo estava mais calmo e feliz, no clima da praia, até ouvirmos a notícia de que a princesa Diana tinha morrido em uma louca perseguição de carros, fugindo dos paparazzi. Nicky e eu ficamos devastadas. A gente adorava a princesa Diana. Ela tinha ido para o céu com Marilyn, eternamente jovens, eternamente perfeitas. Nem nos perguntamos por que todo mundo quer que as mulheres fiquem sempre jovens, se o único jeito é a morte. E eu não conectei a morte dela aos paparazzi que me esperavam na frente das boates à noite. Para mim, eles eram só um monte de fofos sem graça e bem-intencionados. Engraçados e lisonjeadores.

Na época, estávamos do outro lado do espelho, consumindo todas as fotos dos tabloides que fizeram de Diana um ícone.

— Mataram ela — disse minha mãe, direta. — Caçaram ela que nem uma matilha de coiotes. Agora entendeu? Está vendo o que tenho tentado dizer?

Eu entendi, mas, se quisesse ser bem-sucedida como modelo, precisava ser vista. Precisava estar por aí, aparecendo em fotos.

Voltamos para Nova York, e — como meus pais temiam — fotos minhas começaram mesmo a aparecer nos tabloides. Meu pai ficou irado, em silêncio. Minha mãe chorava todo dia. Eles gritavam que eu estava magoando a família, virando uma influência ruim para meus irmãos, jogando minha vida for e agindo que nem uma menina mimada, birrenta e descontrolada. Era o mesmo diálogo, sem parar.

ELES: "O que as pessoas devem estar pensando? Que deixamos nossos filhos soltos pela cidade a noite toda? O que a gente deveria fazer? Se mudar para a lua?"
EU: "Meu Deus do céu, me deixem em paz! Cansei dessa conversa."

Era brutal.

Minha mãe passou a literalmente me trancar no quarto à noite, mas eu era bem esperta e conseguia fugir algumas vezes por semana. Às vezes, eu conseguia subornar Barron com a promessa de que, se ele pegasse a chave no quarto da nossa mãe, eu o levaria para sair comigo. Pela porta trancada, eu cochichava histórias do País das Maravilhas de Nova York de madrugada e dizia que a gente ia dançar, comer doce e se encher de McDonald's. Com confiança total em mim, ele ia buscar a chave.

— Tá, agora, vai deitar e dormir — eu dizia. — Vou buscar você quando for hora de sair.

O que... *Não, não aconteceu!* Eu estava mentindo. Fala sério! Ele estava no segundo ano do fundamental. Até eu tenho limites.

Às vezes, as festas duravam dias, e, quando eu voltava, encontrava minha mãe chorando na minha cama. Nessa época, Gram Cracker veio passar uma semana com a gente, e eu esperava que ela fosse me apoiar, mas não me apoiou. Ela dormia em uma cama armada na frente da minha porta, para o caso de eu tentar sair.

Eu sabia que estava metendo um medo daqueles nos meus pais.

Sabia que era cruel. E perigoso.

Amava minha família e me odiava por magoá-los.

Honestamente, não entendo algumas das minhas escolhas e não encorajo de forma alguma que qualquer jovem de quinze anos largue a escola e caia na gandaia 36 horas a fio.

TDAH — com ou sem diagnóstico — não dá autorização para ninguém virar a família do avesso ou correr perigo. Não uso meu TDAH como desculpa. Mas me questiono. E se o terapeuta que me atendia na época — o cara que eu desprezava — tivesse diagnosticado meu TDAH e me tratado. E se alguém em qualquer das escolas tivesse tentado ajudar, em vez de me consertar? Eu me pergunto como teria sido diferente se meus pais tivessem dito: "Não adoramos essa história de modelo, mas vamos apoiar se você concordar com algumas regras". Queria que tivesse sido assim. Talvez eles tenham dito isso e eu não lembre. O trauma frequentemente rouba das pessoas as lembranças que o envolvem, o que é inconveniente, mas misericordioso.

Eu me esforço sinceramente para entender a gravidade da situação para meus pais. Porque nunca vou entender o que eles escolheram fazer a respeito disso.

— Para salvar seu bebê... você faria o mesmo — diz minha mãe, na rara ocasião em que se dispõe a falar daquilo, e o diz com certeza absoluta, mesmo hoje, sabendo como tudo deu errado. — Você faria a mesma coisa.

Porra, nem em 1 milhão de anos, eu penso, mas não digo. Não tenho energia para discutir com ela, porque não suporto pensar em nada que me separe da minha família outra vez. Em vez disso, eu a abraço e digo a única verdade que posso dizer:

— Eu te amo, mãe.

No outono de 1997, *South Park* estreou no Comedy Central.

O primeiro livro de Harry Potter foi publicado.

Madeleine Albright se tornou a primeira mulher secretária de Estado nos Estados Unidos.

Calças boca de sino e sapatos plataforma saíram do armário, combinados com regatas curtas e qualquer coisa estampada com a bandeira do Reino Unido, em conexão ao movimento Cool Britannia iniciado pelas Spice Girls.

— Eu sabia que estavam planejando tomar medidas drásticas — Nicky depois me contou —, mas não sabia os detalhes.

Minha última noite em casa não foi nada notável. Jantei com minha família. Minha mãe fez comida. A gente comeu. A gente conversou e riu. Ninguém parecia furioso, estranho, nem nervoso. Decidi não sair naquela noite. Não sei se a decisão ajudou ou atrapalhou as medidas "drásticas".

Conversei com amigos ao telefone e fui me deitar. Estava dormindo profundamente quando, por volta das quatro e meia da manhã, a porta do meu quarto foi escancarada e alguém arrancou minhas cobertas. Uma mão grossa agarrou meu tornozelo e me arrastou do colchão. Acordei imediatamente, hiperalerta, em estado de pânico, gritando, me debatendo. Instantaneamente pensei no óbvio.

Vou ser estuprada. Vou ser assassinada.

A partir daqui, a lembrança se estilhaça — um espelho quebrado na memória.

Dois homens.

As mãos em mim.

Hálito de café.

Fedor de suor.

Um deles cobriu minha boca com a mão suada e puxou minha cabeça para trás, me impedindo de respirar e gritar. O outro pegou um par de algemas que refletia a luz do corredor. Pelo jeito que as algemas balançavam de seus dedos manchados, ele parecia sentir prazer naquilo.

Ele falou:

— Quer ir do jeito fácil ou do difícil?

Escolhi o difícil.

Arranhando, esperneando e gritando, tentei me soltar. Um homem segurou meu tronco e o outro, minhas pernas. Quanto mais eu me debatia mais eles me apertavam, e me carregaram assim até o corredor.

É um pesadelo. É um pesadelo.

Eu tentava acordar, como faço até hoje. Como fiz por décadas quando essa cena passava de novo na minha cabeça, noite após noite.

Vejo uma menina de camisola fina da Hello Kitty. Ela se contorce em terror e berra:

— Mãe! Pai! Socorro!

E então vejo meus pais.

A porta do quarto deles está entreaberta, só o suficiente para eles espreitarem, com o rosto coberto de lágrimas. Eles se abraçam e observam dois desconhecidos me arrastarem pela porta, noite afora.

PARTE 2

Atentem-se sempre à oportunidade
de proteger as crianças [...]
pois elas vão carregar o fardo de nossos erros.
Conrad Hilton

6

ERA UMA VEZ, EM PALM SPRINGS, um vendedor de móveis chamado Mel Wasserman, que, a caminho de uma lanchonete, viu uns adolescentes em uma esquina protestando pelo que quer que se protestasse em 1964. Diz a lenda que Mel os convidou para jantar espaguete na casa dele e ofereceu estadia para a noite. Eles podiam ficar mais tempo, falou, mas teriam que viver de acordo com suas regras, que incluía um código rígido de aparência, comportamento e participação em "sessões de terapia" em grupo.

Wasserman era discípulo de Charles E. Dederich, fundador de Synanon, uma seita violenta que tinha sido fadada à clandestinidade, mas nunca erradicada por completo pelo FBI. De 1958 a 1991, Dederich e seus capangas escrotos — chamados de "Imperial Marines" ("Fuzileiros Imperiais") — atraíram jovens para a seita, prometendo curá-los da dependência química e da homossexualidade. Os métodos dele incluíam agressão verbal, violência física, aborto e vasectomia forçados, além de tortura psicológica. "The Game" ("O jogo") era uma espécie de Clube da Luta verbal. "The Trip" ("A viagem") era um fim de semana em maratona de privação de sono, lavagem cerebral e desafios físicos. (Imagine passar 72 horas amarrado embaixo de uma montanha-russa.)

Wasserman viu a oportunidade de lucrar em cima disso e subiu tudo de nível. Ele se mudou para uma base nas montanhas de San Bernardino e recriou o ambiente da seita, que chamou de "internato de desenvolvimento emocional". Com marketing sedutor, procurou pais vulneráveis, que sentiam ter perdido o controle de seus filhos adolescentes. Ele transformou "The Game" em "Rap"— palavra que pode significar tanto "censura", quanto "ataque", quanto "consequência" —, e "The Trip" em uma série de "Propheets" — como a palavra para "profetas", mas com um "e" a mais (para dar um *suuuuper* estilo).

Wasserman batizou a "escola" de CEDU — sigla para Charles E. Dederich University —, mas, por causa de processos jurídicos e da má fama da seita na imprensa, o material promocional alegava que era uma brincadeira com os verbos "*see*" ("ver") e "*do*" ("fazer"), e usava o slogan "VEJA quem você é e FAÇA algo a respeito disso".

O modelo de negócio da CEDU teve tanto sucesso que Wasserman e seus discípulos — além de alguns investidores que viram ali uma mina de ouro — abriram escolas afiliadas em estados com leis mais frouxas e autoridades dispostas a fazer vista grossa. Eles conseguiram certificação e desenvolveram parcerias lucrativas com seguradoras particulares e agências governamentais para receber dinheiro do serviço de saúde social Medicaid e do sistema de adoção e acolhimento familiar.

Nos anos 1990, Maury Povich e Sally Jessy Raphael deram legitimidade à CEDU e lucraram, em seus programas de televisão, com episódios de "adolescentes descontrolados", que mostravam jovens — em geral meninas bonitas — enviados a acampamentos e internatos para serem "disciplinados". Depois, dr. Phil também entrou na onda e exibiu um vídeo do transporte violento de um adolescente que foi arrancado da cama por homens três vezes maiores do que ele, como eu.

De acordo com o jornal *The Salt Lake Tribune*, o estado do Alaska gastou mais de 31 milhões de dólares em recursos do Medicaid para enviar 511 jovens a instituições em Utah entre 1999 e 2005. Uma média de 60 665 dólares por criança. Nesse caso, são os jovens financiados pelos contribuintes de um único estado. Já os milhões que a CEDU faturou com dinheiro de seguro e investimento privado nunca serão computados.

Pais mais humildes fizeram a hipoteca da casa e arranjaram empregos secundários para poder mandar os filhos à CEDU. Pais ricos tinham bolsos mais fundos, então a CEDU era muito apelativa com eles, principalmente no caso de celebridades. Meus pais não estavam sozinhos. Michael Douglas, Clint Eastwood, Roseanne Barr, Barbara Walters, Montel Williams, Marie Osmond… e a lista continua. CEDU e outras instituições semelhantes eram uma solução cada vez mais na moda para as crianças problemáticas de classe alta. Os programas foram expandidos para aceitar crianças mais novas, começando aos oito anos, e a equipe era formada por "ex-alunos" fiéis que tinham ficado traumatizados demais para funcionar no mundo real.

Em suma: aquele jantar de espaguete aleatório na casa do Mel Wasserman cresceu e se transformou num negócio que fatura 50 bilhões de dólares por ano e que chamamos de "indústria de serviços para adolescentes considerados problemáticos".*

Empreender é assim: reconhecer um problema — ou criá-lo — e oferecer seu produto como solução.

Eu entendo.

Quando eu e Nicky éramos pequenas, se ela ganhasse cem dólares de aniversário, eu montava uma lojinha no meu quarto e a convidava a fazer compras.

— Esse ursinho de pelúcia de grife é cheio de amor — eu dizia. — É que nem abraçar uma nuvem mágica. Uma nuvem *de amor*. Eu deveria ficar com ele, porque me faz muito feliz, mas quero que *você* fique feliz. Então acho que aceito abrir mão dele, por cem dólares.

Ela me entregava a grana com prazer e, horas depois, eu estava no pet shop para comprar um castelo de hamsters ou um novo melhor amigo para minha chinchila.

Se me orgulho disso? Claro que não. Não muito. A questão é que a gente sabe se reconhecer. Encaro Mel Wasserman exatamente como ele era: um oportunista.

Um evangelista com a alma de um vendedor de móveis.

---

* No original, *"troubled teen industry"* (TTI). A indústria de serviços para adolescentes considerados problemáticos trata-se de uma rede privada estadunidense que oferece programas residenciais voltados a jovens que necessitam de mudanças comportamentais. Suas instalações funcionam como uma espécie de acampamento ou internato. Fonte: COOPER, Kelly-Leigh. "O escândalo de abusos e mortes em acampamentos para adolescentes rebeldes nos EUA". Disponível em: <https://www.bbc.com/portuguese/internacional-57722467>. Acesso em: 20 jan. 2023. (N. E.)

Ele sabia que pessoas que não tinham cinquenta dólares para comprar uma nova mesinha de centro fariam qualquer coisa — pagariam qualquer coisa, mesmo sem dinheiro — pela esperança de restaurar sua família destruída. Ele oferecia incentivos financeiros para terapeutas indicarem clientes para ele. Os terapeutas entregavam aos pais um folheto azul-real que mostrava um chalé fabuloso, um cenário espetacular e alunos alegres, jogando tênis e andando a cavalo.

Material factual de um folheto da CEDU usado em meados dos anos 1990:

Fundada em 1967, CEDU High School é o primeiro internato de desenvolvimento emocional do país. Alunos se desenvolvem por meio de um currículo vasto de estudo acadêmico, artes cênicas e visuais, educação ao ar livre, recuperação e desenvolvimento emocional. Alunos que exibem dificuldades emocionais e comportamentais forjam um futuro de sucesso ao aprender a se expressar emocional, artística e intelectualmente. A abordagem única de infusão de arte da CEDU High School motiva os alunos e os encoraja a explorar pensamentos e sentimentos. Artes são mescladas a ensino acadêmico de preparação para a universidade, educação de aventura, e o Currículo de Desenvolvimento Emocional original da CEDU. O resultado? Adolescentes redescobrem seus sonhos, e as famílias voltam a ser unidas.

Parabéns para o redator. Um gênio do mal.

Pais desesperados se agarravam à ideia de um lugar artístico e intelectual onde a "disciplina" consertaria o filho estragado que eles amavam, mas não entendiam. Um psiquiatra contratado visitava o campus da CEDU regularmente para oferecer medicação e relatar o progresso dos jovens para os pais.

A maioria das crianças eram que nem eu: festeiros desobedientes de famílias conservadoras e crianças com TDAH que eram expulsas da escola. Algumas tinham experimentado maconha e MD, mas nenhum de nós era tão esperto quanto acreditava. Muitos dos jovens eram gays — ou davam pinta de gay —, o que incomodava seus pais religiosos. Perdidos no sistema de adoção e acolhimento, vinham de situações ruins que não tinham nada a ver com eles, mas precisavam ser instalados em algum lugar que em teoria parecia razoável. Outros alunos viviam em mundos mais sombrios: dependência química, comportamento abusivo e violento, e depressão suicida.

A decisão de terem me mandado embora é um tema difícil para meus pais. Eles não me mostraram nenhum documento, então nem sei as datas precisas em que isso tudo aconteceu. Tenho algumas teorias, mas não sei exatamente como eles encontraram a CEDU nem quem os convenceu de que era a única opção.

— Isso não foi apenas por causa de uma adolescente respondona que matava aula — diz minha mãe. — Fizemos isso para salvar sua vida.

Meu pai é mais direto:

— Você precisava ir para lá. Estava descontrolada.

Fim de conversa.

Isso me parece culpa — *Foi você quem nos obrigou!* —, mas eu amo meus pais e não tenho coragem de derrubar esse mecanismo de defesa. Todos vivemos com o legado brutal disso, dentro nas nossas próprias capacidades, e eles já expressaram arrependimento, a seu próprio modo.

— Sinto muito por você ter sofrido tanto.

— Sinto muito por você ter passado por isso tudo.

Por muito tempo, eu só queria ouvir eles dizerem: "Desculpe-nos por termos cometido um erro tão terrível". Mas eles ainda não estão prontos para isso. Talvez nunca estejam. E tudo bem.

Para ser sincera, eu nunca disse: "Desculpem-me por ter levado vocês ao desespero".

Então aqui vamos nós.

Mãe e pai, peço desculpas. Eu me arrependo. Não saber onde sua filha está também é uma espécie de tortura psicológica. Peço desculpas pela minha insensibilidade à crueldade disso. Peço desculpas por minhas escolhas terem levado vocês a um ponto que devem ter visto como beco sem saída. Eu amo vocês, mãe e pai. E perdoo vocês, mesmo sem me pedirem perdão. Espero que possamos todos dirigir nossa raiva a um propósito positivo — por exemplo, legislação estadual e federal que desça o cacete nos golpistas da indústria de serviços para adolescentes considerados problemáticos e os impeça de destruir mais famílias no futuro.

Continuando.

AVISO DE CONTEÚDO: A parte a seguir é muito difícil. Se cuide, tá? Na revista *Psychology Today*, de novembro de 2021 (em uma resenha do livro *The Discarded Ones*, de James Tipper), dr. Jann Gumbiner compara os programas aos quais sobrevivi com "a Guiana de Jim Jones, o sequestro de Patty Hearst e a experiência de prisão de Zimbardo". Muitas pessoas acharão o conteúdo perturbador. Devem achar. É para você querer chorar, jogar este livro para longe e gritar:

— Isso é errado! Precisa mudar!

Eu também acho perturbador, mas hoje não choro mais tanto.

A verdade horrível é que, depois de um tempo, fiquei insensível. Quando se sobrevive ao horror dia após dia, mês após mês, ele se torna normal. Eu construí muralhas de pedra altas ao redor do meu coração — muralhas que, por mais de vinte anos, ninguém conseguiu atravessar ou pular. Meu método era não pensar nisso, não falar nisso. Não alimentar a fera. Não dar oxigênio. Deixar acabar indo embora. Por muito tempo deu certo, mas, vez ou outra, uma coisa aleatória ainda é gatilho de uma enchente de memórias e ansiedade, esmagando minha alma outra vez.

A bruxa que controla a rotação dentro de mim está gemendo:

— Não! Isso não! Não entre aí!

Como já falei, não fico confortável ao falar de partes íntimas e funções fisiológicas. Tenho medo do impacto disso na marca que me esforcei tanto para criar — uma marca que gira em torno de beleza, gargalhadas, moda impecável, fragrâncias deliciosas, inovações tecnológicas, estilo de vida luxuoso e a arte sofisticada de não me levar muito a sério.

Porém as pessoas precisam saber do que estamos falando ao usar termos secos como "instituição de cuidado congregado"* e "indústria de serviços para adolescentes considerados problemáticos". Quer dizer, pense nessa palavra — *indústria* — no contexto de crianças como matéria-prima. Não posso aliviar isso só para eu e você (e meus pais) não nos sentirmos mal.

---

* No original, *"congregate care facilities"*. Sem equivalente direto em português, trata-se de instituições que acolhem grupos de crianças no sistema de adoção, com supervisão constante e regimes hiperestruturados. Podem incluir abrigos, casas de acolhimento e clínicas de internação para tratamento de dependência química e transtornos psicológicos e emocionais. (N. T.)

É assim que essas pessoas puderam continuar a agredir crianças e destruir famílias por décadas, sem nenhuma regulação nem supervisão. Eu não vou — *não posso* — deixar que continuem a se esconder nas sombras.

Em 2021, colaborei com Dayzee, via Superplastic, em um *drop* de NFT ao redor de uma mensagem simples: *A VERDADE LIBERTA*. Essas obras refletem como minha história foi guiada pela mídia, em parte porque eu tinha medo de contá-la.

Isso mudou. *Eu* mudei.

Quando entendi que minha história era uma marreta para quebrar essa muralha de silêncio e vergonha — que eu tinha o poder de me libertar e talvez de salvar vidas —, tudo que temia me pareceu trivial. Eu finalmente estava pronta para me tornar a heroína de que precisava quando vivia aquele inferno.

Nenhum dos nomes que uso nesses capítulos são verdadeiros, por motivos óbvios, e não vou fingir lembrar todas as conversas com precisão. Por muito do tempo que passei presa, fui forçada a tomar medicamentos cuja intenção era enevoar meu juízo e me fazer obedecer. Acho que queriam esconder suas ações ao confundir nossa memória. Eu me sinto como Alice, tentando consertar um espelho quebrado. Dentro do possível, contarei exatamente o que aconteceu. Alguns detalhes estão gravados a fogo em minha memória, e outros estão mais nebulosos, mas a pesquisa e o testemunho de outros sobreviventes me dá apoio.

Esta é minha verdade.

Outras pessoas podem lembrar de outras coisas, mas esta é minha percepção da experiência, como eu a vivi. Por favor, tenha paciência comigo. Estou aqui sentada, de olhos fechados e com o coração a mil, tentando me lembrar de muita merda que aconteceu e que fiz de tudo para esquecer.

7

A PARTE DE TRÁS DO SUV PRETO era de tal forma que não dava para abrir as portas e nem as janelas por dentro. Os dois homens eram uns brutamontes gigantescos e anabolizados, então não tiveram dificuldade nenhuma de me meter lá, apesar de eu estar esperneando e me debatendo com toda a força que me restava. Quando o Waldorf sumiu atrás de mim, eu me encolhi como uma bolinha, dominada por um tremor esquisito e descontrolado. De tanto que tremia, achava que meus dentes iam cair da boca. Em retrospecto, sei que estava em choque. Provavelmente estava chorando, porque eles não paravam de gritar para eu calar a boca.

De início, supus que minha mãe estivesse certa: alguém tinha me visto nos tabloides e decidido me sequestrar para pedir resgate. Por isso, supliquei e implorei:

— Por favor, cobrem o que quiserem, meus pais vão pagar.

Eles riram. Um deles disse:

— Você fez por onde. Seus pais não tiveram opção. Estão fazendo isso pelo seu próprio bem.

Meus pais... Espera... Como é que é?

— Você vai aprender — disse um dos sequestradores. — Vai engolir a lição.

puta que pariu puta que pariu puta que pariu

(Normalmente, o serviço de transporte é recomendado por um terapeuta. Dizem que é mais fácil para todo mundo. Vale aqueles poucos mil dólares.)

A caminho do aeroporto, eles deram a entender que meus pais os tinham contratado para me transportar para um "internato especial" na Califórnia. Eles me mostraram provas: minha mãe arrumara uma malinha para mim, com meias, calcinhas, itens de higiene, algumas fotos da família e um guarda-roupa básico com roupas escolares simples. Disseram que estavam me levando para um lugar isolado, bem no alto das montanhas, e que os professores de lá usariam "disciplina linha dura" para consertar o que estava errado comigo.

— Não tem nada de errado comigo — falei. — Não vou a lugar nenhum. Não vou entrar em nenhum avião de merda com vocês.

O sequestrador me mostrou as algemas outra vez.

— Como quiser. Prefere pegar o avião bem quietinha e comportada ou ser arrastada algemada?

— Vai tomar no cu!

Eu chutei o banco, e eles riram.

— Se fizer isso de novo, vou precisar te amarrar — respondeu ele. — Pela sua segurança, é claro.

No aeroporto, me deram um conjunto de agasalho aveludado e tênis da mala que minha mãe arrumara. Eu me enfiei nas roupas macias e conhecidas, agradecida por aquela última conexão com minha casa. Isso foi antes do Onze de Setembro, então entrar em um aeroporto e um avião era muito diferente. Era só entrar e seguir para o portão. Andando pelo terminal, fiquei de cabeça baixa, sentindo que estavam todos me encarando. Na época, eu não chegava a ser famosa, mas em Nova York era comum me reconhecerem — aquela menina Hilton, aquela socialite louquinha dos tabloides —, então a última coisa que eu queria era andar algemada pelo aeroporto JFK.

— Vou me comportar — prometi com minha voz de menininha, me obrigando a ficar calma e ser esperta.

Aqueles dois homens, do tamanho de geladeiras, agarraram meus braços, um de cada lado, e me conduziram pela pista, e eu fui apertando o passo entre eles, procurando qualquer mínima oportunidade de fugir.

Não havia possibilidade. Aquilo ia acontecer.

Eles eram profissionais, treinados para qualquer eventualidade. Eu não tinha opção: precisava entrar no jogo até dar um jeito de escapar. Encolhida no banco do meio, entre os dois, tentei fingir que estava animada para a escola nova. *Ah, jura? Nas montanhas? Que maneiro!* Sorri e fingi dormir, pensando que podiam até me arrastar para o internato, mas não podiam me obrigar a ficar. Eu estava confiante. Tinha muita experiência em fugir de casa e escapar de caras que ficavam de mão boba na pista de dança. Eu vazaria antes do anoitecer.

Minha confiança foi pelo esgoto ao longo dos 130 quilômetros de carro do aeroporto LAX a Running Springs, na Califórnia. A estrada sinuosa ia subindo pelas montanhas San Bernardino. Os carros que cruzavam o caminho iam ficando menos frequentes e mais acabados. As árvores eram cada vez mais altas e mais cerradas. Meus ouvidos latejavam devido à altitude. Meus olhos ardiam de exaustão. Senti um nó frio e firme na garganta.

Chegamos a um portão de ferro, que se abriu.

Entramos de carro, e o portão se fechou.

A Walter Huston Lodge foi construída pelo ganhador do Oscar e avô de Anjelica Huston já nos anos 1930. Ele foi primeiro engenheiro, e depois ator. A estrutura grandiosa e histórica tinha uma lareira de pedra imensa, teto abobadado e treze quartos de hóspede para receber seus colegas de Hollywood. Era um bom lugar para se isolar e se afastar de intromissões.

Huston morreu em 1950, e acho que o lugar ficou vazio até ser comprado pela CEDU em 1967. A escola tinha sido forçada a sair da sede original pelos vizinhos, que insistiam que as leis de zoneamento, que permitiam uma escola, não permitiam a CEDU, porque aquele lugar — mesmo que Wasserman tentasse vendê-lo como tal — não era escola nenhuma. Histórias bizarras e boatos assustadores se espalhavam. Coisas esquisitas rolavam ali. Orgias, drogas, cantos e gritos. Tantos gritos. Não queriam aquilo no bairro, então a CEDU se mudou para o retiro de Huston na montanha.

Um bom lugar para se isolar.

Fui levada à casa. Lembro-me de uma sala com dois funcionários: um homem com cara de hippie meio fuleiro e uma mulher nojenta com cara de fuinha pontuda.

(Sem ofensa às fuinhas. Adoro elas.)

Quatro ou cinco outros alunos, tanto homens quanto mulheres, estavam ali de olho. Fuinha fechou a porta e falou:

— Preciso revistar você e verificar se tem contrabando. Tire a roupa.

Eu respondi:

— Não, não... Eu juro, não tenho nada. Como teria alguma coisa? Estava em casa. Estava dormindo.

— Tire o casaco.

Como não tirei, ela repetiu aquela história de "jeito fácil ou difícil" e disse que não adiantava resistir porque meus pais tinham dado a eles liberdade médica e ela podia injetar sedativos em mim se quisesse.

Abri o zíper do casaco e entreguei para ela.

O momento seguinte é um ruído bagunçado na minha cabeça, mas ainda ouço a voz dela, seca e repetitiva, que nem uma persiana quebrada estalando ao vento.

Tire os sapatos.

Tire as meias.

Tire a blusa.

Tire o sutiã.

Tire a calça.

Tire a calcinha.

Ela pegou cada item e o entregou a alguém que passava a mão em todas as costuras antes de enfiar a roupa em um saco. Lembro vagamente de ficar de pé, nua, na frente de toda aquela gente, tremendo descontrolada, apertando bem os joelhos, cobrindo os peitos com os braços.

Quando ela falou de *revista íntima* e de *cavidades corporais* não entendi do que estava falando. Não sabia a que cavidade ela podia estar se referindo.

Ao ver que eu não entendia, Fuinha falou:

— A gente precisa garantir que você não trouxe nenhuma droga nem arma escondida aí.

—Aí... onde?

Eu não conseguia compreender o que ela dizia. Porque não podia ser o que era. Era impossível. Todo mundo ainda estava lá com cara de... sei lá.

Sei lá.

Era só… ruim.

Estavam me encarando. Rindo. Arrastando os pés. Aqueles garotos não eram muito mais velhos do que eu.

A mulher colocou uma luva de látex e falou:

— Vai cooperar ou preciso mandar esses caras segurarem você e abrirem suas pernas?

Eu odiei o choro de coelhinha que escapou de mim. Não era minha voz de menininha esperta; era pânico genuíno.

— Vamos lá — disse ela. — Agache e tussa.

Eu me agachei e tentei tossir, mas só consegui soluçar e sufocar.

— Vai cooperar, ou…

Eu tossi com força.

Ela tateou entre minhas pernas e depois fez eu me levantar, me curvar e segurar as bandas da bunda, enquanto ela tateava dentro de mim com os dedos enluvados. Quando acabou, ela me entregou um conjunto de moletom magenta e manchado. A roupa era nojenta, mas dane-se. Eu estava desesperada para me cobrir. Eu me vesti sem discutir e sequei o nariz com a manga do moletom.

— Ela vai ficar de rosa — anunciou Fuinha. — O pessoal do transporte falou que ela provavelmente vai tentar fugir.

Ela me deu meias, mas não sapatos.

— Sapatos são um privilégio que você vai precisar merecer.

Eu sei que ela queria me humilhar com aquele moletom magenta horroroso, mas rosa sempre foi minha cor mais poderosa. O jeito que eu ando não tem nada a ver com o que eu visto. Você acha que modelos amam todos os looks que usam? Aos dezesseis anos, eu já tinha vestido roupas incríveis nas passarelas, mas também uma boa quantidade de roupas horrendas. Já tinha aprendido que a postura vinha de dentro. É você que veste a roupa; a roupa não veste você.

No set de *Paris in Love*, em 2021, gravei uma ceninha engraçada de sonho, em que eu descia de patinete uma rua até uma igreja, usando um minivestido de noiva com luvas cor-de-rosa, asas de anjo e sapatos de salto plataforma tão altos que a produtora até ficou nervosa.

— Paris, o que acha de andar de patinete com um salto desses? Está confiante?

— Consigo fazer qualquer coisa de salto — respondi.

— Adorei a resposta, mas…

— Eu nasci de salto.

Ela anotou alguma coisa na prancheta e falou:

— Vou citar isso precisamente. Só para você saber.

Mudei para "Eu nasci de Louboutin" e estava prestes a postar no Instagram quando recebi um FaceTime da Rebecca Mellinger, chefe de impacto na 11:11 Media e agora na 11:11 Impact, a fundação que criei para traduzir toda minha raiva e tristeza quanto à indústria de serviços para adolescentes considerados problemáticos em ações significativas. Impacto é a parte central do meu modelo de negócio hoje. Não dá dinheiro, mas faz o que é o mais importante, ajuda as pessoas, o que me dá imensa satisfação.

Rebecca é uma guerreira administrativa poderosa, que lidera meus esforços legislativos, cultiva mídia e organiza eventos. Estávamos no processo de angariar apoio do congresso para um projeto de lei que forçaria transparência e outras garantias em instituições de cuidado assistido em grupo. Eu entrava na conversa quando necessário, apesar de estar no meio da organização do meu casamento e com um cronograma intenso de gravações, como a que eu estava naquele momento.

— O senador Merkley tem algumas perguntas — disse Rebecca.

Ela passou o celular para o senador Jeff Merkley, do Oregon, que apoiava aquela legislação junto aos deputados Ro Khanna, do distrito congressional 17 da Califórnia, Buddy Carter, do distrito congressional 10 da Georgia, Rosa DeLauro, do distrito congressional 3 de Connecticut, e Adam Schiff, do distrito congressional 28 da Califórnia, e também ao senador John Cornyn, do Texas.

Estiquei o braço com o celular, posicionando a câmera um pouco acima da minha têmpora direita. (Outro direito fundamental: seu melhor ângulo fotogênico.) Não senti que precisava explicar as asas de anjo purpurinadas, porque o que a gente veste é *onde* estamos, não *quem* somos. É só arrasar e fazer o necessário.

— Senador Merkley — falei —, muito obrigada pelo seu apoio. Precisamos ajustar a parte relativa às indicações particulares. No texto atual, o foco é nas crianças que vêm dos sistemas de acolhimento e adoção e de medidas de justiça. — Endireitei os ombros, balançando as asas de anjo. — Entendo a necessidade de defender as crianças em sistemas de acolhimento, mas digo por experiência própria: muitas dessas crianças vêm de famílias amorosas. De famílias ricas. Os pais delas são enganados e trapaceados. Transparência é a única esperança. Não vou deixar essas crianças para trás.

Rebecca concluiu o telefonema, e eu parti de patinete para a igreja. Consigo fazer qualquer coisa de salto.

8

UMA GAROTA DE EXPRESSÃO VAZIA e cabelo sem vida me levou a um quarto com quatro beliches. Não lembro o nome dela, então vou dar a ela o apelido de Blanda.

— Essa é a sua — disse Blanda, animada, apontando a beliche de cima, com um travesseiro amarelado e uma manta. — Eu fico daquele lado ali. Às vezes, tem quatro meninas aqui, mas, por enquanto, somos só nós duas. Sou sua irmã mais velha!

— Não — falei. — Não é. Eu tenho uma irmã. Não é você.

Eu subi para a cama e me encolhi, querendo que o teto caísse na cabeça daquela piranha.

— É, eu li no seu perfil que você tem uma irmã mais nova — disse ela. — E irmãozinhos também. Eu sou filha única. Mas agora tenho você, irmãzinha!

— Por favor, cale a boca.

— É tudo para seu próprio bem. Li no seu perfil que você, tipo, foi expulsa de tudo quanto é escola e, tipo, se enchia de drogas e transava aos montes.

— Isso é mentira. Não é verdade.

— Agora não é hora de descontar sua raiva, Paris. Espere a hora do Rap de hoje, e aí cuide dos seus sentimentos.

Cobri a cabeça com os braços, pensando: *Do que ela está falando?*

— Preciso falar com minha mãe — eu disse. — Preciso ligar para minha mãe agora mesmo.

— Talvez daqui a umas duas semanas. É um privilégio que vai precisar merecer — disse Blanda, antes de me entregar um fichário grosso. — Aqui tem todas as regras do que fazer e não fazer, um glossário de termos para decorar e tudo que você vai precisar trabalhar em cada um dos Propheets.

— Foda-se.

— Você não pode ficar aí em cima. É para eu mostrar o lugar para você e explicar as regras.

— Nem precisa — falei. — Não vou ficar.

— Não diga isso! — sussurrou Blanda, com os olhos arregalados. — Vai meter nós duas em encrenca. Se tentar fugir, vão trazer você de volta e você vai se arrepender. Se não cumprir o programa nem ficar na linha, vai acabar sendo mandada para Ascent. Ou até para Provo. Acredite, você não quer ir parar em Provo. A gente só quer ajudar você, Paris. A gente só quer que você se conheça e acalente sua criança interior, essa versãozinha sua. Você vai ficar impressionada com como esses dois anos vão passar rápido.

— Dois anos? — perguntei, descendo da beliche para olhar na cara dela e ver se era zoeira. — *Dois anos?*

— Você vai se formar aos dezoito e, aí, nem vai querer mais ir embora. Um monte dos líderes de equipe e monitores são ex-alunos. Eles têm que cumprir o programa junto com a gente.

— Há quanto tempo você está aqui?

— Dois anos e pouco. Passou *assim* — falou e estalou os dedos. — Queria ficar mais tempo. Estou com certo medo de fazer dezoito anos. Vem. Tem muita informação para resumir. Começo com o básico: essa gaveta é sua.

Ela abriu uma gaveta de madeira. Tinha calcinhas e meias ali, mas não eram as minhas.

— Antes do café, eles inspecionam as gavetas, as camas, o chão, o quarto todo. Se não estiver de acordo, você leva advertência ou é colocada em interdição. Interdição é, tipo, você não pode falar com ninguém, e ninguém pode falar com você, ou, tipo, se for interdição de menino, não pode olhar para meninos nem falar com eles, e eles não podem olhar para você, nem falar com você.

106 Paris Hilton

Caminhando pela colina só de meia, tentei pular os trechos molhados e a neve de outono. Vi crianças carregando pedras, cavando buracos e empilhando blocos de cimento para fazer uma parede de contenção. Tinha uma quadra de tênis sem rede, um haras sem cavalos e um depósito cheio de produtos de limpeza. Blanda me mostrou a cozinha, onde os jovens abriam latas, e a lavanderia, onde alguém dobrava toalhas. Ela me mostrou uma ducha, que tinha vários chuveiros na parede e ralos no chão, mas sem divisória nem cortina. Duas meninas estavam ajoelhadas, esfregando o chão.

— Não olhe para elas — cochichou Blanda. — Elas estão em interdição.

Aquele tempo todo, ela foi tagarelando, listando as muitas regras bizarras.

Nada de falar palavrão, de cantar, de cantarolar nem de pigarrear.

Nada de dançar, saltitar nem girar.

Nada de tocar, abraçar, beijar nem dar as mãos.

Nada de cruzar as pernas. Nada de arrastar os pés.

Nada de assobiar.

Nada de respirar com muito barulho nem de estalar os lábios ao comer.

Nada de falar de música, esporte, televisão, cinema, notícias, seus pais, seus irmãos, seus amigos, suas roupas, seu quarto, sua escola nem da sua casa.

Nada de mencionar Marilyn Manson.

Nada de mencionar bala, pizza, cachorro-quente, cheeseburguer, lasanha, McDonald's, Burger King nem Wendy's.

Nada de falar de bicicleta, skate nem patins.

Nada de olhar pela janela sem permissão. Nada de abrir a porta sem permissão. Nada de ir ao banheiro sem permissão. Nada de pedir permissão para ir ao banheiro, para abrir a porta ou para olhar pela janela.

Nada de pedir comida nem água. Nada de comer fora do horário de refeição. Nada de deixar comida no prato. Nada de perguntar *por quê* nem *por que não*.

Nada de revirar os olhos.

Nada de suspirar.

Nada de roncar.

Nada de se curvar.

Nada de dar de ombros.

Nada de se remexer, roer as unhas, cutucar a pele nem se coçar.

Nada de resmungar. Nada de chorar. Nada de gritar.

— Exceto na hora do Rap — acrescentou ela. — Nos Raps, você precisa participar. Entrar lá no meio, usar sua voz. Se não participar, vai ficar difícil para você. Se ver que alguém não está cumprindo o programa nem está de acordo, você tem que expor total a pessoa no Rap. E denunciar para um monitor. Se não denunciar, tem tanta culpa quanto quem quebrou a regra, sabe? E, tipo, vai fazer *mal* àquela pessoa se não denunciar, porque aí ela não vai desenvolver o trabalho emocional.

Eu estava começando a entender a necessidade do glossário. Interdição, Rap, Propheet, de acordo, cumprir o programa, descontar sua raiva, cuidar dos seus sentimentos… era muita coisa. Muita baboseira. As regras eram um labirinto para tornar impossível escapar do castigo. Era tudo projetado para a gente sofrer e fracassar.

Naquela noite, na beliche de cima, vestida com aquele moletom rosa nojento, eu passei horas chorando de soluçar. Finalmente, peguei mais ou menos no sono, com dor de cabeça, mas acordava o tempo todo de um pesadelo — a mão agarrada ao meu tornozelo, a palma imunda cobrindo minha boca — e voltava a chorar até apagar outra vez, repetindo o ciclo sem parar até Blanda me cutucar e dizer:

— Paris, são cinco e meia. Precisamos arrumar o quarto.

Arrumamos as camas, ajeitamos as gavetas e limpamos todas as superfícies, inclusive o chão. Não tinha espelho, mas vislumbrei meu reflexo na janela e estava com uma cara acabada.

— Não pode olhar pela janela! — sibilou Blanda.

Eu me perguntei: se não queriam mesmo que a gente olhasse pela janela, por que não tinha cortina? Antes de eu me virar, tentei olhar um pouco do nascer do sol.

Alguém veio inspecionar o quarto antes de nos liberar para o café da manhã, que era uma espécie de cereal quente cinzento. As tarefas foram distribuídas. Lembro vagamente de participar de um grupo com outras meninas e meninos, para carregar lenha de uma pilha na base da colina até outra pilha no meio da colina. Finalmente, nos mandaram ir almoçar. Duas fatias de pão, uma fatia de mortadela. Depois do almoço, trabalhamos mais umas horas, e aí Fuinha gritou que era hora do banho.

Fomos à ducha e as meninas começaram a se despir. Fiquei parada. Enfileirados junto à parede estavam meia dúzia de funcionários — tanto homens quanto mulheres — assistindo às meninas adolescentes que se despiam para o banho. Esses homens e mulheres conversavam, riam e gritavam comentários tarados.

Fiquei parada na porta.

Tipo, congelada.

Tipo, *que porra é essa?*

O mais bizarro era o olhar vazio das meninas nuas enquanto se lavavam na água morna. Elas estavam acostumadas. Era a vida delas. Elas aceitavam.

Fuinha bateu com os dedos na minha cabeça e falou:

— Está esperando o quê, um convite?

Um guarda de meia-idade fez uma piada do tipo:

— Precisa de ajuda com a calcinha?

O resto riu.

Olhando para o chão, tentando ficar de frente para a parede, eu me despi e tomei o banho mais rápido que consegui, enquanto os funcionários imitavam vacas e cachorros, e faziam piadas toscas sobre a cortina não combinar com o tapete. Eu me embrulhei em uma toalha áspera e fiquei tremendo até nos deixarem voltar ao quarto.

Os responsáveis da lavanderia tinham deixado meias limpas e moletons cor-de-rosa na minha cama.

— Quando vão me devolver minhas roupas? — perguntei a Blanda.

— Acho que depois de etiquetarem. Mas você não vai precisar delas. Vão fornecer o que quiserem que você vista.

Eu só tinha dormido poucas horas nos últimos três dias, então falei que queria me deitar e pular o jantar.

— O jantar é obrigatório — disse Blanda. — E, depois do jantar, é hora do Rap.

Não lembro o que jantamos, só que me forcei a engolir cada pedaço porque uma garota na minha frente cochichou:

— Se você não comer, vão forçar na sua boca.

Era cedo — talvez cinco ou seis horas — quando fomos àquele negócio de "Rap". Não sei distinguir essa noite de nenhuma outra, porque esse negócio bizarro acontecia várias noites por semana, por, literalmente, três ou quatro horas. Vou tentar descrever, mas não sei se é possível entender plenamente, a não ser que se viva a experiência.

Um bando de gente ficava sentada em cadeiras, em círculo.

Música alta tocava nos alto-falantes.

Quer dizer, não era música alta; era música, tocada alto.

Era sempre um soft rock insípido ou uma balada — tipo John Denver, Kenny Rogers, uma coisa dessas —, e não me lembro de jamais ouvir uma voz feminina. Estou tentando me lembrar de algumas músicas específicas, mas bloqueei a maioria da memória. Outros sobreviventes mencionam "Just When I Needed You Most", de Randy VanWarmer, e me lembro mesmo de fazer muito sucesso na CEDU e nas escolas afiliadas à CEDU onde me prenderam depois. Você provavelmente já ouviu em um elevador. O refrão é *"Youuuuuuuuuuuuuuuu left me just when I needed you most"*.[*]

A música tocava várias vezes em sequência, sem parar, enquanto todo mundo esperava sentado e os líderes — Fuinha, Hippie Fuleira e os ex-alunos que trabalhavam lá, tipo seguindo uma carreira fodida de Síndrome de Estocolmo — davam a volta, empilhavam pedaços de papel-toalha em alguns lugares e posicionavam os rolos estrategicamente ao redor do círculo.

— Que porra é essa…? — sussurrei.

O menino ao meu lado bufou, meio rindo, e falou:

— Esquece tudo que você acha que sabe… porque você nem imagina.

Ao redor do círculo, os jovens se encolhiam, parecendo hamsters em um covil de cobras. Ou sentavam-se bem na beira da cadeira, de olhos vivos, ávidos para o começo do jogo.

— Blanda, quer começar? — disse Fuinha.

Blanda se levantou, parou na frente do menino ao meu lado, e falou:

— Jason, vi você falar com a Paris agora. Você não está em interdição de menina porque piscou para Deirdre semana passada? Assim, não está de

---

[*] "Você me abandonou bem quando eu mais precisava de você." (N. T.)

acordo, né, e, sabe, acho que você provavelmente está achando que vai comer uma delas, ou as duas, o que é pura fantasia, porque nenhuma menina que se respeite vai dar para um nojento gordo e feio que nem você. Nunca vai rolar, mas você é tão otário que nem sabe a merda que é. Sei que você está no armário. Vi na sua ficha a história do seu tio pedófilo, e, tipo, nem ele te quer mais. O que será que isso quer dizer, né?

Esperei o cara mandar ela calar a boca ou ir tomar no cu, mas ele ficou sentado, olhando para baixo, sem dizer nada.

— De onde vem esse desejo egoísta, Jason? — perguntou o Hippie Fuleira. — Foi o Eu ou o Mim que olhou para Paris e Deirdre com pensamentos egoístas, pensamentos sujos, fantasias sexuais nojentas? Foi o Eu, que mente, ou o Mim, que sente?

— Eu — murmurou o garoto.

— Isso! Olha só! Olha o que você está fazendo agora — disse Fuinha. — Eu está mordendo a boca de Mim!

— Filho da puta egoísta — xingou outra menina. — Vive de interdição. Burro demais para cumprir o programa. Egoísta, tapado e preguiçoso demais para o trabalho emocional. Claro que a família dele mandou ele vazar, que escroto. Ninguém suporta você. Nem mesmo quem tem obrigação jurídica.

Como se abrissem uma represa, as pessoas todas se juntaram, falando juntas, as vozes misturadas àquela música estranha e alta, tipo *Que cuzão! Por que você ainda está vivo, seu filho da puta? Sua família não te suporta YOUUUUUUUU LEFT ME porque você é uma merda em tudo que faz. Você finge ser escritor... parece até que um dia vai escrever um livro e dedurar todo mundo YOUUUUUUU LEFT e enquanto isso é tão burro que nem sabe escrever o próprio nome, seu filho de uma égua inútil, por que não YOUUUUUUUUU LEFT ME se mata logo e acaba com o sofrimento de todo mundo? Ah, espera, esqueci, já tentou e nem isso fez direito.*

Isso continuou pelo que me pareceu uma eternidade, até o rosto dele se contorcer e lágrimas jorrarem dos olhos, e mesmo assim os outros continuaram e continuaram e continuaram e continuaram e continuaram até ele se encolher com o rosto nas mãos, gemendo que nem um animal machucado.

— Desconte sua raiva, Jason — disse o Hippie Fuleira. — Cuide dos seus sentimentos.

O garoto chorou em soluços profundos e doloridos, e falou, engasgando:

— Não dá... não dá... Sou um cuzão. Eu tento... eu... eu tentei não olhar para ela. Fiquei pensando que queria... ver ela... e tipo... queria bater punheta porque sou um filho da puta doente! Sou fraco, tarado e um escroto de merda idiota!

Lágrimas e meleca escorriam até o chão na frente dele. Fuinha empurrou com o pé uma pilha de papel-toalha.

— Quero saber por que Paris não disse nada — falou uma das meninas. — Ela está aí parada que nem uma puta riquinha mimada e metida.

— Hum, você não me conhece — falei —, e não era proibido falar palavrão? Hippie Fuleira me deu uma piscadela e falou:

— Falar sujo para viver limpo.

— Vocês estavam certos de botar ela de rosa — disse Blanda. — Ela me falou que vai fugir. Falou que o programa é uma baboseira, que todas as meninas daqui são porcas gordas e imbecis e que, se não conseguir fugir, vai botar fogo em tudo.

Rangi os dentes e falei:

— Vai se foder, Blanda. Eu nunca disse isso.

— Soube que você estava enrolando no trabalho — disse Fuinha.

— Estava enrolando! Estava, sim! — acusou Jason, aos soluços. — Ela estava saltitando como se fosse melhor que todo mundo, enquanto eu subia aquela colina de merda oitocentas vezes.

— Eu não tenho sapato, idiota.

Assim que falei, soube que me defender era um erro. O círculo inteiro se concentrou em mim, um monstro feito de olhos imensos e bocas como buracos negros.

Ela acha que não precisa trabalhar. Estava enrolando para trabalhar. Putinha preguiçosa. Vadia mimada estúpida. YOUUUUUU LEFT ME acha que pode aparecer aqui e mostrar os peitinhos e não cumprir o programa JUST WHEN I NEEDED YOU MOST e fazer os caras todos babarem e enrolar no trabalho.

Uma maré feroz de esgoto verbal puro me inundou. Que nem uma enchente de rio transbordando no cinema. Água escura e cheia de dejetos. Era pior que pedras e galhos; eram tijolos e cacos de vidro. Era incessante e durou muito tempo, tipo *quem você acha que é YOUUUUUU foi expulsa de tipo toda escola do mundo sua burra mimada YOUUUUUUU LEFT ME JUST WHEN I NEEDED YOU piranha preguiçosa e burra do caralho acha que é tudo isso, mas sua família te odeia YOUUUUUUU influência tóxica de merda pros seus irmãos e eles estão pouco se fodendo para você YOUUUUUUU loira burra idiota mimada burra para caralho preguiçosa mimada YOUUUUUUU LEFT ME JUST WHEN não consegue admitir só admita só admita que é mentirosa burra mimada enrolando até acabar em Provo e espero que te moam na porrada e mais e mais e mais* até eu me encolher e cobrir a cabeça com os braços, tentando me proteger da tempestade de palavras, cuspe e crueldade. Não conseguia respirar. Ondas de náusea borbulhavam no meu estômago. Meu coração martelava até a cabeça. Parecia que minha alma estava sendo chupada pelo crânio. Ouvi alguém gritar e notei que era eu.

É esse o objetivo do Rap: forçar uma pessoa a ultrapassar o limite do que suporta. Você quer pensar que vai ficar firme, gritar, ir embora ou sei lá, mas tinha uns fortões dos Imperial Marines de guarda ao redor do círculo para garantir que ninguém iria a lugar nenhum.

— É isso aí, Paris. Desconte sua raiva.

Fuinha empurrou uma pilha de papel-toalha na minha cara e me abraçou pelos ombros com seu braço flácido e úmido.

Blanda se virou para uma garota sentada na minha frente.

— Por que você está aí à toa, Katy? Por que não está ajudando Paris a cuidar dos sentimentos dela? Sua falta de participação covarde está machucando todo mundo aqui!

Com a mesma brusquidão com que se voltara contra mim, a fera do círculo se virou contra aquela menina, urrando e xingando até ela se engasgar, soluçar e se afogar naquela enchente de crueldade e merda, e então passaram para outra pessoa, destruindo, assim, uma após a outra.

Fuinha elogiava os mais agressivos e ridicularizava quem ficava quieto ou não era suficientemente brutal. Quem se recusava a participar não estava "de acordo" e era o próximo alvo de aniquilação. Esses adolescentes se conheciam o suficiente para acertar nos pontos fracos. Encontravam o ponto vulnerável em que o corte era mais fundo, se concentravam ali e destroçavam a pessoa que nem uma alcateia de hienas.

Isso continuou por horas. Sem exagero.

Continuou por *horas*.

Horas e horas.

Youuuuuuuuu left me.

Essa música é sobre abandono. Era a mensagem que nos obrigavam a engolir naquelas sessões sem fim. *Se você estava contando com alguém — família, amigos, qualquer pessoa que já disse se importar com você —, podia esquecer. Mentiram para você. Abandonaram você. Bem quando você mais precisava deles. Todo mundo que diz amar você... não ama. Porque você não merece amor, e se tiver amor-próprio, está se iludindo para caralho. Você é inútil. Você não vale nada. Você nunca vai ser amado. Sua família rejeitou você. Agora somos sua família, e o único jeito de sobreviver é ser igual à gente.*

As pessoas se sacudiam e uivavam, cuspindo baba e catarro, gritando que se odiavam, de nariz escorrendo e olhos vermelhos e marejados. Alguns gritavam até o rosto ficar marcado por aqueles pontinhos vermelhos que surgem quando pequenos vasos de sangue arrebentam sob a pele, como o que acontece depois de um vômito violento. O único jeito de parar era confessar. Era preciso contar algum segredo obscuro, compartilhar os pensamentos terríveis ou expor alguma bizarrice.

Todos confessavam que tinham feito e pensado coisas horrendas — estuprado uma prima, matado um cachorro, desejado esfaquear os pais e esganar as namoradas —, o que me deixou completamente apavorada, porque achei que as confissões fossem sinceras. Pensei: *Quem é essa gente?* Nem me ocorreu que muitos estavam só inventando alguma merda, dizendo o necessário para a agressão parar.

O ritual se arrastou por horas a fio até todo mundo no círculo ficar exausto e suado. Era tarde — já passava de meia-noite —, e a gente tinha acordado em uma hora ridícula de cedo. Falei para o monitor hippie:

— Preciso ir deitar. Vou desmaiar. Vou vomitar. Por favor. Preciso ir dormir.

— Daqui a pouco — disse ele, com mais uma piscadela esquisita. — Primeiro é hora do Smoosh ("amasso").

Puta que pariu puta que pariu puta que pariu. Eu não imaginava como aquela cena podia ficar mais bizarra, mas... pois é.

Ficou.

Todo mundo foi para um espaço rebaixado que ficava na frente de uma lareira — "uma ferradura de sofás macios", segundo a descrição da brochura —, e aqueles jovens, que cinco segundos antes estavam se dilacerando, se largaram no chão e se aconchegaram, deitados com a cabeça no colo uns dos outros e de braços e pernas entrelaçados. Fuinha se sentou e abriu bem as pernas. Blanda se sentou na frente dela. Outra menina sentou entre as pernas de Blanda, recostada no peito dela, que nem se estivessem as três em um trenó. Fuinha sorriu e fez cafuné no cabelo oleoso de Blanda.

Blanda falou:

— Vem pro Smoosh, Paris!

Pensei: *Ah, nem fodendo*. Não, não, não, não, não…

Três meninas se agarraram com o Hippie Fuleiro, rindo e paquerando. Um dos caras que estava na sala em que fui revistada tentou me puxar para o colo. Ele abriu as pernas e tentou me agarrar, juro por Deus! Mandei ele me largar e tentei me desvencilhar, mas Blanda me pegou pelo braço e sacudiu a cabeça.

— Smoosh não é opcional — falou. — É parte do programa.

— Acho que eu devia ter preparado você — disse o Hippie Fuleiro, abraçando mais as meninas e rindo. — O negócio do Smoosh é sentir. *Eu* é sentir; *Mim* é pensar. Há uma batalha constante entre os dois.

— *Eu* é ruim — disse Blanda. — Você precisa parar de pensar. O *Eu* não consegue surtir efeito no programa. Precisa deixar o *Mim* trabalhar.

Ela olhou para Fuinha, buscando aprovação, e Fuinha beijou o topo de sua cabeça suada.

As pessoas não paravam de tentar deitar em cima de mim ou me puxar para o colo. Eu me arrastei até um cantinho, me encolhi com os joelhos no peito, abraçando as pernas, e tentei ficar bem pequena, que nem uma noz na casca. Quando finalmente nos deixaram ir dormir, eu subi na beliche e cobri a cabeça com a manta. Tentei me recompor, mas estava tão profundamente assustada (não vou mentir) que chorei e chorei. Mais uma vez, fui tomada por aquele tremor profundo. Todos os músculos do meu corpo doíam de exaustão.

Blanda cochichou na escuridão fria:

— Se não participar do Smoosh, vai acabar com as piores tarefas. De esfregar banheiro ou limpar vômito. Vão te destruir toda vez no Rap.

— Por favor, cale essa boca — falei.

Fiquei ali deitada, olhando a montanha iluminada pelo luar. Aquele lugar não era todo trancado, mas era cercado por uma grade alta. Isso não me assustava. Eu tinha pulado a cerca alta de Brooklawn inúmeras vezes para resgatar frisbees perdidos ou só por diversão. Tinha trepado barreiras de tela de galinheiro em raves urbanas e portões de ferro em casas de amigos.

Sou boa de pular cerca.

Se estiver duvidando, procure no Google: "Paris Hilton climbs fence".* Tem uma quantidade de fotos e vídeos surpreendente, e minha beleza nelas é igualmente surpreendente.

Vamos dar uma olhada no *Daily Mail* de setembro de 2007. Estou usando um lindo vestidinho de lantejoulas da French Connection — em estampa geométrica, com as cores branco, dourado, prateado e um toque de amarelo vibrante —, sapatos de salto prateados e uma bolsa Fendi Forever Mirror. A bolsa é prateada, que nem os sapatos, mas tem outra textura, para não ficar igualzinho.

Era o look perfeito para uma *after* da premiação Prime Time Emmy, mas fui à festa com um cara que estava meio insuportável e parecia ter expectativas, sei lá, então decidi largá-lo lá e passar a noite na casa de uma amiga que morava perto do Hollywood Municipal Park, onde a festa ia acontecer.

Já era alta madrugada, como dizem, e minha amiga não atendia o telefone, então pedi para um dos paparazzi segurar meus sapatos, o que ele aceitou com prazer, porque tinham me seguido da festa e estavam animados para me fotografar pulando a cerca. Tenho certeza de que eles estavam na expectativa de uma foto íntima fácil, mas — foi mal, meninos! — eu sei escalar com as pernas juntinhas. Que nem "montar à amazona".

Pular cerca é um talento mais útil do que se imagina.

Então, voltando à CEDU: achei que aquela parte seria fácil. A cerca, tudo bem. Mas e depois? Estávamos no meio do nada. À noite era um breu

---

* "Paris Hilton pula cerca". Para chegar ao resultado que ela propõe no Google, pesquisar em inglês é mais eficiente. (N. T.)

e fazia um frio congelante. Sem sapatos, eu não conseguiria correr muito rápido nem chegar muito longe. Tentei pensar, fazer um plano, mas o rugido de trem de carga do Rap ecoava na minha cabeça.

— Você vai se acostumar — sussurrou Blanda.

Não, prometi a mim mesma. *Não vou.*

9

Minha memória das semanas seguintes é um borrão de choque e exaustão. Passei pelos dias aos tropeços, de moletom rosa e meia esportiva, tentando evitar falar ou que falassem comigo, tentando engolir a humilhação e o terror, tentando evitar contato visual com os meninos que chiavam e cuspiam em mim nos Raps. Se eles me olhassem, era eu quem me metia em encrenca.

Fiz contagem regressiva dos catorze dias que precisava suportar até poder ligar para meus pais e usar sapatos.

— Duas semanas — lembrei Hippie Fuleiro, com minha voz de bebê mais fofa. — Você disse que eu podia ligar para os meus pais. Mal posso esperar para contar como aqui é lindo.

Ele sorriu e falou:

— Legal. Eu e Blanda estaremos bem do seu lado. Para oferecer apoio. Ah.

Este é um momento legal para compartilhar mais um pedaço do texto incluído na brochura da CEDU:

CEDU tem altos índices de sucesso com alunos manipuladores, sem motivação ou sem direção. Esses adolescentes frequentemente têm relacionamentos tensos com a família, pouca capacidade de comunicação, padrões de comportamento rebeldes e isolados, e talvez tenham experimentado drogas ou álcool.

Meus pais tinham sido advertidos pelo psiquiatra que visitava a escola semanalmente que eu tentaria mentir e manipulá-los para me deixar voltar para casa. O cara alegou que o único jeito de literalmente salvar minha vida era se manterem fortes e se recusarem a escutar minhas súplicas.

Quando me sentei para o telefonema de quinze minutos, Hippie Fuleiro e Blanda se sentaram bem ao meu lado, para escutar. Eu planejava contar tudo o mais rápido possível, antes de eles me interromperem, mas, quando ouvi a voz da minha mãe, fiquei engasgada e comecei a chorar.

— *Mãe... mãe...*

Porra, eu precisava daqueles sapatos. Eu tinha medo de dizer alguma coisa que desse aos monitores uma desculpa para me manter de rosa, então tentei transmitir um recado secreto. Usei a voz de bebê, que ela sabia ser falsa para cacete. (De quem você acha que eu aprendi?)

— Mãe, eu só... é tipo... estou muito... muito...

Eu não conseguia. As palavras jorraram de mim.

— Mãe, por favor! Você precisa me tirar daqui! Esse lugar é bizarro! Você nem imagina!

— Paris, querida, eu sei que é difícil. Você só precisa ficar firme e cumprir o programa.

Cumprir o programa?

Foi assustador ouvir os termos da CEDU saírem da boca da minha mãe. Eu estava supondo que meus pais não faziam ideia do que acontecia ali. De repente, não sabia mais no que pensar.

— Mãe, eles... não é... tipo, no banho...

Leve, mas firme, Hippie Fuleiro pegou o telefone de mim e falou:

— Já acabou por hoje, Paris.

Tentei não soltar o aparelho.

— Não! Não, eu tenho direito a quinze minutos!

— Paris — disse ele —, você não quer perder o privilégio dos telefonemas, quer?

— Não vou dizer nada de ruim. Não vou contar. Juro.

Ele desligou, cortando a conexão, aquele fio tênue de amor na voz da minha mãe. Teria doído menos se ele cortasse fora meu dedo.

— Quer fazer mais um telefonema daqui a duas semanas, né?

— Quero.

— Então ok. Cumpra o programa.

Passou outra semana. E mais outra.

Porra, eu estava exausta. Tentei de tudo para dormir — contar carneirinhos, tocar música na cabeça, me imaginar dançando sob as luzes estroboscópicas —, mas sempre que a manta esbarrava no meu pé eu acordava bruscamente, com o coração saindo pela boca, porque voltava à cena no momento em que o brutamontes me agarrara pelo tornozelo.

Eu pulava da cama de manhã e limpava o quarto. Se tivesse um fio de cabelo no travesseiro ou uma ruga no lençol, o líder da equipe revirava a beliche, arrancava tudo da gaveta e me mandava começar de novo. E fazia o mesmo com as coisas de Blanda, só para ela me odiar. Às vezes, nem davam motivo; só bagunçavam o quarto para atrapalhar e fazer a gente perder o café da manhã.

Trabalhar na área externa só de meias era desagradável, mas trabalhar na área interna era pior. Trabalhar na área interna envolvia esfregar privadas e o chão sob o olhar nojento dos funcionários tarados, que ficavam fumando e fazendo comentários ameaçadores para as meninas ajoelhadas. Lá fora, o ar era frio e fresco, e carregar pedras e lenha na subida da colina me permitia enxergar melhor a área que nos cercava. Parecia ter quilômetros apenas de árvores, mas, vez ou outra, via poeira subindo de uma estrada de terra ou um fio de fumaça de chaminé, o que me dava alguma noção de onde ficaria a cidade.

Eu me forcei a engolir o tipo de comida que não daria nem para um cachorro porque precisava continuar forte. Virava a cabeça para cima e bebia a água do chuveiro para suplementar a quantidade inadequada de hidratação que nos permitiam depois das horas de trabalho braçal.

Fique hidratada. Fique linda. Esteja pronta para pular pela janela.

Nas horas "escolares", exigiam que a gente escrevesse *"dirt lists"* ["listas de sujeira"] e *"disclosures"* ["revelações"], assumindo todos os nossos *"cop-outs"* ["covardias"]: pecados, pensamentos do mal, coisas ruins que tínhamos feito ou que tinham feito com a gente. Essas confissões eram usadas como munição no Rap. Eu me recusava a entrar no jogo e detonar as pessoas, então vivia sob interdição, mas nunca oferecia nada relevante na minha *dirt list*, então tinham apenas as informações limitadas da minha ficha para me derrubar.

Essas pessoas destruídas pela CEDU praticavam crueldade como arte marcial: principalmente por defesa, mas de modo letal, se necessário. A pessoa que havia sido destruída ficava parada, com olhos arregalados e marejados de dor, e, no momento, era tentador atacar. A gente queria se sentir seguro, e há uma camada frágil de poder em se tornar agressor. Porém essa camada de poder é fraca e instável, e o que vai, volta, então os agressores tinham mais medo do que todos os outros. Os adolescentes que agrediam eram tão ferrados quanto os que vitimizavam.

O Smoosh noturno era... *argh*. Impossível. Literalmente não havia escapatória. Pensar nisso me dá vontade de me jogar em uma banheira de sal e álcool em gel. Todos fizemos o necessário para sobreviver, o que deixou cicatrizes profundas. Não sei quem eram aqueles jovens, nem se um dia lerão isto aqui, mas não foi culpa deles. Nem minha. Nada disso. Nunca merecemos o bloco de vergonha que carregamos ao sair dali. Ele pertence às pessoas que criaram aquele lugar.

Depois de aproximadamente um mês, me disseram que eu iria ao meu primeiro Propheet. Basicamente, cada Propheet tinha um tema, tipo "Propheet de Eu & Mim", ou "Propheet da Jornada Própria", ou "Propheet de Uma-merda-qualquer" — não me fazia diferença. A gente precisava escutar várias horas de sermão de líderes de equipe e monitores, que liam os roteiros volumosos escritos pelo grande deus da venda de móveis, o próprio Wasserman.

Havia exercícios bizarros, inclusive um em que um adolescente precisava se deitar no chão, um "treinador" metia uma toalha na boca dele, e o adolescente precisava morder a toalha com força e tentar ficar com a cabeça encostada no chão, enquanto o "treinador" puxava a toalha e se esforçava para levantá-lo. (Sim, é tão violento quanto parece. Há histórias de gente que perdeu dentes nisso, e uma menina ficou com a mandíbula tão ferrada que precisou de cirurgia.)

Depois disso, vinha uma maratona de Rap gigante, que começava no fim da tarde e ia até de manhã. A gente precisava ficar acordado e participando do ritual incessante até a hora do café do dia seguinte — quando davam comida e água para todos pela primeira vez naquele evento inteiramente insano.

Era um imenso negócio em grupo, que ocorria principalmente na área externa e envolvia muita atividade física, então — *obrigada, Deus!* — me deram sapatos. Fiz questão de me posicionar perto do perímetro. Depois de duas ou três horas de sermão, quando todo mundo deveria se levantar e cantar, fui correndo até os guardas mais próximos e, na voz doce de paquera que os paparazzi sempre gostavam, falei:

— Oi, meninos!

Um deles respondeu:

— Oi.

O outro falou:

— Volte para o grupo, Hilton.

— Eu preciso muito, muito mesmo de uma visita ao toalete — falei, rindo um pouquinho. — Só um pipizinho. *Por favoooor?*

O primeiro guarda sorriu e deu uma olhada na sala. Estava todo mundo abanando as mãos ao alto, então o palestrante não nos via. O guarda apontou o banheiro com a cabeça e falou:

— Corre.

Eu tinha limpado aquele banheiro várias vezes e medira mentalmente a janela. Era pequena e ficava bem no alto, mas eu sou alta e estava supermagra depois de um mês de trabalho braçal e alimentação inadequada. Subi na privada, me impulsionei até o batente e saí do outro lado do prédio. Corri pelo gramado, me atendo às sombras, pulei a cerca e corri desesperadamente. Sem olhar para trás, desci uma ribanceira íngreme, atravessei um matagal e entrei na floresta cheia de musgo.

Viviam dizendo:

— Não entre na floresta. Tem crianças mortas lá. Se você tentar fugir, vão te matar e esconder seu corpo no mato.

Eu não acreditava e, mesmo se acreditasse, não faria diferença. Só me importava sair de lá. Não me lembro de pensar em nada além de *corra corra*

corra. Peguei o sentido que, de forma geral, descia a colina, só por instinto. Vi uma estrada de terra mais abaixo e corri em paralelo a ela até precisar cruzar um riacho. Não queria encharcar os sapatos, então atravessei a trilha de terra e fui descendo a montanha até chegar a uma estrada asfaltada.

Sempre que ouvia um carro se aproximar, eu pulava o guarda-corpo e me escondia em uma vala ou atrás de arbustos.

Era fim de tarde. O sol desapareceu atrás das montanhas. Eu estava com frio e medo, mas ardendo de adrenalina. Eu me sentia em um filme. Era uma parada de James Bond! Mantendo-me próxima à estrada e me escondendo dos carros, corri pelo que me pareceu muito tempo. Não sei qual foi a distância. Finalmente, vi, através das árvores, um poste de luz aceso, e segui o brilho até chegar a um pequeno estacionamento perto de uma parada de estrada — uma mistura de restaurante e posto de gasolina. Na lateral do prédio ficava um orelhão.

Ai, meu Deus. *Obrigada.*

Lembra de orelhão? Orelhão ainda existe? Pensar na gratidão e no alívio que senti ao ver aquele telefone imundo pendurado em um poste me dá até vontade de comprar um desses e instalar na minha sala.

Usando um truque conhecido de todas as festeiras, peguei o fone e fui girando o negocinho de baixo até uma telefonista atender.

— Telefonista — disse ela. — Precisa de ajuda?

— Sim! Preciso fazer uma chamada a cobrar para…

Merda. Eu não sabia para quem ligar. Meus pais talvez não me escutassem. Gram Cracker estava longe demais para fazer qualquer coisa.

— Preciso ligar para Kyle Richards — falei.

Dei o telefone da minha tia.

A telefonista perguntou:

— Quem devo dizer que ligou?

— Star — falei.

Kyle aceitou a chamada e atendeu.

— Paris, querida…

— Kyle, você precisa me salvar. Por favor. E não conte para minha mãe. Só venha me buscar, Kyle. *Por favor*. Por favor, corra. Esse lugar é bizarro. As pessoas são loucamente agressivas, e minha mãe não…

— Como assim, agressivas? Algum dos seus colegas te bateu?

— Não, não é... *por favor*. Eu conto quando você chegar. Você precisa vir agora. *Por favor*. Preciso que você me tire daqui.

— Cadê você? — perguntou, e eu dei o endereço escrito em um cartão ao lado de uma propaganda de táxi.

— Ok, espere aí — disse Kyle. — Não vá a lugar nenhum.

Fui para trás do prédio e me agachei no mato. Depois de um tempinho, uma viatura de polícia passou pelo estacionamento.

— Viram uma menina loira por aí? — perguntou o policial para alguém que saía do restaurante.

Merda. Merda. Pense. Pense. Pense. Se esconda.

Tinha uma porta aberta nos fundos do prédio velho, provavelmente para ventilar a cozinha, e lá dentro havia uma escadinha estreita. Assim que o policial foi embora, subi e me enfiei atrás de umas caixas de tralhas e enfeites de Natal, em uma espécie de depósito entre as vigas e o telhado. Eu me encolhi nas sombras e esperei, olhando o restaurante abaixo, inspirando o cheiro de frango frito e batata, deixando a música me envolver. Até aquele momento, eu não sabia que era fisicamente possível sentir fome de comida e de música ao mesmo tempo, mas eu sentia.

Horas se passaram. A polícia veio e foi embora. Os guardas da CEDU vieram e foram embora. O bartender só dava de ombros.

— Não vi, não.

Equilibrada em uma viga estreita, eu me obriguei a ficar acordada para não cair. Era a parte mais difícil. Eu estava exausta. Kyle estaria vindo de Los Angeles. Levaria um tempo, mas ela estava a caminho, e dirigiríamos rápido, saindo daquele lugarzinho de merda até uma cidade com McDonald's. A garçonete ia de um lado para o outro, servindo hambúrgueres e a sopa do dia. *Meu Deus, que fome.* Finalmente, ela expulsou o último cliente do bar, botou as cadeiras em cima das mesas e lavou o chão, batendo papo com o cozinheiro, enquanto ele limpava a cozinha.

Eles apagaram as luzes e foram embora.

Puta merda.

Kyle não teria como entrar. Ela provavelmente estava lá fora. Estiquei as pernas dormentes e desci de fininho. Encostei a orelha na porta. Nada.

Abri um pouco e olhei o estacionamento silencioso. Mariposas esvoaçavam ao redor do poste de luz acima do orelhão. Fui até o telefone e liguei para Kyle de novo. Ela atendeu, e eu falei:

— Kyle, cadê você? Você chamou a polícia?

— Não — disse ela. — Não, claro que não.

Uma mão pesada agarrou meu pescoço. Tentei segurar o telefone, mas o guarda me levantou do chão e me jogou no suv. Eles voltaram à escola, que na verdade ficava apenas a uns três ou cinco quilômetros dali. Eu provavelmente tinha corrido em círculos por grande parte do tempo.

As pessoas ainda estavam naquele negócio de Propheet, com cara de zumbis de olho vermelho. Fuinha parecia estar vivendo seu dia mais feliz. Ela me arrastou para a frente de todo mundo e falou:

— Olha só quem apareceu!

Eu nem vi a mão dela vindo na minha direção. Quando me dei conta, tinha caído no chão. Um guarda me levantou à força, e eles começaram a me atacar, me espancando e esganando, e gritando para todo mundo *ver o que acontece*. E todo mundo viu. Arregalaram os olhos, do tamanho de bolas de futebol. Muitos choraram. Não tenho dúvida de que foi uma cena intensa, e acho que era o propósito. Era por isso que não precisavam de arame farpado, de barras de aço, de portas de ferro. O que mantinha as pessoas lá dentro era muito mais forte.

Tinham histórias de terror sobre crianças mortas na floresta.

Tinham todo mundo treinado para dedurar todo o resto.

Tinham enganado as pessoas que nos amavam.

Tia Kyle tinha pouco mais de vinte anos quando isso aconteceu. Não era tão mais velha do que eu. Nunca falamos disso, mas, pela perspectiva dela, por que não ligaria para minha mãe? Era a irmã mais velha dela. Meus pais fizeram o que se deve fazer quando sua filha desaparece: ligaram para a polícia. Na época, eu fiquei furiosa, mas, quanto mais aprendo sobre as táticas de marketing horrendamente espertas da cedu, mais compaixão sinto pela minha família. A cada etapa, eles acreditavam sinceramente que estavam cuidando de mim.

Quer dizer, pense só: aconselhado por um profissional de saúde mental, você manda sua filha, que tem passado por dificuldades, para um internato lindo, que custa uma fortuna. Quando sua filha tenta fugir, você acredita na criança que anda deixando você louco? Ou acredita no psiquiatra que diz que a criança é uma mentirosa doida e incorrigível?

A doida não sou eu, é você! — diz cem por cento das pessoas doidas.

A polícia da área frequentemente tem acordos financeiros com esses lugares; eles recebem recompensas por devolver as crianças que fogem e por ignorar alegações de agressão. E fala sério. Crianças mortas no mato? Que baboseira.

Não é?

Quer dizer, não pode ser verdade.

Ou só não queremos que seja?

Não queremos acreditar que um monstro de nome James Lee Crummel — um pedófilo e assassino em série condenado que se enforcou no corredor da morte em San Quentin em 2012 — foi conectado a uma longa lista de crimes horripilantes, inclusive ao assassinato de dois meninos que desapareceram do campus de Running Springs da CEDU em 1993 e 1994. Bill Gleason, investigador de pessoas desaparecidas do Ministério da Justiça dos Estados Unidos, relatou que Crummel frequentemente acompanhava o psiquiatra visitante dr. Burnell Forgey nas visitas à CEDU. Não sei se dr. Forgey é o mesmo psiquiatra que encontrava meus pais, mas ele frequentava a instituição na época em que eu estava internada e convencia os pais de que os filhos precisavam "cumprir o programa" por dois anos.

De acordo com um artigo de 7 de junho de 2012 no *Orange County Register* ("Mom vs. Child Killer: Guess Who Won?" ["Mãe vs. assassino de crianças: adivinhe quem ganhou?"], de Lori Basheda), Crummel "não foi o primeiro, nem o segundo, mas o *terceiro* condenado por crimes sexuais que, ao longo dos anos, morou com Forgey". Forgey foi preso no ano seguinte após eu sair da CEDU. Ele foi acusado de diversos crimes sexuais, cometidos ao longo de anos. Do *Los Angeles Times* ("Other Possible Molest Victims of Psychiatrist Are Being Sought" ["Procuram-se outras possíveis vítimas de psiquiatra molestador"], 6 de maio de 1998, por Thao Hua e Scott Martelle): "De acordo com documentos jurídicos registrados pela promotoria de Orange County, Forgey é suspeito de praticar sexo oral no adolescente sob seu cuidado enquanto Crummel supostamente o sodomizava...".

Ai, Jesus.

Não dá.

Só… *não.*

Procure no Google.

Puta que pariu.

Foda-se esse lugar.

Puta merda, que porra era aquela?

Por que esses monstros têm que fazer parte da minha história? Eu *odeio* essa merda. Não quero falar disso. Não quero pensar nisso. Não consigo pensar nisso.

Preciso pensar em… pensar… porra, *pensar…*

Em alguma coisa que faz eu me sentir forte.

Botas de plataforma.

Minhas botas do Burning Man. Ou as botas de plataforma iradas que usei com meu vestido de noiva rosa-choque para a parte de festival neon do meu casamento. As botas eram brancas, mas meu *stylist* as pintou perfeitamente para combinar com o vestido assimétrico Alice & Olivia, que incorporava metros de tule com um corpete maravilhosamente construído, e foi tudo. Tudo.

Pense.

Alguma coisa que faça eu me sentir segura.

Meus cachorros.

Meus anjinhos peludos:

- Dollar
- Prada
- Slivington
- Harajuku Bitch
- Marilyn Monroe
- Prince Hilton
- Princess Paris Jr.
- Tokyo Blue
- Peter Pan
- Diamond Baby
- Tinkerbell, a cachorrinha Hilton original

Pense, cacete.

Alguma coisa que me faz feliz.

Meus amigos.

Uma vez, eu e Demi Lovato fomos fazer compras e surgiu o tema Taco Bell, porque nós duas somos obcecadas por Taco Bell. Ela me contou que tem almofadas do Taco Bell no cinema particular. Eu amo Demi.

Outra vez, lá em 2006, eu e Britney Spears fomos a uma festa em um bangalô de um amigo, no Beverly Hills Hotel. Ficamos de saco cheio e queríamos voltar para minha casa, mas o pessoal não queria que a gente fosse embora, porque — sejamos sinceras —, sei o que parece, mas, se Britney Spears e Paris Hilton estivessem na sua festa, você ia querer que elas fossem embora? Não paravam de insistir, "Não! Não podem ir ainda!", e eu não queria ser mal-educada, então levei Britney ao banheiro e falei:

— Vamos usar meu truque.

Abri a janela e soltei a tela.

— Não posso pular a janela — disse Brit, que usava um vestidinho fofo.

Eu falei que ia ser tranquilo e a ajudei a pular. A gente estava morrendo de tanto rir, mas conseguimos sair. Descemos um beco correndo e, assim que viramos uma esquina, fomos cercadas por paparazzi. Puxei Brit de volta às sombras para a gente se arrumar. Coisa de amigas. Ajeitei o cabelo dela. Passamos brilho labial.

As "Boas da Turma". Prontas para as câmeras, gata.

Saímos, tentando chegar ao carro. Os paparazzi fizeram o que sempre fazem, gritavam para nos convencer a olhar.

— Paris, aqui na esquerda! Esquerda, Britney!

— Britney! Paris! Aqui!

— Paris, é verdade que você e Lindsay brigaram ontem?

Não respondi. A gente estava só tentando chegar ao carro, né?

— Paris! Britney! Mais uma, mais uma, mais uma!

— Paris, Lindsay falou que você bateu nela!

— Qual é sua treta com a Lindsay?

Entraram todos na onda: *Você bateu nela? Você bateu nela? Você bateu nela?*

Estava chovendo um pouco, e Britney estava morrendo de frio, com pressa para entrar no carro. Eu estava de calça jeans, então abri a porta dela e me posicionei para bloquear qualquer ângulo indiscreto que poderia resultar de ela entrar no banco do carona. Dei a volta para o lado do motorista.

Não paravam de perguntar — *Você bateu nela? Você bateu nela? Você bateu nela?* — porque, um ou dois dias antes, tinha saído um vídeo esquisito no qual ela dizia que eu tinha batido no cotovelo dela e derramado uma bebida nela. Ainda não faço ideia do que foi isso.

— Não. Perguntem para ela, ela está bem ali — falei, e apontei Lindsay Lohan, que tinha saído da festa pouco depois da gente. — Lindsay, conte a verdade.

Ela estava andando ao lado de Elliot Mintz. As pessoas sempre se referiam a ele como meu relações-públicas, mas ele preferia dizer:

— Meu papel está mais para o que descreveria como "gestão de riscos".

Nosso relacionamento era bem parecido com o da Rainha dos Dragões e daquele carinha em *Game of Thrones*.

— Paris nunca faria isso — disse Lindsay. — Ela é minha amiga. Todo mundo mente sobre tudo. Ela é uma pessoa legal. Por favor, deixem a gente em paz. Somos amigas.

— Vocês são amigas? — disseram. — Lindsay, vocês são amigas?

Elliot a trouxe para o carro e abriu a porta. Para tirá-la da chuva, talvez? Ou quem sabe para acabar com os boatos bizarros?

— Ela não fez nada disso — disse Lindsay. — Ela é boazinha. Uma pessoa legal. Conheço ela desde os quinze anos. Pelo amor de Deus.

Aí Lindsay entrou no carro, o que foi meio desajeitado, porque eu estava dirigindo um Mercedes-Benz SLR McLaren só de dois lugares. Ela entrou, e Britney meio que se apertou naquele espaço do meio onde, idealmente, ficava a bolsa. No vídeo que capturou o momento, há exclamações coletivas, e um dos paparazzi diz:

— Ah, essa vai ser clássica!

E lá vão eles, fotografando até não poderem mais, esticando as câmeras por cima do capô. A chuva no para-brisa iluminava o vidro como um BeDazzler.

— Paris! Paris! Limpe o para-brisa! Limpe o para-brisa!

Liguei o limpador de para-brisa. Um frenesi louco de fotos.

— Valeu, Paris. Lindsay? Olha para cá?

Passei a marcha do carro, mas os flashes constantes no para-brisa molhado me deixavam cega, e eu vivia paranoica com alguém botar o pé embaixo do pneu e alegar que tinha sido atropelado, porque é o tipo de merda bizarra que as pessoas fazem em Los Angeles. Elliot saiu para a rua e me ajudou a manobrar, que nem aqueles caras com sabres de luz que orientam os jatinhos na pista de voo.

— Deixa elas irem. Está chovendo — pediu ele.

Os paparazzi abriram caminho, e fomos embora. Nem lembro aonde fomos. Que diferença faz? Só se importavam com aquele momento. No dia seguinte, a imagem icônica de nós três foi publicada na capa do *New York Post*, com as palavras BIMBO SUMMIT* em letras gigantescas debaixo da nossa cara. Não amei a descrição, mas minha franja estava bem lindinha. Com qual frequência isso acontece, sério? Franja é um negócio difícil.

O paparazzi estava certo: as fotos se tornaram um clássico.

Tantos anos depois, ainda vejo essas fotos em camisetas, cartazes, cartões de aniversário, xícaras, cuecas, bolsinhas cintilante... todo tipo de produto. Meu preferido é o tapa-sol de para-brisa para proteger o carro em dias quentes.

Quinze anos depois, Carter e eu estávamos em uma ilha particular nas Maldivas, aproveitando a lua de mel. Estávamos ignorando o resto do mundo e, quando finalmente demos uma olhada no celular, todos os aplicativos de mensagem estavam cheios de coisas sobre o aniversário de quinze anos da "Santíssima Trindade". Olhei para a foto e ri. Parecemos As Panteras.

Gostei do artigo da Joy Saha na *Nylon* — "Paris, Britney, & Lindsay: The Triumph of the Bimbo Summit" ["Paris, Britney, & Lindsay: O triunfo do Comitê de Sirigaitas"] — sobre a manchete cruel do *Post*, que não envelheceu tão bem, e o jeito das *It Girls* dos anos 2000 recuperarem controle sobre as próprias narrativas. Eu tinha acabado de me casar e administrava um conglomerado imenso de mídia e estilo de vida. Britney tinha recentemente se livrado da tutela vergonhosa que, por treze anos, controlava sua vida financeira e pessoal. Lindsay tinha ficado noiva e trabalhava para retomar a vida

---

* "Comitê de sirigaitas". (N. T.)

A autobiografia 131

profissional. Eu estava feliz por ela. Não somos íntimas, mas sempre desejo felicidade a ela.

Entendo por que a mídia queria nos voltar umas contra as outras. Vendia jornais. Gerava cliques. A nevasca de flashes criou uma dezena de versões da foto clássica — cada uma com uma perspectiva um pouco diferente —, e essas imagens geraram milhões de dólares em licenças e direitos autorais.

Não para a gente, é claro.

Britney, Lindsay e eu ganhamos exatamente zero desses dólares. Porém alguém comprou uma casa com uma dessas fotos. Alguém pagou a faculdade dos filhos. Entendo o que os motivou. Acho mais difícil entender o que motivou todo mundo a espalhar aquela manchete sem ter nada a ganhar além da satisfação frágil de um agressor.

Joy Saha escreveu: "Em 2006, a sociedade ainda estava longe de entender o conceito de empatia, alimentando um sistema falido que ganhava com exploração incessante.".

Então foi isso.

Eu tentava me afastar das supostas "rixas" que os tabloides viviam inventando. Eles publicavam baboseiras constantes sobre minha "briga amarga" com uma amiga que não me causava problema algum, ou minha "treta" com alguma desconhecida que estava a meio metro de mim em um tapete vermelho. Às vezes, a coisa ficava tão feia que me levava de volta ao rugido do Rap.

Ao nos jogar uns contra os outros, Fuinha drenava nossa energia e roubava nossa identidade. Aquele ruído nos distraía de merdas horrendas de verdade que estavam rolando — merdas que levaram ao sofrimento e à morte daqueles jovens. Ouvimos boatos sobre o desaparecimento deles, mas tinha mais a ver com lições de moral para *não entrar na floresta*, para nos impedir de fugir. Não queríamos pensar naquilo. Tínhamos medo de pensar naquilo. E era mais fácil não pensar quando podíamos nos distrair com o Big Brother de Running Springs.

Nos anos após minha experiência na CEDU, o ruído do Rap nunca ficava muito longe. Eu me esforçava para abafá-lo, mas não dava para farrear o suficiente, dirigir rápido o suficiente, ouvir música alta o suficiente, nem inalar amor o suficiente para aquilo ir embora. Às vezes, eu voltava à mentalidade de matar-ou-morrer, e não me orgulho disso. Eu estava ferrada, tá? E bebia muito. Tipo, *muito*.

O objetivo do Rap era destruir as pessoas por serem quem são. As pessoas voltavam-se contra os alvos mais óbvios, usando a linguagem mais feia possível. Palavrões racistas. Machistas. Homofóbicos. Penso em algumas das coisas que falei nos anos depois de sair de Provo, tomada pelo estresse pós-traumático, e morro de vergonha. De horror. Morro de nojo, porque aquelas pessoas terríveis se infiltraram na minha cabeça. Nunca consegui deixá-las para trás de verdade.

Falar que eu bebia para aliviar a dor é uma explicação, mas não é uma desculpa. Às vezes, eu ficava alta demais e agia que nem uma escrota total. Não me lembro de metade do que dizem que eu falei enquanto estava idiota e caindo de bêbada, mas não vou negar, porque, ao sair do sistema da CEDU, meu filtro foi seriamente danificado — e, quando enchia a cara, não tinha mais filtro nenhum. Minha capacidade de confiar nas pessoas foi sistematicamente destruída, então me aproximar de alguém fazia eu me sentir vulnerável e exposta. Como resultado, eu dizia as piores coisas para e sobre as pessoas que mais amo.

Sou uma pessoa genuinamente legal. Tento ajudar quem posso. Adoro apoiar meus amigos e meus colegas artistas.

Puffy e eu estávamos curtindo no nosso acampamento do Burning Man no verão passado, e ele falou:

— Somos os primeiros, e estamos arrasando mais do que nunca.

Ele está do meu lado desde aqueles anos de farras intensas, junto a um grupo central de bons amigos que sempre me aceitaram como eu era no momento: Puffy, Nicole, Kim, Brit, Snoop, Nicky, Farrah, Brooke, Whitney — e vocês, Allison e Jen — são minha família, e eu sou muito grata. Não me arrependo daqueles anos de farra, porque eles todos fazem parte disso. A gente vivia pela noite.

Eu e minhas amigas nos divertimos muito em festas pelo mundo todo: Los Angeles, Londres, Burning Man, Ibiza, Saint-Tropez, Paris, Las Vegas. Às vezes, elas imploravam para voltar para casa.

— Por favor, Paris! Podemos encerrar a noite aqui?

Eu as fazia ficar na festa até o amanhecer. Tinha medo de ficar sozinha no escuro. Por mais que eu viajasse, em sonho, eu estava de volta ao início, descendo aquela montanha correndo, escorregando no musgo das pedras, desaparecendo com os restos mortais dos meninos assassinados.

10

Depois de tentar fugir, fui posta em interdição séria: ninguém podia falar comigo nem me olhar, e eu não podia falar com ninguém nem olhar para ninguém. Perdi o direito ao telefone. Voltei ao rosa. Tiraram meus sapatos. Óbvio.

Pessoas que davam problema tinham que dormir no chão da sala de estar, para os guardas nos vigiarem a noite toda. Os comentários no banho eram cada vez mais nojentos, e eu era estraçalhada toda noite no Rap.

— Piranha, mimada e burra. Nem está tentando cumprir o programa. Vão mandar você para Ascent. Vai acabar em Provo.

Jovens que foram a instituições parceiras da CEDU concordavam que Ascent era um porre. Era um acampamento de treinamento ao estilo militar em algum lugar de Montana. Ou de Idaho. Montadaho. Sei lá. Uma vastidão erma, no meio do nada. Era preciso dormir em barracas e fazer trabalho braçal pesado. Diziam que todos os jovens de lá eram criminosos e psicopatas, e que os funcionários eram ainda piores. Já a opinião geral sobre Provo era olhos arregalados e cochichos:

— Coisas ruins acontecem lá.

Suportei mais uns Raps com um sorriso congelado de Mulher Perfeita. Eu estava morrendo por dentro em 1 milhão de vezes, mas não me permitia revidar; precisava conservar energia. Meu plano era fugir de novo, usando o que tinha aprendido, mas, antes de ter a oportunidade, os transportadores vieram me buscar. Que nem da primeira vez, duas pessoas — um homem e uma mulher — apareceram de madrugada, me agarraram e fizeram o teatro todo de "jeito fácil ou jeito difícil".

A cena já tinha se desenrolado na minha cabeça mil vezes. Eu dormia de roupa, pensando em como lidar com aquilo.

— Fácil — falei, sorrindo. — Estou animada. Adoro a natureza.

Eles levaram certo susto, mas não se deixaram enganar. Ao me algemar, provavelmente notaram que eu estava tremendo. A mulher era de meia-idade e meio parruda, não muito alta, de cabelo loiro com raízes grisalhas. O homem, marido dela, tinha uma barrigona. Eu tive certeza de que eles nunca me alcançariam se eu conseguisse fugir correndo.

Eles me deram roupas de verdade para a viagem: calça jeans e uma camiseta, da mala que minha mãe arrumara. Eu tinha perdido muito peso, então a calça jeans ficou larga e triste.

A caminho do aeroporto, tentei puxar papo e encantá-los, mas o sr. e a sra. Brutamontes ficaram nos bancos da frente do suv, olhando para a estrada. Eles me mantiveram algemada no avião para San Francisco, onde pegaríamos um segundo voo. Fui o mais doce possível no caminho inteiro.

— Nossa, mal posso esperar para ir à minha escola nova. Vocês acham que daria para tirar as algemas antes de trocar de avião? É que é uma vergonha andar assim pelo aeroporto.

— Não — disse o sr. Brutamontes, seco. — Os documentos dizem que você é de fugir.

Porém a sra. Brutamontes suspirou e o olhou, até ele soltar as algemas. No portão do aeroporto SFO, perguntei se ela podia, por favor, me levar ao banheiro, e ela aceitou. Entrei em uma cabine. Ela cruzou os braços e parou bem na frente da porta.

— Nem tente trancar — falou.

Eu sorri e dei de ombros.

— Nem tem por quê.

Fechei a porta e me sentei no vaso sem tirar a calça, esperando, respirando fundo e silenciosamente, e tentando pensar no que aconteceria a seguir. Depois de um tempo, a sra. Brutamontes esmurrou a porta e falou:

— Vai logo.

Apoiei as mãos no assento, respirando fundo e esperando até ver o olho dela na fresta da porta.

— O que está fazendo? — perguntou.

O negócio de dançar em uma boate muito lotada é o seguinte: tem tão pouco espaço para qualquer coisa, que basicamente a gente só pula no mesmo lugar por horas, o que desenvolve músculos de canguru. Sem nem pensar, encolhi os joelhos até o peito e chutei a porta com os dois pés. Ela cambaleou para trás e caiu no chão, gemendo com um ruído meio engasgado e molhado.

Eu saí correndo. Pela porta. Pelo terminal.

Ouvi a mulher gritar atrás de mim, pedindo ajuda do marido, mas eu estava na vantagem. Quando ele começou a me perseguir, eu já tinha atravessado metade do terminal. Peguei uma escada rolante antes de notar que estava subindo, sendo que eu precisava descer. Já era tarde para mudar de lado. Eu saltei da escada, quiquei que nem uma pedra, tropecei, me equilibrei e continuei correndo até o único porto seguro que me ocorria.

O Hilton.

Conrad Hilton era pioneiro. Em 1959, viagens de avião eram uma novidade, divulgadas com promoção de alta costura e arte. Salvador Dalí e Andy Warhol fizeram propagandas para Braniff, com comissárias de bordo de uniformes da Pucci. Meu bisavô virou as viagens de ponta-cabeça e construiu um hotel de luxo bem ali, no SFO. Dava para chegar de avião, viver maravilhosamente e ir embora outra vez, sem nem sair do aeroporto. Papa era jovem na época e amava aquele hotel, porque vivia cheio de pilotos, comissários e viajantes do mundo inteiro.

— O lounge do hotel era o Tiger-a-Go-Go — me contou ele. — Tinha uma equipe de dançarinas chamadas de Tiger Kittens. Buzz and Bucky lançaram uma música sobre isso. Foi um sucesso imenso.

A música na verdade chegou ao seu ápice na 104ª posição da Billboard, mas faz parte de um momento cinematográfico na minha cabeça: eu me vejo correndo a mil pelo terminal, perseguida pelo sr. Brutamontes, ao som do ritmo agitado do surf rock de Buzz and Bucky: *"Tiger! Tiger! Tiger-a-Go-Go!"*.

O concierge me olhou quando passei correndo pela recepção, gritando:

— Meu namorado está tentando me matar! Me bote em um táxi!

Um bom concierge não questiona nada. Ele me acompanhou até a calçada e me botou em um táxi. O motorista, confuso, começou a perguntar:

— Aonde...

— Só vai! Vai!

Ele deu a partida.

Tiger! Tiger! Tiger-a-Go-Go!

Quando aceleramos, partindo do hotel, olhei para trás e vi o sr. Brutamontes na calçada, parecendo prestes a ter um ataque cardíaco. O motorista me olhou pelo retrovisor. Eu estava rindo e chorando, doida de adrenalina, muito feliz pela liberdade.

— Me leve ao Hilton do centro, por favor.

Era o mais perto de casa que me ocorria. Quando ele parou na frente do hotel, eu falei:

— Já volto. Tenho que entrar e pedir dinheiro para meu namorado.

— É, claro — bufou ele.

Eu entrei e atravessei o saguão trotando, tentando não demonstrar que estava fingindo. (Trote do unicórnio!) Virei uma esquina e acelerei de novo, saindo pelos fundos e subindo a rua. Corri, andei, corri de novo, apertando a mão logo abaixo das costelas para conter a dor lateral. Depois de um tempo, me sentei em um banco. Eu não fazia ideia de onde estava e não tinha dinheiro algum, mas estava livre, contendo lágrimas de alegria.

Depois de um tempo, fui a uma cabine telefônica e, novamente, peguei o fone e fui girando o negocinho de baixo. Quando a telefonista atendeu, dei o número dos meus pais.

— Mãe! Mãe...

Eu já estava chorando antes de ela aceitar a chamada a cobrar. Era a segunda vez que eu ouvia a voz dela desde que fora levada.

— Paris, cadê você? O que você fez?

— Por favor, mãe — comecei, soluçando. — Você não faz ideia do que está acontecendo aqui. Tem tipo... Eu fui espancada... Eles são loucos... Não quero ir para esse lugar. Por favor, me deixa voltar para casa.

Enquanto eu implorava, dava para notar que ela não acreditava.

— Paris, acalme-se. Está tudo bem.

— Nunca mais vou sair. Não vou mentir. Não vou a festas. Odeio festas! Mãe, eu só quero voltar para casa. Vou me sair bem na escola. Vou fazer o que você quiser. Vou me comportar, mãe. Vou me comportar, juro.

— Paris, acalme-se. Está tudo bem — disse minha mãe. — É claro que você pode voltar para casa.

— Obrigada.

Eu fechei os olhos e me recostei na parede da cabine, desesperadamente exausta, desesperadamente agradecida.

— Obrigada, mãe — falei. — Vou me comportar muito bem. Prometo.

— Só fique no telefone comigo. Fique bem aí.

Fiquei feliz de obedecer. Eu só queria a voz tranquilizadora dela no meu ouvido.

— Está tudo bem, Paris. Não saia da linha enquanto damos um jeito nisso.

É engraçado que eu esquecesse sempre que minha mãe é muito mais inteligente do que eu.

Aparentemente, depois da minha primeira fuga, meus pais botaram uma escuta no telefone, porque sabiam que, se eu fugisse outra vez, acabaria telefonando, e assim eles conseguiriam me rastrear.

Senti uma mão firme no meu ombro e, quando olhei, vi um policial.

— Você precisa vir comigo, mocinha — disse ele, e pegou o telefone de mim. — Sra. Hilton? Aqui é o sargento… Sim. Estou com ela. Sim, senhora. Pode deixar.

Eu esperava que ele me botasse em uma viatura, mas não tinha carro nenhum. Ele era um policial de ciclopatrulha. Ele me algemou, subiu na bicicleta e me fez correr atrás dele até a delegacia, que ficava a poucas quadras, mas *fala sério*. Vai tomar no cu, policial de ciclopatrulha. Vai tomar no cu com aquele shortinho horrendo e aquele selim tosco de gel.

Esperei em um banco na delegacia até os Brutamontes chegarem. Eles estavam furiosos. A sra. Brutamontes segurava uma bolsa de gelo no rosto. A camisa dela estava manchada de sangue. Enquanto o sr. Brutamontes conversava com o policial na recepção, ela se abaixou e murmurou, através da boca inchada:

— Vai ze doder, sua bibadinha. Vai ze alepender do que vez.

Quando o policial voltou para recuperar as algemas, eu implorei:

— Por favor, não deixe eles me levarem. Estão tentando me sequestrar. Vão me bater.

— Somos os curadores dela — disse o sr. Brutamontes, e mostrou documentos ao policial. — Como pode ver, ela é uma infratora violenta.

Levei um momento para entender o que ele queria dizer — e que era verdade. A sra. Brutamontes estava bem machucada. Eu tinha feito aquilo e não sentia culpa nenhuma. Ver a mim mesma assim fez eu me sentir ainda mais desconectada da minha vida real. Os Brutamontes me levaram algemada ao aeroporto, e no avião, esmagada entre os dois corpos suados, me senti física e emocionalmente devastada.

Quando chegamos em Ascent, uma mulher fortona de farda militar fez revista íntima em mim e me apalpou bem na frente dos funcionários e de alunos intrometidos. Tinha um clima "corte estilo reco e camuflagem" de supremacista branco naquele lugar: um barracão com guarda, uma área comum com bancos de madeira, um círculo de tendas, uma barraca de rancho com mesa de tronco. No quesito sanitário, tinha só dois banheiros químicos. Em vez de chuveiro, a gente recebia um balde de água fria, uma caneca e um sabonete. Éramos obrigados a nos despir e nos lavar na frente dos funcionários.

De manhã, a gente tinha sessenta segundos para calçar meias e sapatos e guardar o saco de dormir na mochila. Se uma pessoa errasse, todo mundo era castigado. No primeiro dia, tinha caído um fio de cabelo na minha mochila, e por isso bagunçaram as coisas de todo mundo — provavelmente só para garantir que me odiassem. De café da manhã, comíamos um cereal seco com leite obviamente estragado. Tentei jogar fora o leite azedo, mas o líder de equipe falou:

— Coma, senão vou enfiar goela abaixo.

A Fortona bateu na minha cabeça.

— Fiquem de olho nessa aqui.

O programa era semelhante ao da CEDU, só que as meninas eram chamadas de Otters, lontras, e os meninos, de Tatankas, bisões. As meninas e os meninos não podiam se olhar. Estavam construindo outro acampamento ali por perto, então passávamos os dias indo e vindo daquele local, carregando lenha e cavando buracos. Toda noite, lavávamos as meias. Se elas não secassem a tempo, ficávamos sem. Levei alguns dias para aprender um bom método, então meus calcanhares ficaram ralados, cheios de bolhas ensanguentadas.

Às vezes, as crianças desmaiavam e era preciso carregá-las de volta ao acampamento. Algumas vezes, nunca mais víamos aquela pessoa de novo. E uma menina que voltou de uma breve visita ao hospital me contou:

— Fiquei algemada o tempo todo. Ninguém na emergência falou comigo.

Fazer perguntas ou reclamar resultava em tapas na cara, e faziam questão de mostrar para todo mundo. Tinha jovens que levavam socos, eram esganados ou eram arremessados no chão, de cara esmagada na terra, com um funcionário ajoelhado no pescoço. Nos mantinham assustados e famintos. Se o leite estivesse estragado e não desse para comer o cereal, era preciso carregar a comida o dia todo até comer.

Semanas se passaram. Um borrão de dor, sofrimento e rigidez. Eu analisava o território constantemente, procurando qualquer possibilidade de fuga. Sabia que morreria se ficasse ali, mas andar sozinha pelo mato parecia impossível. A maioria dos alunos me apavorava, mas minha colega de barraca parecia legal e obviamente estava sofrendo tanto quanto eu, então nos aproximamos.

Certa noite, eu falei:

— Não quero deixar você sozinha, mas preciso ir embora daqui.

Ela concordou, e fizemos um plano. Antes de dormir, ela foi usar o banheiro, e, alguns minutos depois, Fortona chamou:

— Hilton, vem cá.

Eu saí, e ela perguntou:

— O que está acontecendo? O que vocês estavam cochichando aí?

— Nada — falei.

— NÃO — urrou ela. — Fale a verdade.

— Não tem nada acontecendo. A gente só...

Fortona me arrastou até a luz da fogueira e me obrigou a me sentar em um tronco enquanto ela andava em círculos e me xingava.

Aquilo acontecia em Ascent. Era preciso ficar horas sentado naquele tronco, enquanto as pessoas berravam, cutucavam a gente e davam tapas na nossa cabeça, até a gente confessar alguma coisa. Normalmente, eu inventava uma coisa pouco grave, tipo "joguei meu cereal no mato", sei lá. Daquela vez, não ia adiantar. Fortona me fez passar a noite toda naquele tronco. Eu estava tremendo de frio e exausta depois de um dia inteiro de trabalho braçal, mas fiquei sentada e não falei nada, porque não queria causar problema para minha colega. Só de manhã entendi que era minha colega quem tinha me dedurado.

Quando as pessoas acordaram e nos encontraram ainda ali, naquele impasse, Fortona surtou. Ela precisava mostrar que conseguia me dominar. Todo mundo se agachou nas entradas das tendas, de olhos arregalados de medo, e ficou vendo ela me estapear e estrangular, gritando com aquele bafo quente na minha cara.

— Se você fugir, dizer uma palavra sobre fugir ou tentar ser má influência para as outras crianças, vou transformar sua vida em um inferno, entendeu? Você *nunca* vai ir embora daqui. Vou *enterrar* você aqui, e vão estar todos pouco se fodendo. Seus pais te *odeiam*. Enfie isso na sua cabecinha burra e mimada! *Você é minha.*

Nem consigo tentar fazer graça disso, ou fingir que fui durona. Aquela mulher me metia um medo tremendo. Eu chorei e supliquei para ela parar e, todo dia depois daquele, fiz tudo que ela me mandava. Trabalhei sem parar, comia as merdas que me davam e nunca mais falei nada de fugir. Fiz o papel de uma personagem conhecida: a menina rica e besta. A loira burra que esperavam que eu fosse. Fingia ficar animada se visse um alce e não falava nada com ninguém, a não ser quando era forçada a participar dos rituais insanos.

Anos depois, quando finalmente tomei coragem de pesquisar sobre esse lugar, fiquei muito feliz ao saber que foi fechado. Crianças tinham morrido lá, e muitos processos finalmente começaram a aparecer. Mas outros lugares iguais surgiram. É enlouquecedor pensar na magnitude do problema... e no fato de que muita gente sabe disso há muito tempo.

Em outubro de 2007, Gregory D. Kutz, diretor-gerente de auditoria forense e investigação especial do Tribunal de Contas da União dos Estados Unidos, e Andy O'Connell, diretor assistente, testemunharam diante da Comissão de Educação e Trabalho da Câmara e apresentaram um relatório: "Residential Treatment Programs: Concerns Regarding Abuse and Death in Certain Programs for Troubled Youth" ["Programas de tratamento residencial: Preocupações em relação a agressão e morte em certos programas para jovens infratores"].

Sob o subtítulo "What GAO Found" ["Descobertas do TCU"]:

O TCU descobriu milhares de alegações de agressão, algumas das quais levaram à morte, em programas de tratamento residencial ao redor do país e em instituições de propriedade e administração dos Estados Unidos no estrangeiro, entre os anos 1990 e 2007. [...] O TCU não conseguiu identificar um número concreto de alegações, porque não localizou um único site, agência federal, ou outra entidade que reúna dados nacionais abrangentes.

Fortona não estava mentindo. Ela podia mesmo ter me enterrado lá, e nenhuma autoridade oficial saberia nem ligaria.

O relatório cita um exemplo dolorido atrás do outro:

- Maio de 1990: sexo feminino, quinze anos, após relatar sintomas de desidratação ao longo de dois dias de trilha; foi deixada em estrada de terra por dezoito horas até morrer;
- Setembro de 2000: sexo masculino, quinze anos, passou 45 minutos com o rosto esmagado na terra; morreu de ruptura arterial no pescoço;
- Fevereiro de 2001: sexo masculino, catorze anos, tentou cometer suicídio por ruptura arterial com canivete oferecido pelo acampamento (canivete não foi confiscado); enforcou-se na tenda no dia seguinte;
- Julho de 2002: sexo masculino, catorze anos, morreu de insolação durante trilha; funcionário se escondeu atrás de árvore para observar se era "fingimento"; conferiu os batimentos cardíacos após a criança passar mais de dez minutos desacordada;
- Novembro de 2004: sexo masculino, quinze anos, forçado a carregar saco de areia de nove quilos pendurado no pescoço como castigo por ser "fraco demais"; sofreu colapso e morreu; autópsia revelou hematomas no corpo inteiro.

A lista continua, incessante, que nem um loop de beatbox, e nem inclui os milhares de jovens que sofreram essas condições horríveis e sobreviveram.

Eu já testemunhei diante de comissões da Câmara, então sei como é apresentar esse tipo de informação em uma sala de reuniões fria, diante de um mar de homens de ternos escuros. A maioria deles está ali porque sinceramente quer fazer a diferença, mas, depois de um tempo, eles parecem insensibilizados. É impossível para eles ver essas estatísticas como *crianças*... mas, para mim, é impossível ver essas crianças como estatísticas.

Eu vejo aquela criança. Eu conheço aquela criança.

Eu *sou* aquela criança.

Depois de uns dois meses em Ascent, eu estava afiada e estoica como a lâmina de um machado. A realidade horripilante do banho de balde sob observação se tornara normalizada. Eu aprendi a aguentar um tapa na cara: era só me mover no sentido do impulso, em vez de tentar me esquivar. Não sentia mais arder quando falavam que meus pais me odiavam, ou diziam que eu viraria uma puta viciada em crack e morreria na sarjeta sem nenhum futuro. O que isso poderia querer dizer? O único futuro em que conseguia pensar era sobreviver a mais um dia naquela porra de montanha.

Carregar mais lenha.

Cavar mais buraco.

Tremer descontroladamente por mais noites.

Um dia, nos disseram que era hora de um negócio chamado "Track", ou talvez "Trek", uma trilha por montanhas em Montana. Ofereceram um treinamento de sobrevivência superficial: como arrumar mochilas de 35 quilos, armar barraca na neve, acender fogueira, encontrar água; uns negócios ao estilo *Largados e pelados*, que seria difícil mesmo se a gente *quisesse* fazer, e nenhum de nós queria. Fortona não parava de dizer que Track/Trek era incrível e transformador, e eu fingi me animar, mas, por dentro, só pensava: *Não*.

Eu andava observando os movimentos da lua. Às vezes, a noite era um breu; outras vezes, a lua brilhava tanto que dava para ver nossa sombra a caminho do banheiro. Às vezes, de manhã, a névoa que subia do desfiladeiro era tão espessa que não dava para enxergar sequer uma árvore a três metros da minha frente. Eu calculava as vantagens e desvantagens, a oportunidade de me esconder em comparação com a capacidade de atravessar o máximo de distância no máximo de velocidade. Monitores nos advertiam quanto a animais selvagens, mas ursos e suçuaranas me davam menos medo do que aquela gente perversa. Tentei encontrar coragem de fugir sozinha, mas, no último minuto, desistia. Às vezes é mais corajoso confiar em alguém.

Tinha uma menina jovem que chegara recentemente e andava sofrendo muito, discutindo e sendo espancada. (Vamos chamá-la de Tess.) Certa noite, sussurrei para ela:

— Vamos fugir daqui. Eu aviso quando for a hora.

Tess concordou, assustada, mas decidida.

Às duas da manhã, partimos por entre as árvores, descendo a montanha até uma estrada de terra. Ela tinha dificuldade de manter o ritmo, e eu a encorajava que nem um treinador de futebol.

— Continue! Você consegue! Não podemos desacelerar!

Depois de um tempo, chegamos a um pequeno grupo de trailers espalhados ao redor de um campo sujo de latarias velhas e máquinas enferrujadas. Nós nos esgueiramos por entre as coisas, espreitando pelas janelas. Dentro de um dos trailers, vimos uma mulher sozinha, lendo um livro grosso à luz da luminária. Ela tinha uma trança comprida e grossa, preto-carvão e cinza-aço, e um cachorro grande enroscado a seus pés. Ela gostava de cachorros. Achei que talvez fosse de confiança.

Quando bati na porta, ela abriu e não pareceu especialmente surpresa nem curiosa. Soltei uma história inventada, na minha voz de menininha.

— Mil desculpas por incomodar a senhora. Eu e minha amiga fomos acampar com uns meninos, e eles ficaram muito bêbados e tentaram nos estuprar, e não temos aonde ir...

E assim por diante.

Não sei se ela acreditou, mas não perguntou mais nada, então deve ter aceitado a história como a contei, ou sabido que a verdade era horrível demais para ser dita.

— Vocês devem estar congelando — falou. — Entrem, entrem.

Ela nos levou para dentro, nos embrulhou em cobertas, nos deu água, queijos quentes e chocolate quente. Ela nos deixou usar seu banheirinho maravilhoso, com vaso e pia de verdade. Quando saí do paraíso particular de um banho quente, vi que ela tinha deixado roupas limpas para mim na cama.

Na bancada, tinha uma cestinha de plástico com uma variedade básica de cremes e maquiagem. Passei hidratante na minha boca rachada e um toque de rímel preto nos cílios. Ao olhar o espelho pela primeira vez em vários meses, mal me reconheci. Dureza. Tristeza. Dá para ver se comparar fotos minhas antes e depois disso tudo acontecer.

Quando Tess saiu do banho, o sol estava nascendo.

— Vão saber que fugimos — sussurrei. — Precisamos ir embora.

A mulher me deixou usar o telefone para ligar para alguns amigos em Los Angeles. Um amigo meu comprou nossas passagens de trem, e nossa fada madrinha nos levou à estação ferroviária.

— Boa sorte.

Ela nos abraçou e foi embora.

Ainda não entendo por que ela fez isso por nós, mas tenho gratidão eterna. É muito raro ver alguém ajudar sem julgamento. É nosso costume duvidar das pessoas, esperando o pior. *O que essa menina fez para apanhar do namorado? Por que esse drogado não arranja um emprego logo?* Talvez seja assim que a gente se tranquilize achando que nunca estaremos naquela situação. Em retrospecto, vejo que essa mulher agiu por puro instinto. Sem hesitar. Só gentileza humana, pura e simples. Não há palavras para expressar a importância disso para mim. Quando perco a fé nas pessoas — quando o amor parece impossível, e parece que qualquer pessoa que eu não precise pagar por algo vai me abandonar —, penso nessa mulher, e sei que há bondade no mundo.

Tess e eu ficamos discretas, esperando o trem. Não era uma estação cheia, que nem em Londres ou Paris, onde dá para se misturar à multidão; era um postinho minúsculo, do lado de um monte de feno. Tinha talvez meia dúzia de pessoas por ali. O atendente da bilheteria não parava de nos olhar. Finalmente chegou nosso trem e corremos para entrar, mas dois Capangas Camuflados da Ascent bloquearam nosso caminho na plataforma.

Então, esqueça essa história de bondade no mundo. O mundo é uma merda.

Agarrei a mão de Tess e nós duas trememos.

De volta ao acampamento, fizeram todo mundo se sentar nos troncos. Tirar a roupa. Revista íntima. Um dos caras que sempre ficava de olho em mim na hora do balde e do sabonete falou:

—Agora vocês vão ver o que acontece quando fogem.

Pelo sorriso nojento dele, achei que fosse me estuprar bem ali, na frente de todo mundo.

Graças a Deus, ele só nos encheu de porrada.

11

NÃO SEI O QUE ACONTECEU COM TESS, mas passei muitas das semanas seguintes fingindo que eu estava *muuuuuuuuito*, muito arrependida de fugir. Falei para o Capanga Camuflado que a porrada dele tinha me feito pensar muito em mim mesma e que, mais do que qualquer outra coisa, tudo que eu queria era a experiência maravilhosa e transformadora de Track/Trek. E não estava só dizendo isso porque achava que teria outra oportunidade de fugir. Não paravam de me dizer que eu poderia voltar para casa depois de Track/Trek. Diziam que era assim a "formatura" de Ascent, e eu acreditava, porque os jovens que tinham ido no Track/Treck do qual eu e Tess tínhamos fugido… não estavam mais lá.

— É um momento lindo — disse Fortona. — Você corre o último trecho e, quando chega ao fim da trilha, seus pais estão lá para comemorar.

Eu me agarrei àquela imagem: o momento em que veria meus pais. Na CEDU, eu pensava constantemente na minha casa, em Nicky e nos meus irmãozinhos, e em como a vida no Waldorf era maravilhosa. Naquele momento, porém, tinha bloqueado aquilo tudo da memória. Ficava triste demais. Só me esforcei horrores por outra oportunidade de Track/Trek.

Quando chegou a hora, eu arrasei na maratona de trilha que durava três semanas, subindo e descendo montanhas nevadas, carregando minha mochila de 35 quilos. (Não estou exagerando. Todo dia nos diziam: "A mochila tem 35 quilos, então usem bem as pernas para levantar".) Chegamos ao acampamento e construímos uma sauna — galhos grandes amarrados em uma estrutura circular, coberta de lona —, e então o pessoal de uniforme camuflado nos conduziu em uma versão falsificada de um ritual teoricamente indígena.

Esse ritual durou dias. A gente ficava sentado em círculo ao redor do fogo e só podia sair da sauna para ir ao banheiro — só que ninguém precisava ir ao banheiro, porque não haviam nos dado comida nem água, e estávamos todos suando em bicas. Fomos proibidos de dormir por 72 horas. Se um adolescente desmaiasse, nós o arrastávamos para fora, até a neve, para reanimá-lo, e depois voltávamos. Era nosso único momento de ar fresco, então eu ficava rezando para alguém apagar, mesmo que fosse eu.

Todos choramos. Tossimos. Não falávamos coisa com coisa. Meus olhos e meu nariz queimavam de fumaça e sono. Eu ouvia a voz da telefonista.

Chamada a cobrar de Star. Aceita a ligação?

Chamada a cobrar de Star. Aceita a ligação?

E aí minha cabeça balançava, me arrancando do sono de repente. Eles nos obrigaram a dizer e fazer um monte de bizarrices: cantar, gemer, uivar, tocar tambor, passar pedras de um lado para o outro… sei lá. Eu não entendia. Era um absurdo. Se existir um ritual indígena autêntico em que essas coisas têm significado, por favor, não fiquem bravos. Não desrespeito isso. De jeito nenhum. O que quero dizer é que não estávamos em condições de entender nem apreciar nada disso, e os Capangas Camuflados não estavam nada qualificados para liderar o processo.

Enfim, eu suportei, concentrada naquele "último trecho" onde meus pais me esperavam.

Quando cheguei, Fortona estava toda alegre.

— Você conseguiu, Paris! Você se formou!

— Eu vou para casa — falei. — Cadê meus pais?

— Eles vão encontrar você em Redding e levar você para Cascade.

— Cascade… O quê…

— Você ainda tem mais um ano para cumprir o programa.

Então… uau. Tentando encontrar as palavras.

Naquele momento, só me importava ver meus pais. Eu precisava fazê-los entender que eles estavam sendo manipulados por alguém que era ainda melhor nisso do que eu. Fortona me deu umas roupas, e eu me limpei como foi possível, mas ainda me sentia nojenta quando entrei no carro com meus pais em Redding.

Meu pai estava elegante e arrumado, como sempre. Minha mãe cheirava a um canteiro de lavanda no quintal de Deus. Eu queria só deitar a cabeça no colo dela e morrer enquanto ela fazia cafuné em mim e me dizia como estava feliz de me ver. Quando ela mencionou o outro programa da CEDU, eu implorei e chorei.

— Mãe, por favor, por favor, *por favor* me leve para casa.

— Você vai gostar desse lugar — falou. — Olha. É muito bonito.

Ela me mostrou uma brochura estampada com estudantes felizes, grama verde, uma casa chique, e acima se abria um arco-íris contendo as palavras *The Cascade School*.

Mais uma vez, cito o material promocional:

Como comunidade, reconhecemos o verdadeiro potencial da humanidade e a nobreza da luta por um mundo são, cuidadoso e esclarecido.

Puta que pariu.

— Mãe, não posso — falei. — Estou literalmente vivendo no inferno. Esses lugares são uma loucura. Essa gente está mentindo!

— Não vamos perder tempo discutindo — disse minha mãe. — Isso é difícil para todos nós. Temos que ser fortes. Só falta um ano para seus dezoito. É nossa última chance de *salvar* você. Temos que ir até o fim.

Ela tinha sido preparada para aquela conversa. Se os pais expressassem qualquer dúvida ou medo, os monitores insistiam no roteiro da CEDU: *Não acreditem em nada que sua filha diz. Ela vai inventar histórias e dizer que está sofrendo agressões. Ela vai dizer qualquer coisa para voltar à vida antiga — uma vida que acabará com ela morta ou presa. O único jeito é a disciplina. Vocês precisam de força para salvar sua filha.*

Eles insistiam na ideia daquele compromisso de dois anos. Seu filho só estava "curado" se o seguro parasse de pagar e você não tivesse dinheiro para continuar. Eles viam meus pais como um bolso fundo e usavam minhas tentativas de fuga — especialmente o momento em que eu chutei a porta na cara da transportadora — para convencer meus pais de que eu estava em uma trajetória perigosa. Era para eu agradecer minha sorte: ninguém tinha me denunciado à polícia, e eu estava a caminho de um lindo retiro nas montanhas, em vez de uma detenção de menores infratores.

Eu não sabia o que fazer. Só chorei. Minha mãe fazia cafuné em mim, murmurando palavras suaves de conforto. Ela beijou minha cabeça.

— Meu cabelo está um nojo — falei. — Já cresceram uns dez centímetros de raiz.

— Merecia mesmo um corte — disse minha mãe. — Muitas pontas duplas.

Eu me endireitei, engolindo as lágrimas e tentando parecer boazinha, e falei:

— Podemos, por favor, parar em algum lugar? A caminho da escola. Deve ter algum lugar. Se for passar um ano inteiro lá, preciso no mínimo fazer luzes nessas raízes, para crescer sem ficar esse horror.

Minha mãe concordou, e encontramos em um lugar em Redding: um salãozinho fofo na casa da cabeleireira, nos limites da cidade. Antes de entrarmos, eu abracei meu pai.

— Te amo, pai.

— Também te amo, Starry — disse ele, me abraçando por um momento. — Espero que você saiba que estamos só fazendo o melhor para você.

Sorri para ele e falei:

— Eu sei, papai.

Eu e minha mãe entramos no salão. Fiquei perto dela até ser minha vez, quando pus o avental e bati papo, sorridente, com a cabeleireira que embrulhava minhas raízes em papel-alumínio.

— Preciso usar o banheiro — falei. — Já volto.

No banheiro, arranquei o avental, meti um revisteiro embaixo da maçaneta e pulei a janela.

Corri que nem louca, arrancando o papel-alumínio do cabelo e enfiando no bolso. Vi uma rodoviária e entrei no banheiro. A água oxigenada estava com um cheiro bem forte, e meu couro cabeludo começava a arder, então botei a cabeça na pia minúscula e joguei água no couro cabeludo ardido. Lavei o cabelo como pude, desembaracei com os dedos e o prendi em um coque apertado no topo da cabeça.

Contei o dinheiro que tinha roubado da bolsa da minha mãe, dei uma olhada nos horários dos ônibus e calculei o tempo que levaria para chegar a Los Angeles. Apesar de não ser o trajeto mais direto, peguei o primeiro ônibus que saía de lá, encontrei um lugar no fundo e me encolhi abaixo da janela até o ônibus sair da cidade.

Acho que a primeira parada foi em Chico. Um policial entrou e conversou um pouco com a motorista, que riu e sacudiu a cabeça. O policial saiu, e a gente seguiu, nunca chegando à velocidade que eu gostaria. Fiquei encolhida, com o coração a mil. Finalmente, acabei pegando no sono, de joelhos contra o peito e cobrindo a cabeça com os braços. Só notei que paramos outra vez ao sentir um toque firme no ombro. Abri os olhos e encontrei um policial.

— Preciso que venha comigo, srta. Hilton.

— Cadê minha mãe? Quero falar com minha mãe.

— Ela está bem chateada — disse o policial. — Uma das monitoras da sua escola está aqui e vai levar você de volta ao campus.

Nem perdi tempo com súplicas. Fui com a mulher, que parecia muito a Fuinha. Mesmo cabelo sem vida, mesma expressão abatida. Passamos mais ou menos uma hora no carro, dando voltas por uma floresta escura de pinheiros cheirosos, um lago congelado e montanhas escarpadas. Paramos por um instante diante do portão de ferro enorme. Tinha uma pedra grande lá, gravada com letras douradas: CASCADE SCHOOL.

O prédio principal era outra construção grande, com cara de choupana/chalé. Eles me deram um livro de regras. Mesmo estilo de CEDU de Running Springs: trabalho, telefonemas monitorados, Raps e Propheets. Não senti nada quando o monitor me mandou tirar a roupa. Eu me agachei, tossi e suportei a revista íntima sem chorar. Vesti a roupa cor-de-rosa e acompanhei minha nova "irmã mais velha" ao nosso quarto.

Ela apagou as luzes, e esperei até ela parecer estar dormindo. Foi só então que finalmente me permiti tocar o rolinho estreito de dinheiro enfiado no meu coque. O dinheiro estava bem apertado, fino que nem uma chave.

A autobiografia 153

Sabe, eu tinha aprendido que as revistas íntimas eram para invadir, não investigar. Era uma demonstração de poder sobre todas as partes do nosso corpo, então se concentravam nas partes íntimas — as partes que, por instinto, tentávamos proteger. Alguns dos monitores obviamente gostavam daquilo. Nem fingiam. As revistas íntimas, que nem qualquer tipo de agressão sexual, era por interesse deles, e não da pessoa com quem faziam aquilo. Quando entendi isso, ficou mais fácil enganá-los.

Criei uma estratégia para esconder o dinheiro enquanto esperava minha próxima oportunidade de fuga. Não era muito. Uns duzentos dólares. Mas era meu. Meu lindo rolinho de dinheiro. Saber que tinha aquilo me dava uma leve onda de felicidade. Dinheiro era esperança. Dinheiro era liberdade.

Um dia, decidi, *vou trabalhar muito e ganhar muito dinheiro. Tipo, 1 milhão de dólares. Aí vou estar em segurança, e que se foda confiar em mais alguém.*

Passei os dias em Cascade trabalhando em uma construção, tentando não ser notada. Passaram-se semanas. Talvez um mês. Um dia, uma menininha magrela veio falar comigo enquanto catávamos pedras. Não lembro o nome dela; na minha memória, era sempre Ratinha.

— Você vai fugir, né? — cochichou ela.

Não falei nada. Nem olhei para ela.

— Me leve com você — pediu Ratinha. — Se eu ficar aqui, vou morrer.

Merda.

Ela era muito magra, muito pequena — mal batia no meu ombro, talvez tivesse ainda uns catorze anos —, e chorava muito. Vivia sendo dilacerada nos Raps por "seduzir" o tio e forçá-lo a fazer coisas ruins. Ela ainda não tinha aprendido que era preciso dar a eles uma distração. Tipo: "Ah, eu me odeio porque minha família toda é vegetariana, e eu ia escondida ao Burger King". Deixar todos caírem matando em cima disso. "Piranha! Comedora de animais! Assassina de vacas!" Porque, se tentarem acabar com você por alguma coisa que não é verdade, e daí? Quer dizer, é chato. Ainda dói. Mas é muito pior quando atacam quem você é de verdade. Se eles meterem as garras em alguma coisa sincera, a vergonha agarra você por dentro, e você se torna sua pior inimiga. (Aplique isso conforme necessário para trolls na internet e blogs de fofoca.)

— Por favor, me leve junto — disse Ratinha. — *Por favor.*

Caceta. Isso complicava a situação, mas eu não podia abandoná-la. Eu sabia como era ser deixada para trás, sabia que a moça da trança preta comprida teria dito "claro" e a ajudado sem hesitar. Eu queria ser que nem ela, não que nem as pessoas todas que faziam vista grossa.

Certa noite, quando a lua estava forte e clara, eu e Ratinha demos no pé. Arrastei-a montanha abaixo, apertando o bracinho magrelo dela com a mão. Sem misericórdia. Sem parar. A gente precisava voltar àquela rodoviária. Era nossa única saída.

Finalmente, vi uma loja de conveniência 7-Eleven.

Amo a 7-Eleven. Fica aberta a noite toda. Já estava quase amanhecendo.

— Precisamos de um disfarce — falei para Ratinha.

Eu estava sendo cautelosa com a grana, mas comprei um rímel marrom barato e usei para engrossar nossas sobrancelhas até formar monocelhas pesadas. Pintei bigodes, e até desenhei em mim um cavanhaque fino. Alisamos o cabelo embaixo de bonés e gorros de moletons que achamos em liquidação e subimos em um ônibus, tentando andar que nem *beat boys*. (Honestamente, pensar nisso agora me faz rir.) Nós nos encolhemos nos assentos e passamos o trajeto longo em silêncio. Dez ou doze horas depois, chegamos a Los Angeles e desaparecemos na cidade.

Meu amigo deixou a gente se hospedar na casa dele em Bel-Air, a poucos minutos da casa de Jaclyn Smith onde moramos quando eu era pequena. Nos primeiros dias, só fiz dormir, comer, e ouvir música. Eu e Ratinha passamos horas na frente da televisão, absorvendo todas as coisas interessantes que perdemos. Quando pareceu seguro sair, fui ao Whiskey Bar no Sunset Marquis Hotel, onde todos os rockstars se hospedam. Eu me sentei em um canto, balançando a cabeça ao som de "Lovefool", do The Cardigans. Cantei junto com a música, em voz alta e alegre. Eu me sentia segura e plenamente viva, perdida na multidão.

Love me, love me, say that you love me
Fool me, fool me...

Criei uma personagem chamada Amber Taylor, em homenagem a Amber Valletta e Niki Taylor. Estilo supermodelo. Revirei looks adequados em brechós e comprei peças de cinco dólares nos camelôs do distrito da moda no centro de Los Angeles. Amber usava principalmente preto. Roupas largas de skatista. Estilo Hot Topic: peruca vermelha comprida, piercing falso no nariz e um braço coberto de tatuagens falsas. Amber ia além de um disfarce; era uma pessoa completamente diferente. Umas férias de mim mesma. Amber nunca tinha sido drogada, revistada nem espancada. Ela era esperta e ousada, e eu adorava sê-la.

Meu dinheiro não durou muito, e eu tinha medo de ficar tempo demais no mesmo lugar, então liguei para um amigo em Nova York — vamos chamá-lo de Biff —, e ele comprou uma passagem de avião para eu ir a Connecticut, onde ele morava com os pais.

O único problema era Ratinha.

— Pago sua passagem — disse Biff —, mas você não pode trazer essa menininha. Seria sequestro. Ela é menor de idade. Eu poderia até ser preso.

Adiei o quanto pude, mantendo o plano em segredo. Na manhã antes de ir embora, levei Ratinha para tomar café na lanchonete Denny's. Quando chegou a conta, dei todo meu dinheiro para ela e falei:

— Cuida disso. Preciso ir ao banheiro.

Sem nem olhar para trás, peguei um corredor estreito e, em vez de ir ao banheiro, passei pela porta que dizia EXCLUSIVO PARA FUNCIONÁRIOS. Passei correndo pela área de caixas e engradados de comida, escapei por uma porta dos fundos que dava nas lixeiras e corri o mais rápido possível pelo boulevard La Cienega até ver um ônibus parar no ponto. Normalmente, dava para entrar escondida no ônibus se abrissem a porta de trás e muita gente fosse sair.

Eu me encolhi entre os assentos, contendo as lágrimas, me obrigando a me concentrar na estratégia para passar pelo aeroporto. Mas a culpa me carcomia.

A culpa me carcome até agora. Depois de tantos anos.

Ao longo dos anos, tentei não pensar naquela menininha magrela na cidade imensa e impiedosa. Quando penso no destino mais provável para uma menina como ela, quero vomitar. Eu estava tentando salvá-la, mas acabei jogando-a aos lobos. Rezo para ela ter encontrado alguém mais capaz de ajudá-la. Espero que ela tenha crescido bem e que tenha conseguido me perdoar.

Ratinha, se você estiver por aí, quero pedir desculpas por abandonar você. Eu estava desesperada e não sabia mais o que fazer.

Eu não comi nem dormi até chegar a Connecticut. Vou poupar os detalhes, mas foi uma viagem apavorante.

Os pais de Biff toparam que eu passasse um tempo na casa deles, o que achei incrivelmente gentil. A mãe de Biff parecia meio incomodada com aquele negócio de Amber Taylor, mas foi muito simpática comigo. Passei uns dez dias, provavelmente, no quarto de hóspedes. Talvez duas semanas. Foi o suficiente para dormir bastante e ver muita televisão: *Arquivo X, Plantão médico, South Park* e *Buffy, a caça-vampiros*.

Um dia, Biff sugeriu que a gente fosse à cidade almoçar. Fiquei relutante, pensando nos paparazzi que me pegavam na saída das festas de madrugada. Eu não tinha tanta certeza de que Amber Taylor enganaria aqueles caras, mas Biff me convenceu de que era bobeira. Ele me levou a uma lanchonete no Upper East Side. Sentada ali, estava pensando em como amava Nova York quando meu pai chegou, acompanhado de dois capangas de transporte.

Merda.

Eu não falei nada. Não me mexi. Biff ficou olhando a mesa.

— Não me odeie — cochichou ele.

— Não odeio — falei.

Achei que fosse carma por ter largado Ratinha.

Mais uma lição: fosse lá o que acontecesse dali em diante, eu ficaria melhor sozinha. Sempre.

Meu pai parou ao lado da mesa, bloqueando minha saída. Inspirei o cheiro do terno engomado, e queria abraçá-lo e dizer como estava com saudade dele, da minha mãe, de Nicky e dos meninos. Mais do que jamais quisera qualquer coisa, queria que meu pai me abraçasse e me levasse para casa.

— Vamos lá, Paris — falou baixinho, sem querer causar escândalo.

Senti um nó quente na garganta. Falei:

— Meu nome é Amber. Você deve estar me confundindo com alguém.

— Pare de ridículo — disse ele. — Sei que é você.

— Não. Não sou quem você acha que sou.

É triste pensar em como aquilo era verdade.

— Você não me conhece — continuei. — Eu não te conheço.

Eu segurei a beira da cadeira, mas o transportador agarrou meu braço e me arrancou dali. Comecei a espernear e berrar. Os capangas começaram aquilo de "jeito fácil/jeito difícil", e eu não podia ir do jeito fácil, porque sabia que iam me levar a Provo. Surtei com eles, atacando e me debatendo. Eu não tinha expectativa de conseguir fugir; só queria dar trabalho para aqueles escrotos.

Ei — mudando de assunto, mas não tanto assim —, você já viu *Repo! A ópera genética*?

Em 2006, eu queria fazer alguma coisa completamente diferente. O produtor Mark Burg, da Twisted Pictures, me procurou com a ideia mais estranha que eu já ouvira: uma ópera rock épica e sangrenta, na tradição de *Tommy*, *The Black Parade* e *Quadrophenia*. Uma mistura de *Jogos mortais* e *Moulin Rouge*.

Repo! A ópera genética se dá em um mundo distópico no qual a raça humana sofre com uma epidemia de falência de órgãos genética. Então, as pessoas precisam comprar órgãos para transplante e, se não conseguirem pagar, os órgãos são retirados da pessoa transplantada e recuperados pelo assassino diabólico Repo Man, que, na verdade, é apenas um pai tentando proteger a filha, Shilo. Enquanto isso, Rotti Largo — o titã megarrico e desumano que comanda esse mundo de pesadelo — descobre que está morrendo e tem que decidir qual dos seus filhos perturbados vai herdar todo seu dinheiro e poder: o sádico Luigi, o louco Pavi ou a frívola Amber Sweet.

Passei várias semanas estudando o roteiro e trabalhando na música com Roger Love, o treinador vocal que me explicou como o nervosismo manifesta aquela vozinha de bebê da qual não consigo me livrar. Fiz um teste com Mark e o diretor, Darren Lynn Bousman, que produziu e dirigiu três dos filmes de *Jogos mortais*, e eles queriam que eu fizesse o papel de Amber Sweet. Foi uma honra trabalhar com Paul Sorvino (pai de Mira, *Os bons companheiros* etc.), no papel de Rotti Largo, e Sarah Brightman (*O fantasma da ópera*), no papel de Blind Mag, que arranca os próprios olhos e acaba empalada em uma cerca. É esse tipo de cena.

O roteiro pedia para Amber Sweet cantar sobre tudo — tipo, literalmente cantar até o rosto desgrudar da cabeça —, então eu precisaria continuar a trabalhar com o treinador vocal todo dia e passar horas na cadeira para fazer maquiagem e próteses. Vários estilos doentios projetados por Alex Kavanagh levam Amber Sweet a se transformar, da filhinha mimada de Rotti, a uma viciada inveterada em transplantes que troca sexo por cirurgia.

Depois de uma estreia de curta duração nos cinemas, o filme foi lançado em DVD. Teve uma exibição especial na Comic-Con em 2010, e, estranhamente, fez muito sucesso na República Tcheca. Lionsgate cuidou da distribuição, e o filme encontrou um nicho próprio, como clássico cult e camp, admirado por muitas das mesmas pessoas que amam *The Rocky Horror Picture Show*. Meninas góticas se fantasiavam de Amber Sweet no Halloween. Eu me conectei com fãs completamente diferentes. Tenho muito orgulho dos momentos que vivi durante o musical. A trilha sonora era uma loucura: Rob Zombie, Guns N' Roses, Shawn "Clown" Crahan, do Slipknot. A gente se divertiu muito no set. Tenho muitas lembranças legais.

Repo! é, no fundo, uma história sobre pais e filhas.

Um dos enredos dessa história trata de um homem carinhoso que toma uma decisão terrível: ao tentar proteger a filha frágil, ele a aprisiona em uma mansão sombria. (*"She's been caged up like a monster by her overbearing father"*,* canta o narrador.) O outro enredo trata de um homem terrível que toma uma decisão carinhosa: ao tentar dar poder à filha perturbada, ele sacrifica a própria visão do que deveria ser a vida dela.

No turbilhão da memória e da compreensão, vejo que eu e meu pai nos espelhamos nessas duas histórias.

Pais e filhas. É uma dinâmica difícil. Não conheço ninguém que tenha acertado cem por cento de nenhum dos lados. No fim, nós, as filhas, devemos aceitar que um pai vai além da soma de suas escolhas mais difíceis. Não duvido do amor que meu pai tem por mim. Espero que ele saiba o quanto o amo, o quanto agradeço o conselho e a orientação que ele me deu, e o quanto respeito o papel dele na ópera genética da nossa família.

No fim de *Repo!*, a filha de Repo Man escapa, mas tudo se desenrola em um final desastroso. Em agonia, ele canta:

— *Didn't I tell you not to go out?*

— *You did, you did* — responde ela, triste, mas não arrependida.

— *Didn't I tell you the world is cruel?*

---

* "Ela foi enjaulada como um monstro pelo pai superprotetor." (N. T.)

— *You did! You did!* — canta a filha.*

Mas ela sabe a verdade: ser livre e encarar o mundo com todos seus monstros é melhor do que estar segura e não viver a vida.

Há um momento lindo no último ato, em que os dois pais entendem que suas filhas lindas e loucas nunca estiveram sob seu controle. Eles só podiam dar o exemplo. Só podiam amar, e abrir mão. Assim, abrem mão.

E tudo bem.

Quer dizer, é um horror. Apavorante. Sangrento. Uma tragédia operística. Mas o amor sobrevive. Os pais vivem nas filhas. E, no fim, Amber Sweet domina o mundo.

---

* "Não falei para você não sair?"; "Falou, falou."; "Não falei que o mundo é cruel?"; "Falou! Falou!" (N. T.)

12

DE ACORDO COM MINHA MÃE, meus pais não me mandaram a Provo desinformados. Ela diz que foi ao lugar, fez uma visita guiada e se consultou com um terapeuta, e que nunca falaram de medicamentos, amarras, prisão solitária, nada disso. Situada em um bairro rico, perto de um campo de golfe, a Provo Canyon School parecia um internato conservador com um terreno agradável e instalações bem-cuidadas. A visita guiada não passava pela área onde jovens berravam, amarrados em camisas de força, dormiam no chão e eram trancados nas solitárias.

Para mim, é óbvio que o lugar lembrava mais uma penitenciária ou uma instituição psiquiátrica do que uma escola. As salas de aula pareciam preparadas de última hora para receber visitas. Porém, acredito que meus pais nunca teriam me mandado para lá se soubessem o que acontecia entre quatro paredes.

Lembre-se, era 1997. Os mais modernos tinham, no máximo, internet discada e arrastada conectada a um modem de 56k. Os inventores do Google ainda estavam de zoeira na garagem de uma amiga. Instituições para adolescentes considerados problemáticos se escondiam por trás de marketing esperto e aval em programas de televisão. Acreditando que estavam literalmente lutando para proteger a vida dos filhos, os pais cediam a tutela e uma procuração para cuidados de saúde dos filhos e concordavam em não denunciar suspeitas de maus-tratos. Os "ex-alunos formados", traumatizados, eram ameaçados e calados por meio da vergonha. Os poucos com força para se pronunciar não tinham como se conectar nem contar suas histórias até completarem dezoito anos.

Mesmo hoje, com tantas histórias de sobrevivência na internet, não ouvimos muito das famílias prejudicadas por isso. Alguns pais ficam na defensiva e se recusam a acreditar que cometeram tamanho erro. Outros pais são devorados por vergonha e culpa — especialmente aqueles que acabaram perdendo um filho para o suicídio.

Meus pais passaram pelo inferno. Não sei nem uma fração do que sentiram, nem de como isso afetou Nicky e meus irmãos. A história contada para amigos, parentes e colegas, para disfarçar a verdade, era que eu estudava em um internato em Londres. Ninguém tinha motivo para duvidar. Um dos aspectos doloridos disso tudo é como a situação deve ter sido desoladora para meus pais. Não sei quem — se alguém — sabia o segredo. Quando me encontraram de novo, estavam tão angustiados e exaustos que não correriam mais riscos. Na cabeça deles, Provo era o lugar mais seguro para mim: uma instituição de confinamento. As crianças entravam e só saíam aos dezoito anos.

Os transportadores me levaram algemada a Provo. Subimos de elevador ao andar da enfermaria. No fim do corredor, alguém gritava. Uma menina estava encolhida em um colchão largado no corredor. Os auxiliares de enfermagem se juntaram à escolta e me conduziram a um cômodo de cimento exposto onde me esperava uma chefe de enfermagem de cara de porco e expressão bizarra. Ávida. Voraz. Uma enfermeira pequena e nervosa como um furão falou:

— Vire-se para o espelho e tire as roupas.

A entrada em Provo ia além do que eu vivera em CEDU, Ascent e Cascade. Incluía um exame pélvico completo. Quando tentei resistir, a Porca falou:

— Abra as pernas para a enfermeira, senão vamos mandar alguém segurar você.

A enfermeira Furão usou um espéculo para me abrir e meteu os dedos enluvados em mim. Eu me esforcei para ficar parada e não chutá-la na cara. Alguém me deu um conjunto de moletom desbotado, com o número 127 estampado na blusa. Dali em diante, nenhum funcionário me chamou pelo nome. Para eles, eu era 127, uma unidade numérica na linha de montagem. Eles me deram o livro de regras absurdas de costume e me deixaram em um cômodo de isolamento para estudá-lo.

O livro de regras da PCS expunha um sistema de pontos para atingir níveis variados que permitiam privilégio telefônico semanal e frequentar as aulas, mas, de forma geral, era uma lista absurdamente longa de absolutamente tudo: como abrir a porta, como usar o banheiro, como se levantar e se sentar, como falar e não falar, como se mexer e não se mexer, como marchar como soldados para o refeitório e entrar na fila robótica dos remédios. Se não conseguisse seguir as regras, que eram impossíveis de seguir, as consequências incluíam castigo físico, amarras químicas ou físicas, isolamento em "Obs" (abreviação para observação) e perda de privilégios, dentre eles, visitas e telefonemas.

Você começava no buraco, com, tipo, quinhentos IPS — Investment Points, ou Pontos de Investimento —, e deveria ir trabalhando para perder pontos até chegar ao zero, mas se ficasse de postura curvada, tossisse, arrastasse os pés ou sentisse sono, levaria um tapa na cabeça e ouviria alguém dizer "Classe dez!", o que significava que dez pontos eram acrescidos à conta. Era preciso passar horas sentado e imóvel para perder poucos pontos, e eles podiam arrancar aquele avanço em meros segundos.

Eu não era a única que tinha milhares de IPS. Sem conseguir subir de nível, a gente ficava em Investment [Investimento], e foi onde eu passei quase o tempo inteiro. Não me lembro de ter permissão para sair ao ar livre nenhuma vez. Onze meses sem ver o céu nem respirar ar fresco. Lembro-me de correr sem parar pelo ginásio, tentando ajudar as outras meninas a manterem o ritmo, porque se alguma de nós tropeçasse ou desacelerasse, éramos todas castigadas. Eu esfregava o chão e limpava privadas, tentando melhorar nos IPS o suficiente para poder ligar para meus pais ou participar das visitas de grupo, quando meninos eram trazidos à área feminina e tínhamos permissão de nos sentar ao redor de uma mesa e conversar.

As rebeldes dormiam nos colchões do corredor, de luz acesa e porta aberta. Funcionários vinham vez ou outra nos cutucar para confirmar que estávamos respirando — ou só porque queriam —, então eu nunca dormia de verdade, só ficava em um estado esquisito e agitado de semiconsciência. Meu corpo estava em alerta constante, preparado para acordar ao menor toque. Se eu pegasse no sono, ia a um lugar raso de pesadelo, assombrada pela percepção nojenta de estar sendo observada.

A maioria das pessoas que trabalhavam lá pareciam sentir prazer em degradar crianças e nos verem nuas. Pareciam sentir uma satisfação tarada ao nos bater, empurrar, apavorar e humilhar. Os poucos funcionários que tentavam ser mais decentes não duravam. Ou a decência não durava. Acho que eles precisavam se convencer de que não tinham opção. Eles eram todos (que eu soubesse) mórmons, e a maioria estudara na Universidade Brigham Young (BYU), o que — na cabeça deles — era importantíssimo e os transformava em pessoas superdivinas.

Isso é uma merda. As pessoas usam religião, essa coisa sagrada, para manipular e agredir os outros. Carter e eu somos católicos (oficialmente), e eu acredito em Deus, mas igrejas me dão ansiedade. Prefiro pensar em Deus por conta própria.

Em vez do caos do Rap, Provo tinha "terapia em grupo", na qual nos sentávamos em círculo — atordoadas e sem emoção — e nos atacávamos com indiferença atrapalhada. Estávamos tão sedadas que os gritos e choros eram mínimos, mas o objetivo era o mesmo. Era para nos derrubarmos e dedurarmos. Destruir qualquer possibilidade de confiança. Arrancar qualquer resquício de autoestima. Não fazia diferença se era verdade ou mentira; a gente era recompensada pela crueldade. Éramos obrigadas a nos voltar umas contra as outras, o que nos mantinha isoladas e vulneráveis. Era assustador ver outra pessoa ser estapeada, esganada ou jogada no chão, mas o choque era acompanhado de um calafrio de alívio, porque era outra pessoa. Daquela vez.

Eu chorei muito nas minhas primeiras semanas em Provo, mas, depois de um tempo, perdi a energia. Banhos observados, comida podre, trabalho forçado, gritos incessantes pelo corredor — era essa minha vida. Por que lutar? Eu engolia os comprimidos e encarava a parede com a máscara impecável de uma modelo de passarela. O que estavam me dizendo fazia eu sentir que minha cabeça estava desconectada do corpo. Isso me assustava, então arranjei um jeito de só fingir engolir. Quando me forçavam a abrir a boca para mostrar que eu tinha tomado o remédio, eu deixava os comprimidos abaixo do lábio inferior e esperava a oportunidade de cuspir discretamente em um papel.

Isso funcionou até uma garota me dedurar. Vi quando ela falou com Porca. Porca me olhou. A menina saiu correndo com aquela expressão culpada de *melhor você do que eu* na cara dopada, e eu soube que estava ferrada.

— Um dois sete — disse Porca. — Você se acha bem esperta, né?

— Quero saber o que são esses comprimidos — falei. — Quero saber quem os receitou, e por quê.

— Obs. Doze horas.

— Você não pode me forçar a tomar...

— Vinte e quatro horas.

— Vai tomar no cu!

Quando me virei para ir embora, ela pegou o telefone e falou:

— Dial 9 no Investment.

Em segundos, passos pesados ecoaram pela escada. Comecei a entrar em pânico, porque, quando um monitor invocava Dial 9, você era imediatamente cercada por auxiliares. Ouvi falar que muitos dos auxiliares eram repetentes recrutados do time de futebol americano da BYU. Um *running back* de 110 quilos se machucava e não podia mais jogar, mas ainda era capaz de dominar facilmente uma menina de quarenta quilos e precisava de dinheiro para substituir a bolsa esportiva. Se a gente resistia, um deles arrancava nossa calça, e Porca metia uma seringa de "suquinho de cu" na sua nádega. Não sei o que era a injeção, mas vi meninas desabarem imediatamente quando atingidas. Momentos depois da injeção, elas derretiam que nem algodão-doce na chuva.

Tentei recuar.

— Não, não! Tudo bem. Desculpa! Desculpa! Tudo bem. Vou me comportar. Não preciso de Obs.

— Levem um dois sete à Obs — mandou Porca.

— Vou me comportar! Vou me comportar! Não preciso de Obs!

— Não piore sua situação — disse ela.

Levantei as mãos para mostrar aos auxiliares que não ia resistir.

— Não precisam fazer isso. Juro. Vou me comportar.

— Tire a roupa — mandou Porca.

— Não, não, *não, não, não, não*!

Obs era uma sala de cimento em formato esquisito — não quadrada, nem circular, mas talvez hexagonal —, mais ou menos do tamanho de uma cabine de banheiro público. Não tinha nada ali além de um balde e um rolo de papel higiênico perto do ralo no chão de cimento. À luz da porta aberta, vi sangue e fezes espalhados pelas paredes. Quando bateram a porta, a única luz vinha de uma janelinha fechada por vidro e grade de galinheiro.

Estava congelando. Recentemente, li em algum lugar que a temperatura lá fica entre doze e quinze graus, mas a sensação era de estar em um frigorífico. Tiravam nossa calcinha e nosso sutiã antes de entrarmos, para não podermos usá-los para nos matar. Às vezes, nos davam um shortinho e uma regata feitos de uma espécie de musselina fina. Outras vezes, não. Não lembro de estar usando nada naquela vez.

Andei em círculos, esfregando os braços, tentando me esquentar e me mantendo próxima da luzinha da janela. Uma menina em outro cômodo berrou e berrou pelo que pareceu muito tempo. Ela gritou até perder a voz, e então começou um gemido rítmico que ia e vinha que nem o ruído do mar. Eu relutava em me sentar no chão. Sentia como se tivesse gelo sob os pés, e um cheiro de merda nauseabundo saía do ralo.

Quando não consegui mais andar, me encolhi no canto, dobrei os joelhos e me abracei, esfregando as pernas. Minhas mãos e pés estavam dormentes. Meu abdômen se contraiu em um nó duro. Eu não conseguia nem chorar. Só fazia *piar*, que nem um passarinho bebê que caiu do ninho. Chocada. Sem penas.

É assim que se faz alguém querer se matar com o sutiã.

Trancar qualquer criança em uma cela dessas é maus-tratos infantis. Para uma menina com TDAH, é pura tortura. E tenho convicção de que muitas das crianças nesses lugares estão lá por causa de comportamentos ligados ao TDAH.

Acabei largada no chão, em posição fetal, com os dentes batendo, os músculos ardendo e a cabeça presa em um ciclo sem fim: *Isso é uma merda. Isso é uma merda.* Eu não tinha dúvidas de que ia morrer de hipotermia e minha alma ficaria eternamente aprisionada naquele túmulo de cimento infestado de merda.

O tempo saiu dos eixos, que nem um ombro deslocado.

Silêncio.

A penumbra era tão absoluta que o único jeito de me manter viva foi encontrar uma fonte de luz dentro de mim. Não sei mais como explicar.

Caí para dentro, e encontrei um mundo lindo.

Construí uma casa linda.

Criei uma vida linda.

Não era um sonho nebuloso; era uma visão com especificidade mecânica. Planejei a logística, construí uma lista de possíveis aliados, fiz inventário de recursos e ponderei riscos. Tomei decisões conscientes de playlists, cuidados para cachorros, estruturas de espartilho e notas cítricas em fragrâncias florais. As minúcias me envolveram. Os detalhes me confortaram. Essa arquitetura de amor, música, rosas e tudo de bom me era tão concreta quanto o Waldorf-Astoria era para meu bisavô.

Eu não perdi a noção de realidade... eu a encontrei.

Meu pesadelo na Provo Canyon School era baseado em mentiras e manipulação mental. Meu mundo lindo era orgânico e sustentável porque fluía de quem eu era de verdade. Minha vida de verdade não tinha nada a ver com a existência perversa que aqueles desconhecidos tinham fabricado para mim.

Eis o que acredito: sua realidade está inteiramente disponível; se você não criar sua própria vida, alguém vai criar algo baseado nas próprias concepções e projetar isso em você. Não deixe que façam isso, meu amor. Não deixe que digam que o *algo* deles é maior do que o seu *tudo*.

Pense naquela pintura famosa de René Magritte, que mostra um cachimbo com o texto *Ceci n'est pas une pipe* ("Isto não é um cachimbo"). Lá em 1929, as pessoas viram aquilo e disseram:

— Hum, eu conheço cachimbos, cara, e isso aí é um cachimbo.

Mas não é um cachimbo. É uma *pintura* de um cachimbo.

Magritte não estava nos pedindo para fingir que a pintura é um cachimbo de verdade; estava nos desafiando a aceitar a *realidade* gostosa da arte.

O nome dessa pintura, por sinal, é *A traição das imagens*, o que serve de descrição perfeita para as redes sociais, não serve? Amo criar e consumir conteúdo, mas é possível se perder caso a gente esqueça que *vida* e *imagens da vida* são duas coisas muito diferentes.

Em 2017, colaborei com umas pessoas geniais na criação de *Império de memes*, um documentário que tenta destrinchar a diferença entre quinze minutos de fama na rua Vine e uma carreira sustentável e significativa como artista cênico.

Curiosidade! O diretor, Bert Marcus, é o cara que beijou Nicole Richie naquele jogo de verdade ou consequência do sexto ano, lá no capítulo 2. Viu como roda a espiral? Passado, presente e futuro, sempre conectados.

Voltando a *Império de memes*: algumas pessoas dizem que eu abri a porta da cultura de influência como Pandora abriu a caixa proibida. Estou disposta a assumir esse posto de "influencer original", e não vou dizer que tudo isso é incrível, mas serviu para democratizar espaços artísticos e econômicos. É libertador para muita gente que não podia passar pelas barreiras tradicionais.

A disfunção é assustadora para quem não tem imaginação e *apavorante* para quem se agarra à estrutura de poder tradicional. Não gostam da ideia do futuro pertencer àqueles entre nós que são meio loucos.

Eu não conseguiria colocar isso em palavras aos dezessete anos, e hoje em dia ando ocupada demais para refletir sobre a natureza da realidade, mas, em certo nível, sempre curti a definição expandida de *realidade* de Magritte. Quando ouvia meu pai e meu avô falarem de quantidades imensas de dinheiro envolvidas no mercado imobiliário, sabia que eles não estavam falando de um caminhão concreto de dinheiro. Eu cresci entendendo que propriedade intelectual é um bem tão tangível quanto um hotel. A única diferença é que bens imobiliários são definidos por limites; já a mente criativa é um império ilimitado.

Quando surgiu a realidade virtual — criptomoedas, NFTs, o metaverso —, entrei nessa sem hesitar. Não entendia por que tanta gente resistia. Alguns meses antes de me casar, participei do *The Tonight Show*.

— Não sabia que você gostava de NFTs — disse Jimmy Fallon. — Vocês sabem o que é isso? — perguntou à plateia.

Aplausos discretos indicavam que algumas poucas pessoas sabiam.

— Só umas doze pessoas sabem — disse Jimmy. — Nem eu sei direito. Você pode explicar o que é uma NFT?

— É um *non-fungible token* — falei —, um token não fungível, o que é basicamente um contrato digital na blockchain para vender qualquer coisa, de arte a música, experiências e objetos físicos...

Sugeri que ele podia vender uma piada.

— Está me zoando? — disse ele. — Não consigo nem fazer isso com a minha plateia de hoje.

Riram bastante; então vamos usar isso de exemplo: Jimmy Fallon oferece uma piada e, em troca, recebe gargalhadas. É uma transação, uma coisa trocada por outra. A plateia quer a sensação de rir; Jimmy quer a resposta da plateia, que aumenta sua cotação como comediante. Por isso, tanto a piada quanto a risada têm valor de verdade. Adoro uma grana, mas *valor* nem sempre é *dinheiro*. Diamantes são caros, mas tempo é muito mais precioso.

Tempo é o recurso natural mais valioso que temos.

Provo Canyon School roubou de mim esse bem precioso — meu tempo —, especialmente naquelas horas horríveis na Obs. Tiraram tudo de mim: luz, espaço, conforto, roupas, até meu nome. Éramos proibidas de dançar, cantar, até cantarolar. Eu não tinha tela para pintar, nem argila para esculpir, não tinha como escrever, desenhar, costurar, fazer colagens... nada.

Porém não podiam me tirar o cerne de quem sou como pessoa.

Como criativa.

Minha mente era meu meio. Dentro de mim, eu tinha recursos ilimitados de ritmo, cor e estilo. Sem regras. Sem limites. Sem leis de gravidade ou física.

Criei um mundo futuro, um eu futuro, uma vida futura sem fronteiras.

Foi assim que sobrevivi, enquanto tantas outras crianças se acabaram. Se desligaram. Sempre tinha alguém gritando, amarrado em camisa de força ou confinado sob observação de suicídio. Sempre tinha algum ex-atleta auxiliar me encarando com olhar desconectado. Sempre que ia parar em Obs, eu morria de medo de sair dali que nem uma das meninas que pareciam zumbis, ou que nem os funcionários mortos por dentro, duros demais para sentir qualquer coisa.

Eu tentava não pensar na minha família. Sentia saudade da voz de Nicky, de sua perspectiva prática sobre tudo. Temia que meus irmãos nem se lembrassem de mim. Quando pensava em meus pais, sentia uma raiva tão profunda que mal me reconhecia. Não sabia que era possível amar e odiar ao mesmo tempo alguém com tanto afinco quanto amava e odiava meus pais enquanto estava encolhida naquele chão de cimento, congelando, passando fome, sentindo pedaços da minha alma escorrerem pelo rabo.

Eu me concentrei no meu império interno.

O que eu criaria. Quem eu me tornaria.

Minha vida depois de Provo seria tudo. Em vez de moletons numerados, eu montaria um guarda-roupa de grife e nunca repetiria de roupa. Em vez de olhos vermelhos e rosto machucado, eu teria cílios postiços volumosos, a pele bronzeada artificialmente e um toque de purpurina na bochecha. Em vez de vergonha, eu me encheria de audácia, e ganharia tanto dinheiro e teria tanto sucesso que ninguém nunca mais poderia me controlar. Que se fodesse a confiança. Que se fodesse os meus direitos. Que se fodesse a herança. Eu não aceitaria mais um centavo sequer dos meus pais. Meus bens, meu bem-estar e meu corpo seriam meus e só meus.

Eu vivia de olho naquele pontinho de luz: 17 de fevereiro de 1999. Meu aniversário de dezoito anos. Eu seria oficialmente adulta. E o mais importante: seria livre.

Minha mãe disse que eu passei onze meses na Provo Canyon School: da primavera de 1998 até janeiro de 1999. Sei que passei o Natal lá, porque minha família teve permissão de ir me visitar, e meu pai gravou uns vídeos caseiros constrangedores.

— Esse aqui é o quarto da Starry — diz no vídeo granulado, se esforçando para tudo parecer bem.

Meu irmãozinho passa correndo pela câmera, morto de tédio, o único com a honestidade de dizer que queria ir embora.

Nicky fica de pé, sem jeito, entre as camas, muito mais alta do que eu devido aos sapatos de salto grosso e à postura de modelo. É chocante nos ver juntas. Ela é o retrato de uma adolescente vibrante e querida por todos. O sorriso saudável de uma menina da Califórnia. A confiança sadia de uma nova-iorquina. Eu pareço um peixinho caído do aquário: acabada, emaciada e tímida, com cabelo castanho sujo e um sorriso falso e forçado. Visto calça jeans larga e uma camisa da Abercrombie, roupas compradas para alguém que minha família um dia conheceu.

Minha mãe parece tensa e triste. Ela toca um coelhinho de pelúcia que me mandara na Páscoa, sem entender que era a primeira vez que eu via o objeto. A cama na qual ela se sentou tinha sido metida com pressa entre duas beliches, para meus pais não saberem que normalmente eu dormia em um colchão no corredor.

Porca espreita das sombras, perto da porta aberta.

Faltavam apenas dois meses antes do meu aniversário de dezoito anos, mas eu estava tão desesperada para ir embora que aquelas semanas pareciam uma eternidade. Quando meus pais estavam prestes a ir embora, abracei meu pai e cochichei ao pé do ouvido dele:

— Pai, *por favor*. Me tire daqui. Você não sabe o que...

— Starry, você precisa acabar o que começou.

Eu me aproximei o suficiente para Porca não me ouvir.

— *Me tire daqui*. Se não acredita em mim quando digo que esse lugar é fodido, acredite quando digo que vou sair daqui cinco segundos depois de fazer dezoito anos, procurar o *Wall Street Journal* e contar tudo para eles. *Tudo*. Não estou de brincadeira.

Ele recuou, parecendo meio chocado. Finalmente, cerrou o maxilar e falou:

— Feliz Natal, Star.

Ele se apressou para alcançar minha mãe, que andava de mãos dadas com Barron e Conrad. Nicky olhou para trás. Fiquei incomodada por não saber o que ela estava pensando.

Acho que umas duas semanas depois Porca me falou que eu ia para casa. Ela não me olhou nos olhos, não disse "boa sorte", nem "vai se foder"; ela só foi embora, daquele jeito desapontado e indiferente que uma pessoa que pratica bullying vai embora depois de chutar seu castelinho de areia.

Meus pais vieram me buscar algumas semanas antes do meu aniversário de dezoito anos, e fomos todos embora juntos, como se estivesse tudo maravilhoso. Não falamos sobre o motivo para eu ir embora mais cedo, e eu não me importava. Foi um dos momentos mais felizes da minha vida.

— Matava a gente deixar você lá — minha mãe diz hoje —, mas a gente não parava de pensar, de dizer, que só tínhamos alguns meses até você fazer dezoito anos. Que, depois disso, não poderíamos fazer nada para salvar você.

Minha mãe disse que ouviram boatos de coisas que aconteciam em outros internatos de desenvolvimento emocional, mas supunham que aquele tipo de show de horrores só acontecia nos lugares vagabundos. Eles estavam pagando uma nota, então deveria estar tudo bem.

— Se a gente soubesse — diz minha mãe —, eu e seu pai teríamos buscado você no mesmo segundo.

Eu acredito nela. Não muda o que aconteceu, mas acredito nela e espero que isso dê a eles algum conforto.

Vinte anos depois, a verdade sobre Provo e as outras escolas afiliadas à CEDU começou a se espalhar pela internet. Sobreviventes corajosos começaram a contar suas histórias. Levei muito tempo para criar coragem de me abrir, e, quando somei minha voz à comunidade crescente de sobreviventes, foi difícil meus pais ouvirem. Eles sofreram muito pela decisão de me mandar para CEDU, Ascent, Cascade e Provo. Fofoca na indústria. Twitter. Redes sociais. Algumas das reações foram brutais. Certas vezes, minha mãe ficava tão sobrecarregada que nem conseguia se levantar da cama. Por isso, é importante que eu reconheça que meus pais também merecem algum crédito pela minha sobrevivência.

Rick e Kathy Hilton não criaram uma menininha rica e frágil que nem um ovo Fabergé; criaram uma garota fodona que não parava de lutar, pular e fugir. A gente até brinca um pouco com isso.

— Você era que nem Houdini, o ilusionista! — diz minha mãe. — Em qualquer lugar que a gente botava você, ligavam para dizer "Ela sumiu!", e lá íamos nós outra vez.

Minha teimosia, minha resistência, minha ética profissional compulsiva, minha visão criativa — tudo isso estava em minha medula. Herdei dos meus pais a determinação e o amor pela vida. Eles me deram coragem e a certeza de que eu merecia coisas boas. Eu me recusava a aceitar que era uma merda inútil, mesmo quando um homem adulto com o dobro do meu tamanho apertou meu pescoço com as duas mãos e me sufocou, gritando na minha cara:

— *VOCÊ É UMA MERDA INÚTIL.*

Eu sabia que não era verdade.

Eu sabia que era uma Hilton.

Parte 3

Sou uma menina de uma boa família,
que foi muito bem criada.
Um dia, dei as costas a isso tudo e virei boêmia.
Brigitte Bardot

13

O ANO DE 1998 FOI BASICAMENTE um buraco enorme na minha vida — sem música, sem televisão, sem a menor ideia das mudanças profundas em comunicação e tecnologia nem de nada que acontecia pelo mundo. Em janeiro de 1999, saí da Provo Canyon School, e Britney Spears lançou seu álbum de estreia, ... *Baby One More Time*. Eu fiquei viciada. Aquela energia rebelde. Aquele jeito novo de mixar e editar música. Ela usa a música que nem uma segunda pele nesse álbum. Fiquei imediatamente doida para saber: *Como fizeram isso?* A mudança de tecnologia talvez não fosse tão óbvia para todo mundo, mas eu tinha passado a maior parte dos dois anos anteriores sem acesso à música.

O clipe da faixa que dá título a ... *Baby One More Time* começa com Britney sentada na sala de aula, balançando o lápis e sacudindo o pé enquanto passam os segundos sofridos. Até que toca o sinal. Ela está livre.

Era minha cara.

Aquela estudante impaciente, louca para ser liberada. Aí ela é liberada. Então se transforma, e vira quem é. Eu amava a ideia de uma garota assumir sua sensualidade assim, e aproveitá-la sem vergonha nem medo. Mas tem aquele verso que se repete: *My loneliness is killing me.** Porque uma menina

---

* "Minha solidão está me matando." (N. T.)

que não se conforma, uma menina desobediente e ousada, uma menina que mostra sua força e sensualidade... essa menina estará sempre sozinha, por mais que tenha garotos aos montes aos seus pés.

Passei dois anos sedenta por música, arte, comida — tudo que torna a vida bela ou até mesmo suportável —, mas, acima de tudo, tinha muita sede de amor. Desde a noite em que pulei a janela para beijar o professor pedófilo, senti que estava me afastando de minha família. Essa foi a parte mais brutal de tudo que eu passei. Não foram as distâncias físicas que nos separaram; foram camadas e camadas de vergonha, mentiras e negação.

Para ser uma boa "ex-aluna formada", era preciso dizer que CEDU, Ascent, Cascade e Provo tinham salvado nossas vidas. Eles nos programaram para acreditar que, se a gente falasse mal da escola, a escola falaria ainda pior da gente — para nossa família, para possíveis empregadores e, no meu caso, para os tabloides. Era uma mordaça poderosa. A maioria dos sobreviventes — inclusive eu — queria apenas seguir a vida e nunca mais pensar naqueles lugares.

Recentemente, perguntei a outra sobrevivente:

— Como você aguentou a vida naquele primeiro ano depois de Provo? Ela respondeu:

— Eu bebi até cair.

Automedicação é comum entre sobreviventes. Automutilação também. Faz completo sentido. Fingir em um mundo que não reconhecemos mais exige muito esforço, e exames de imagem mostram que o trauma infantil afeta o cérebro: o núcleo accumbens, o centro de prazer que é ativado pelo vício; o córtex pré-frontal, onde ocorre (ou deixa de ocorrer) o controle de impulso; e as amígdalas cerebrais, onde vive o medo.

Nicky era a boia espaguete amarelo-vivo que me impediu de me afogar nos primeiros meses de liberdade. Enquanto eu estava fora, ela superara aquele estágio desengonçado de pernas de pônei pelo qual meninas altas passam na pré-adolescência. Aos quinze anos, arranjou um estágio legal em uma grande revista de moda e sonhava com o próprio império como estilista. Elegância emanava de sua pele, suas mãos, seus pés, seu queixo, tudo nela. Ela tinha a altura esguia do nosso pai e os instintos sociais impecáveis da nossa mãe. Nicky sempre sabia a coisa certa a fazer, e era o que fazia, mas não de um jeito fresco nem falso. Ela sabia se virar. Ela tem seu lado incrivelmente criativo, mas seu astral geral é de sabedoria e virtude elegantes, com uma ponta de inteligência fria — que nem Audrey Hepburn em *Cinderela em Paris*.

Minha irmã cresceu com normalidade e incentivo. Ela se saiu muito bem no ambiente escolar saudável da Sacred Heart, aprendeu ao se expôr à atmosfera social refinada de Nova York e dormia em um quarto tranquilo, onde se sentia amada e protegida. Eu nunca senti ciúmes da minha irmã, mas senti inveja. Enquanto eu estava internada, Nicky e eu meio que trocamos de lugar: ela avançou enquanto eu permaneci estagnada — ou era arrastada para trás. Quando saí de Provo, ela começou a me proteger com ferocidade e eu comecei a admirá-la, como se ela tivesse virado a irmã mais velha, e eu, a mais nova, sempre tentando alcançá-la. É o que sinto ainda hoje.

Não me surpreendeu descobrir que Nicky e meus irmãos, meus tios, meus avós, os amigos da minha família — até Wendy White, que sempre sabia de tudo — não faziam a menor ideia de onde eu realmente passei os anos desde o verão de 1997 até janeiro de 1999. Era tudo um segredinho feio compartilhado apenas entre minha mãe, eu e meu pai. Não falávamos daquilo. Era como se aqueles dezessete meses não tivessem acontecido.

Minha mãe tinha toda uma história elaborada, que eu ouvia aos pedaços quando amigos, cabeleireiros ou qualquer outra pessoa perguntava por que eu tinha desaparecido e ressurgido do nada. Alguém ligou para entrevistá-la para uma revista, e, quando não aceitaram suas respostas vagas, ela entrou no modo trote para responder.

— Bom, Paris e Nicky fizeram entrevista para a Sacred Heart. Nicky está prestes a se formar. Foi uma experiência maravilhosa para ela. Mas Paris falou: "Mãe, não vou estudar em um colégio só de meninas de jeito nenhum". Por isso, ela foi para a escola de artes e tinha média nove. Ela é muito esperta. Mas sabe como é, com as bailarinas sérias, e as… as… enfim, ela estudou em Dwight, mas não se conectou com ninguém lá. Professores. Alunos. Foi só…

Ela franziu a testa, apertando o telefone com força.

— Fugiu? Claro que ela não *fugiu*. Isso… isso é só uma dessas loucuras… não. Tinha um stalker. Perseguindo ela.

A autobiografia 177

(A parte do stalker é verdade. Aconteceu mesmo.)

— Foi a coisa mais apavorante que já vivi. Minha filha, uma menina tão bonita, sendo perseguida. Por um stalker. Começamos a receber coisas bizarras pelo correio. Fizemos de tudo para protegê-la. Ela estava entrando no último ano, então se formou em homeschooling. Em Londres. Então, agora, além da segurança do Waldorf, contratamos segurança particular para elas, para ficar de olho em tudo que elas fazem. A gente vê tudo. Quem, o quê, quando, onde.

Peguei a deixa da minha mãe e me ative àquela história. Fiquei feliz de botar meus pais no papel de pais vigilantes e inteiramente presentes. É quem eles queriam ser. É quem eles *são*: os pais que fazem tudo pelos filhos. Só que, no meu caso, eles fizeram tudo errado.

Eu não sabia mais ser sincera perto deles. Pisava em ovos, tentava dizer o que achava que eles queriam ouvir. Porca tinha me avisado que, mesmo que eu não tivesse mais idade para Provo, meus pais podiam me internar em um hospital psiquiátrico quando quisessem. Na época, eu não acreditei tanto assim, mas, anos depois, vi o que aconteceu com Britney — seu pai tomou controle da vida pessoal e profissional dela —, e fiquei abalada. Meus pais fizeram o possível para me trazer de volta à dinâmica familiar, mas há certas lições impossíveis de desaprender. Por trás de tudo que eles faziam para me mostrar que me amavam, havia a ideia que fora metida na minha cabeça pelos meus responsáveis em CEDU, Ascent, Cascade e Provo: *Eles mandaram você embora. Eles não suportam você. Você é uma vergonha para todos que ama.* A mensagem se repetia insistentemente, que nem a lâmina denteada de uma serra, abrindo um sulco profundo.

Na minha cabeça, amor era condicional, eu não podia confiar nisso. Amor era algo que eu não merecia, mas que poderia manipular, se me mantivesse a uma distância segura.

Meus irmãozinhos eram muito engraçados e fofos. Barron tinha dez anos e estava loucamente feliz de me ver. Ele só queria passear no parque; não conhecia muitos outros adultos (ou quase) que topassem brincar nos balanços, escorregas e gangorras com ele. Conrad tinha cinco anos e vivia cheio de perguntas sobre insetos, animais, o espaço e ciência. Os dois eram espertos e adoráveis. Eu os amava perdidamente, mas havia um espaço vazio naquelas relações, e levaríamos muito tempo para preenchê-lo.

Em qualquer família em que há uma diferença de idade grande entre os mais velhos e os mais novos quase parece ser duas famílias. Mas aquilo era diferente. Conrad não tinha memória de antes de eu ir morar com Gram Cracker. Entre Palm Springs e a CEDU, eu era uma agente do caos, em conflito constante com meus pais. Eu finalmente tinha voltado, e a tensão era um zumbido persistente no meu ouvido. Não queria ser separada da família outra vez, mas, assim que pisei no apartamento no Waldorf, soube que não podia morar lá.

Eu tinha medo de dormir no quarto onde fora sequestrada. Ficava acordada a noite toda, desenhando e rabiscando, ouvindo música, fazendo listas, pensando em como ganhar dinheiro e usar os bens que ninguém podia tirar de mim: meu rosto, meu nome, minhas pernas, meus contratos de modelo e minha experiência na passarela. Nada disso importaria se eu não estivesse disposta a trabalhar. Mas eu estava disposta. Eu sabia que podia trabalhar que nem um carregador de pedras.

Tentei, por um curto período, me formar no ensino médio na Canterbury, um internato católico em New Milford, Connecticut. Lá não torturavam crianças — parabéns, Canterbury! —, mas a escola católica não me caía bem. Uma vantagem: eu pude jogar hóquei no gelo. Quando criança, sempre adorara patinar no gelo na pista do Rockefeller Center. Era rápida e poderosa no gelo. Além do mais, naquele momento tinha muita agressividade para trabalhar em mim, e o hóquei foi ótimo para isso. Eu voava por aí, balançando aquele taco enorme. Amava o ar fresco e frio da arena, e as meninas animadas e alegres do time.

Fiz algumas amigas divertidas, que gostavam de sair escondido comigo para festas. Normalmente, a gente ia para a cidade de metrô, mas, certa vez, chamei uma limusine para a gente. Mandei o chofer esperar do lado de fora do campus, mas ele apareceu e falou:

— Sim, vim buscar Paris Hilton.

Isso não foi bem recebido. E foi a gota d'água. Eu já andava matando aulas e reprovando em tudo, então me expulsaram.

Em 2007, o diretor de finanças de Canterbury falou para o *The News-Times*: "Os objetivos e as prioridades dela não eram os objetivos e as prioridades da escola".

Concordo.

Fui para Storm King, um lugar incrível para jovens fodidos e ricos, mas fui expulsa pelos motivos de sempre, além do motivo de esconder furões debaixo da cama. Minha última opção foi Beekman, uma escolinha a poucas quadras do Waldorf, e eu morri de tédio, então falei:

— Foda-se.

Não tinha nada de errado com nenhum desses lugares, mas eu tinha exatamente zero créditos transferíveis além do nono ano em Palm Springs. Isso foi uma surpresa desagradável para meus pais, que tinham acreditado na propaganda de "arte e academia integradas" da CEDU. CEDU tinha uma cerimônia de "formatura" elaborada, na qual distribuíam diplomas falsos; Provo Canyon nem isso fazia. Por isso, aos dezoito anos, eu precisaria me inscrever no primeiro ano do ensino médio em qualquer escola adequada, fosse pública ou particular.

Nem fodendo.

Aquela merda toda tinha roubado dois anos de mim, o que era, tipo, dez por cento da minha vida até lá. Não! Mais para vinte por cento, né? Porque, tipo, dois anos seria um quinto da vida de alguém de vinte anos, e eu só tinha dezoito, então... *ai*. Esquece. Não sei matemática. Roubaram *matemática* de mim, mas também geografia, álgebra, socialização, paquera saudável e a aprendizagem de como tratar meu corpo e valorizar minha alma. Tudo que adolescentes devem aproveitar no ensino médio — festas, formatura, os sucessos todos do Brat Pack — me foi roubado. Minha educação consistia em limpar privadas e carregar pedras, lutar pela minha sanidade, machucar as pessoas antes de elas terem a oportunidade de me machucar. Eu era ótima nisso tudo. Já em álgebra, não era assim tão boa.

Não posso me permitir pensar nisso. Ainda fico furiosa.

Em suma: eu não fui feita para a escola. Insistir naquilo só me faria desacelerar e me sentir ainda pior do que já me sentia. Decidi que, se um dia virasse um problema, era só fazer um supletivo.

Fiz o possível para me conectar com meus amigos de infância, mas sentia uma timidez estranha perto deles. Quando era criança, minha timidez se traduzia em compensação e bobeira — eu vivia tentando fazer as pessoas rirem e mostrar que eu era corajosa e descolada. Saí de Provo com o fardo da minha timidez natural somada a camadas de trauma, degradação e raiva. Fiquei presa na história do internato em Londres, tentando evitar conversas detalhadas a respeito do assunto, e sabe como é quando se é desonesto: a gente fica duvidando de tudo. Fica questionando o que outras pessoas pensam da gente, porque a gente não sabe o que pensar de nós mesmos, o que nos deixa paranoicos, e aí queremos só fugir e nos esconder.

Naquele verão, eu vi *O paizão*, uma comédia romântica com Adam Sandler sobre um cara que, por meio de uma sequência de acontecimentos que só ocorreriam em um filme do Adam Sandler, se torna figura paterna *ad hoc* de um menino de cinco anos. Tem um momento ótimo em que eles estão andando na rua e Adam diz para o menininho que ele vai precisar se acostumar com uma nova pessoa que (na esperança de Adam) será parte importante da vida deles.

O menininho diz:

— Estou com medo. E se ela for malvada?

Adam tira um par de óculos escuros do bolso e diz:

— Está vendo isso aqui? São óculos mágicos, tá? Se sentir medo, pode botar eles, e ficar invisível. Se usar esses óculos, ninguém vai notar você até você decidir que é a hora.

Imediatamente pensei: *isso*. Isso dá certo! É por isso que sempre preciso de óculos escuros, de dia ou de noite. E era isso que estava no meu coração quando lancei uma linha de óculos escuros ao estilo anos 2000 com a Quay — uma marca liderada por mulheres —, cuja boa parte do lucro é dirigida à Project Glimmer, uma ONG dedicada a dar confiança a meninas esquecidas. Meninas nos sistemas de acolhimento, adoção e cuidado congregado. Meninas com necessidades especiais. Meninas que precisam ser vistas, mesmo quando isso dá medo. Quero que elas saibam: *estou vendo vocês… se vocês aceitarem*. Parece besteira, mas esse mecanismo dos óculos mágicos possibilitou que eu me reerguesse e começasse minha vida de verdade.

Minha primeira e principal fonte de renda era o trabalho como modelo. Eu sabia desfilar e ainda tinha alguns contatos, então meu primeiro passo foi renovar os relacionamentos com estilistas e várias agências de modelo nos Estados Unidos e na Europa. A tendência infeliz da época era aquele negócio de *heroin chic*: corpo magrelo que nem um palito, bochechas fundas e olhos imensos de fome. Depois de dezessete meses de desnutrição, eu estava fina que nem uma folhinha de grama. Eu não estava tentando chegar ao menor tamanho; era uma menina que vivera em estado de fome por meses. Depois de tanto tempo, comida nem me ocorria. Quando precisava de sustância, tomava um Red Bull e continuava a dançar.

De certo modo, 1999 — o primeiro ano depois de Provo — foi muito parecido com pular de paraquedas: depois de um longo período de terror, dúvida e confusão, eu me joguei no ar, e a queda livre em alta velocidade da gravidade me carregou.

O mundo inteiro estava acelerando.

Euros tinham começado a existir. O novo iMac dizia "Olá" e vinha em uma seleção de cores de ovo de Páscoa. Todo mundo tinha e-mail. E celulares! Quando eu morava em Palm Springs, Gram Cracker tinha um "aparelho celular" do tamanho de um sanduíche enorme, com uma antena comprida. De repente, todo mundo tinha aqueles aparelhinhos lindos da Nokia. Eu mal podia esperar para botar as mãos em um.

Tentando me reorientar, eu consumia filmes, música e televisão: *O sexto sentido*, *Matrix*, *Um lugar chamado Notting Hill*, *Austin Powers: 000, um agente nada discreto*. Goo Goo Dolls e Eagle-Eye Cherry ainda faziam muito sucesso, mas o grunge estava perdendo força. House tinha se expandido enormemente, com o advento de mixagem e edição por computadores. A música pop era mais limpa do lado da tecnologia e mais suja no departamento das letras.

Pense em "Livin' La Vida Loca", de Ricky Martin:

She'll make you take your clothes off and go dancing in the rain
She'll make you live her crazy life, but she'll take away your pain
Like a bullet to the brain. *

Era libertador e assustador, e eu estava adorando.

A primeira coisa que fiz foi pintar o cabelo e voltar a um tom platinado de Barbie. (Sou loira natural, exceto pela cor do cabelo.) Sentindo-me ótima,

---

* "Ela vai fazer você tirar a roupa e sair para dançar na chuva/ Ela vai fazer você viver sua vida louca, mas vai acabar com sua dor/ Que nem uma bala na cabeça." (N. T.)

roubava roupas da Nicky e batia ponto nas festas. Se alguém perguntasse aonde eu ia, eu dizia só:

— Vou sair.

Eu tinha dezoito anos; ninguém podia me dizer o que fazer, o que vestir nem o que sentir. Eu só queria recuperar um pouquinho de felicidade e conquistar minha independência. Quando eu saía à noite, de óculos escuros mágicos, só sentia alegria.

Euforia — a emoção, não a série de televisão.

Mas podemos falar de *Euphoria*, a série, por um minuto? Assim, primeiro, Zendaya é tudo, e a série captura de um jeito tão lindo todo o sentido bagunçado, bonito, frustrado, sensual, idiota, divertido, louco, sexy, perigoso e estonteante da adolescência desvairada. Espero que as pessoas assistam àquilo e pensem: "Ah, tá, talvez minha filha não seja tão descontrolada quanto eu imaginei. E talvez o mundo no qual minhas filhas estão crescendo seja um pouco mais complicado do que nos filmes-família que eu alugava na Blockbuster".

Enfim. Euforia. Eu estava literalmente eufórica de sair daquele inferno.

Não tinha tempo para descansar nem relaxar. Precisava fazer tudo, imediatamente, antes que me roubassem mais tempo. Precisava de uma equipe de gente de confiança. Isso era um desafio, porque minha capacidade de confiar em alguém fora basicamente assassinada. Eu podia contar com a secretária do meu pai, Wendy White, para honestidade contábil e apoio logístico. Estava furiosa com meus pais, mas podia contar com eles para conselhos experientes e sinceros em questões financeiras, o que também nos dava um tema seguro de conversa.

E tinha Papa, que entendia mais de negócios do que todo o corpo docente de qualquer programa de MBA. Papa ficava muito alegre de responder às minhas dúvidas sobre compensações ou a diferença entre corporações de Delaware e sociedades de responsabilidade limitada. Ao ouvir falar de relatórios contábeis, ele ficava com uma expressão maravilhada e falava sem parar por uma hora. Na época, eu não dei o valor devido, mas essa foi uma superbase para construir a primeira fase de minha vida profissional.

Quando falei para Papa que queria ganhar 100 milhões de dólares, ele não riu nem deu um tapinha na minha cabeça. Só perguntou:

A autobiografia 183

— Para quê?

— O de sempre — falei.

Eu não estava pensando em planilhas, mas estava decidida quanto ao objetivo. Achei que 100 milhões de dólares fariam eu me sentir segura.

— Você consegue — disse Papa. — Não deixe ninguém dizer o contrário. Na sua idade, eu era fotógrafo da Marinha dos Estados Unidos na Segunda Guerra. Aprendi a voar. Tirei meu brevê profissional aos dezenove anos. Voltei da guerra e abri uma empresa de arrendamento de aeronaves.

Papa juntou 25 mil dólares próprios para investir — contra o conselho do pai — em uma franquia de futebol americano, que vendeu, anos depois, por 10 milhões. Ele fundou a American Football League e comprou o time Los Angeles Chargers — tudo isso e muito mais antes de levar a Hilton Corporation para outro nível em Las Vegas, com o Flamingo e o Las Vegas Hilton, onde Elvis Presley apresentou 837 shows consecutivos, todos esgotados, entre 1969 e 1976. Como eu, Papa era nerd de tecnologia. Ele mudou para sempre o mundo dos cassinos, com a instalação pioneira de sistemas de câmeras que tornaram o ambiente muito mais seguro para visitantes e menos suscetível a trapaceiros, assediadores e outras figuras problemáticas.

Visão. Talvez tenha sido isso que herdei de Conrad Hilton.

Para ser agente de mudança, você precisa chegar primeiro. Você *vê*? Está disposto a confiar nos seus instintos?

Quando voltei para Los Angeles, em 1999, senti que tinha perdido muita coisa. Tinha um apetite imenso por diversão, música, risada, roupas, pessoas, lugares e muito de tudo.

DICA MUSICAL: Ultra Naté, "Free".

Esse foi meu hino quando saí de Provo. Vá ouvir. Agora mesmo. E dançar. Sério. Sua alma vai mudar.

Até hoje, quando toco essa música em um show, a famosa progressão de acordes inicial me deixa de olhos marejados. Volto instantaneamente à Nova York, onde dançava em uma boate na qual projetavam o clipe na parede: uma imagem imensa de uma mulher espetacular de camisa de força prateada. Ela está no meio de um ambiente clínico e frio que me parecia horrivelmente conhecido.

Aí vem a batida incontida da música.

De início, a letra é triste:

Where did we go wrong?
Where did we lose our faith?[*]

O desespero é inegável, mas, conforme a música evolui, a alegria cresce.

You want it, you want it, reach for it[**]

Euforia.
Ambição.
Possibilidade.

Eu ficava boba de êxtase, como se pudesse fazer aquilo — aquilo tudo, tudo que eu tinha que fazer —, como se fosse capaz.

Do what you want to do…[***]

Meses de visualização e planejamento se transformaram em uma ambição central que me energizava como o baixo energiza essa música. Eu saía e dizia ao meu pai que estava fazendo "networking" — era verdade, mas, principalmente, queria só me divertir e ficar feliz.

Minha relação de amor e ódio com o sono me mantinha em movimento. Por mais exausta que estivesse — literalmente apagando no táxi às três da manhã —, assim que eu me deitava na cama, ficava completamente desperta. Não conseguia dormir de luz acesa, mas não conseguia apagar a luz. Porque, no escuro, eles vinham me pegar.

No escuro, eu ouvia vozes baixas na escada.

* "Onde erramos?/ Onde perdemos a fé?" (N. T.)

** "Você quer, você quer, corra atrás" (N. T.)

*** "Faça o que quer fazer…" (N. T.)

Água pingando na pia de metal. Passos. No corredor. Trovão distante. Mais perto. Cada vez mais perto. Bem na minha porta. E aí...

Mãos.

Agarrando meu pescoço.

Cobrindo minha boca.

E aí eu voltava àquela cela de cimento gelada. Ou corria pelo mato onde estavam enterradas as crianças mortas. Ou encarava a parede, paralisada de medo, desesperada para acordar, tentando me forçar a gritar, e quando o grito finalmente saía, me despertava bruscamente. Com o coração a mil. Suor frio pinicava meu pescoço. Eu me sentava na cama e sabia que precisaria ficar ali, abraçando as pernas, mesmo se tivesse que fazer xixi, porque, se pisasse no chão, alguém poderia esticar a mão e pegar meu tornozelo.

isso não é verdade

não é verdade

pare de besteira

não é verdade

Eu me mandava, ordenava e treinava para não pensar em tudo que tinha acontecido. E naquelas outras coisas que tinham acontecido.

Chamavam de "exame médico". E, porque eu não estava pronta para chamar de estupro, também chamava de exame médico. Antes de CEDU/Ascent/Cascade/Provo, nunca tinha ido ao ginecologista. Era uma criança, com apenas uma ideia vaga do que aquilo seria.

Os funcionários de Provo tinham suas preferidas. Eram sempre meninas bonitas. Mas acho que a beleza não era a questão. Acho que eles eram pessoas fracas no mundo lá fora, homens e mulheres tarados pelo poder que tinham sobre nós. Eles nos levavam à enfermaria e nos faziam deitar na maca. Faziam a gente abrir as pernas para enfiar seus dedos grossos. Se resistíssemos, tinham o suquinho de cu à mão. Tinha sempre uma bandeja de seringas.

Uma das meninas que, como eu, era levada à enfermaria com regularidade — vou chamá-la de Agulha — se aproximou de mim e de outra menina enquanto limpávamos o banheiro e cochichou:

— Se vierem pegar a gente hoje à noite, eu vou fugir.

Fiquei imediatamente interessada.

— Como?

— A gente pega a chave dele. Quem estiver na maca mais perto do armário pega as seringas e enfia nele.

— E se for demais? — perguntou a outra menina. — E se ele morrer?

— E se *a gente* morrer? — disse Agulha. — Paris, qual é.

Agulha argumentou que eu era a mais alta e conseguiria acertá-lo no pescoço.

— Eu pego as chaves — falei —, mas não consigo espetar o cara. Sério. Não consigo.

Mas cheguei a pensar: *Será que consigo?* Eu tinha chegado àquele ponto.

Não fez diferença. A outra menina relatou a conversa imediatamente para Porca, e Agulha me entregou, alegando que a parte da seringa era minha ideia. Eu não a culpei. Entendi o desespero de *dizer qualquer coisa* que ela deve ter sentido ao ser confrontada por Porca. Porca alegremente me mandou para Obs e, assim que saí — que coincidência —, foi hora de outro exame ginecológico de madrugada.

Quando saí de Provo, me considerava uma mulher adulta e queria ter relacionamentos adultos com homens, mas pensar em ir ao ginecologista para ser examinada e receber a receita de anticoncepcional me apavorava. Eu não sabia separar essas situações do que faziam em Provo. Aqueles cuzões pervertidos de dedões enluvados, olhos fundos e aquele tipo muito específico de gargalhada bizarra. O tipo de gargalhada que se ouve de uma criança que arranca as asas de um passarinho ou tortura um esquilo em uma armadilha improvisada.

Tentei sufocar a memória daquela gargalhada com álcool, MDMA e música, mas, mesmo se caísse na cama bêbada e exausta, já no amanhecer, sempre acordava depois de uma ou duas horas, suando e gritando. Eu descansava melhor em carros, aviões, cadeiras de maquiagem e até em cantos escuros em meio ao caos reconfortante de uma festa.

O único jeito de dormir na minha cama — sozinha ou não — era com meus cachorros. Na época, eu tinha dois pequenos Lulus da Pomerânia fofos: Sebastian (batizado em homenagem ao personagem de Ryan Phillippe em *Segundas intenções*) e Dolce (autoexplicativo). Apesar de não terem sido treinados para isso, eram cachorros terapêuticos do modo mais sincero. Toda aquela baboseira de "desenvolvimento emocional" da CEDU tinha me deixado com um pavor proibitivo de terapeutas humanos, e eu achei que morreria se meus amigos ou primos soubessem o que tinha acontecido comigo de verdade. Então, meus cachorros eram minha rede de apoio.

Dolce e Sebastian não questionavam minhas escolhas nem insistiam para eu falar do que sentia. Não tentavam me destrinchar nem entender. Estavam só por ali, assistindo enquanto eu andava em círculos, ou pulando em cima de mim quando eu me encolhia no canto do chão do closet.

O amor canino sempre foi meu santuário.

Meus fofinhos atuais — Diamond Baby, Harajuku Bitch, Slivington, Ether e Crypto — moram em sua minicasinha dos sonhos no quintal. É grande o suficiente para eu entrar engatinhando, se precisarem de mim. Ou se eu precisar deles. Uma casinha dessas não é nenhum exagero se considerar que meus cachorros me cercam com uma fortaleza de amor.

As manhãs normalmente eram bem difíceis para mim. Eu ficava agradecida de ter uma ou duas horas de sono sem sonho, se acontecesse, então normalmente eu acordava sentindo que tinha batido a cabeça na porta do carro. Ficava enjoada, com o estômago vazio e apertado. Minha mandíbula latejava de tanto ranger os dentes. Eu me forçava a relaxar a testa, porque não queria ficar com rugas.

No meio da tarde, eu estava pronta para devorar o que aparecesse de fast food. Eu vivia de McDonald's e Taco Bell, e conseguia comer uma quantidade ridícula de gordura e calorias, porque não ficava parada um segundo. Vivia trotando, saltitando, correndo, pulando e dançando. Eu não me sentava nem para ouvir recados, fazer telefonemas, folhear o jornal, absorver as fofocas e planejar minha noite. E, à noite, eu ganhava vida.

Não existe mais nada que se assemelhe àquela vida noturna de Los Angeles. Naquela época, não tínhamos que lidar com nada da exposição e das distrações que consomem as pessoas hoje. Twitter e Facebook ainda não tinham sido inventados. Netflix era um negócio que literalmente mandava um disco físico em um envelope vermelho pelo correio, para assistir no DVD player, e para o qual você tinha que devolver no mesmo envelope pelo correio, depois de rasgar a aba. Se quisesse encontrar alguém, conversar, ouvir música e desenvolver relações, o jeito era sair de casa. Ninguém se incomodava com a ideia de que alguém ia nos filmar fazendo alguma idiotice, até porque, se filmassem, fariam o quê? Para quem iam mostrar? Ainda nem existia YouTube.

Eu não tinha *stylist*, agente, empresário e relações-públicas. Eu e meus amigos só saíamos toda noite, vestíamos o que queríamos, descobríamos nosso estilo próprio e nos divertíamos com cabelo e maquiagem. Alguns dos meus looks na época eram exagerados, mas minha infância tinha sido roubada de mim antes de eu parar de brincar de fantasia; eu merecia o exagero.

Minha mãe e Nicky compravam roupas das marcas chiques na Henri Bendel, mas eu era mais *downtown*. Minha butique preferida era Hotel Venus, uma loja de rave da Patricia Field, a figurinista de *Sex and the City*. Eu ia com o cartão de crédito da minha mãe e me enchia de botas de plataforma, minissaias e várias roupas iradas que minha mãe odiava. Quando chegou a primeira conta, minha mãe achou que eu tinha gastado o dinheiro em um hotel de verdade e ligou para lá para perguntar o que a filha tinha aprontado.

Nicky e eu usávamos muitas roupas da Heatherette e desfilamos em muitos shows da marca. Essa marca *camp* e adorável foi fundada em 1999 por Richie Rich, um artista cênico da Club Kids, e Traver Rains, um fazendeiro de Montana que tinha acabado no mundo da moda de Nova York. Li em algum lugar que eles tinham batizado a marca em homenagem a uma amiga deles, Heather, uma cantora de ópera de uma perna só. Claramente estava destinada a uma grandeza de pernas longas.

Eu era apaixonada pelas regatas de festa da Heatherette — blusas cintilantes, glamorosas e cheias de adereços que eram usadas por Britney, Madonna e Gwen Stefani. Acho que uma dessas blusinhas chegou a aparecer em *Sex and the City*, que era um medidor de moda sério na época. Dava para usar as blusinhas com calça jeans, minissaia e basicamente qualquer outra coisa, e, porque eram desenhadas por um dançarino, dava para passar a noite toda na farra, linda e confortável. Também faziam uns vestidinhos irados e cintilantes.

Ai, Heatherette, volta! Sinto saudade do seu charme doido.

Meu calendário era lotado de eventos em diversas boates, casas particulares e no Avalon, um espaço de eventos imenso em um prédio antigo na esquina das ruas Hollywood e Vine. Eu fazia questão de ir aos eventos de

Brent Bolthouse, meu velho amigo que planejara minha festa de dezesseis anos, e aprendi muito de como ele organizava festas com base na mistura certa de talento e experiência, em vez de fama e dinheiro. Não tinha gente aleatória, nem penetras, nem arroz de festa. Eram as pessoas que você conhecia ou queria conhecer — gente interessante, que tinha papo interessante sobre arte, música e cinema.

As pessoas confiavam umas nas outras. Eu me sentia segura, mesmo quando bebia demais. Era tudo muito divertido. (Lembra como era se divertir?) Tinha placas: SEM CÂMERAS. Bolsas e bolsos eram revistados na porta para garantir que ninguém levaria aquelas camerazinhas descartáveis que a gente usava antes dos smartphones. Agora é impossível proibir câmeras, porque ninguém quer lagar o celular. Hoje, haveria menos resistência até se pedissem para as pessoas doarem um rim na entrada.

Não julgo. Eu daria meu rim na mesma hora. Meu celular é que nem minha mochila voadora. Tenho cinco celulares diferentes, com números distintos para trabalho, vida pessoal, Europa, trotes, e mais um cujo número eu dou para quem pede meu número, mas eu não quero dar meu número de verdade nem quero ser antipática, porque tenho uma necessidade patológica de agradar. Nem Carter consegue me convencer a abrir mão de ter mais de dois celulares e, acredite, ele já tentou.

Jovens que cresceram com smartphones, Facebook e Instagram nunca viveram uma festa, seja na boate ou em casa, com liberdade total para serem quem são, sem se sentirem constantemente na defensiva.

Minha amiga Holly Wiersma, que produziu o filme *Clube de compras Dallas*, fez também um documentário chamado *Guest List Only* — um estudo das pessoas que ficavam dos dois lados da corda de veludo que separa quem entra ou não nos lugares —, estrelado por Sarah Uphoff (todo mundo a chamava de "Pantera Sarah") e por mim, junto a outras figurinhas fáceis de Opius Den, Dublin's e Vinyl, meus lugares preferidos de Los Angeles. Lembro-me de Sarah cuidar da porta, selecionando quem entrava e quem saía. As pessoas amavam sair comigo, porque eu sempre entrava, e sempre entrava porque sempre tinha um grupo incrível de gente legal comigo. Eu fazia a curadoria de um círculo maravilhoso de amigos — e não só das pessoas famosas que você já conhece. Estou falando de pessoas maravilhosamente estranhas e criativas cujo nome talvez você não reconheça, mesmo que fossem as responsáveis por Los Angeles ser o lugar maravilhosamente estranho e criativo que era. Eu amava sair com artistas, poetas, músicos, cineastas, escritores e nerds de tecnologia.

Um amigo me chamou para fazer um filme chamado *Sweetie Pie*, que era uma tosqueira, mas, para mim, foi importante. Eu estava no cinema! Sério, foi um ótimo jeito de começar a aprender aquele processo. É esse o tipo de educação que funciona para mim. Preciso estar de pé, fazer perguntas e me envolver na ação.

Comecei a aprender sobre gravação de música do mesmo jeito. Conheci um produtor que tinha trabalhado com Jessica Simpson e Kelly Rowland, e que colaborou comigo nas primeiras gravações que um dia evoluiriam para meu primeiro álbum. O estúdio era um paraíso, pois combinava duas coisas que amo quase tanto quanto amo minha pele: música e tecnologia. A migração da música para o mundo dos computadores agora é dada como óbvia, mas, na época, era a maior onda de liberdade e empoderamento que podia existir. Criadores não precisavam mais de permissão; antes do GarageBand, antes do LogicPro, existia o bom e velho Logic — um software democratizador que abriu a porta da garagem e deixou todo mundo entrar.

Os paparazzi estavam evoluindo, com câmeras digitais e equipamento leve de vídeo, que possibilitava gravações publicáveis com som e movimento, e fotos mais nítidas e de melhor definição sob quase qualquer tipo de iluminação. Como saía quase toda noite em Los Angeles e em Nova York, eu recebia muita atenção, o que adorava. Fazia eu me sentir uma estrela. Depois daquele longo período proibida de me olhar no espelho, eu gostava de me sentir bonita.

Em vez de xingar os paparazzi ou evitá-los, como muita gente fazia, eu acenava e cumprimentava — "Oi, meninos!" —, e garantia que me fotografassem de todos os melhores ângulos, enquanto eu equilibrava sacolas de compras, comia frozen yogurt ou dava uma de Marilyn Monroe na grade do metrô. Eles ganhavam mais grana por fotos espontâneas. Diferente do tapete vermelho, onde dezenas de fotógrafos tiram essencialmente a mesma foto, as fotos espontâneas eram únicas. Os tabloides eram desesperados por fotos de celebridades em momentos desavisados, comendo hambúrguer ou passeando com o cachorro, como se fossem pessoas comuns. Os paparazzi não podiam entrar nas boates e perturbar a gente, então ficavam acampados na porta, esperando a gente sair.

Eu comprei uns tênis fofos em uma lojinha em Melrose. Quando apertava um botão do lado, saíam rodinhas de patins. Eram meus sapatos de festa preferidos. Eu ia rolando para todo lado. Se um cara chato desse em cima de mim, eu deslizava pela pista. Era bom para vídeo: eu subindo e descendo a rua de patins, entrando e saindo de festas e bares. Começaram a me chamar de "Roller Girl" ["Menina dos patins"], o que eu adorava. Talvez estivessem se referindo à atriz pornô Rollergirl, de *Boogie Nights*, mas esse filme saiu quando eu estava em Ascent, então só fui conhecer anos depois.

A banda The Penfifteen Club gravou uma música chamada "Ms. Hilton", que diz tudo:

> *Ms. Hilton, you must be worth a trillion bucks*
> *Get the feelin' that you don't really give a fuck*
> *Ms. Hilton, I like the way you push and glide*
> *Rollerskates on a social butterfly, whoo!*[*]

Alguns anos depois, a música foi usada na trilha sonora de *The Simple Life*, mas foi composta quando eu não era tão famosa, e estava só começando a ser conhecida. Mesmo na época, eu sabia que não estava tentando construir uma carreira comum; estava construindo uma marca que um dia levaria a várias fontes de renda — mas isso parece mais calculado do que foi. Em retrospecto, vejo a mecânica se encaixar, mas, na época, eu era só uma adolescente, me divertindo sem vergonha, sem inibição. Isso fazia pessoas legais quererem andar comigo e, quando eu aparecia em uma festa com um monte de modelos, atores e socialites, os paparazzi vinham atrás, então as fotos apareciam na Page Six, ou na *People*, ou nos primeiros blogs de fofoca. Os organizadores de festa queriam *muito* que eu aparecesse em seus eventos.

---

* "Srta. Hilton, você deve valer 1 trilhão de dólares/ Acho que está pouco se fodendo/ Srta. Hilton, gosto de como você dá impulso e desliza/ Uma borboletinha de patins, uou!" (N. T.)

Não estou falando do casamento dos Lipschitz, nem da resenha na sala da sua amiga Jill; estou falando de vernissages, premières de cinema, lançamentos de produtos, eventos profissionais e bailes de ONGs — festas com propósito. Há muito em risco nesses eventos de tapete vermelho. As pessoas investem muito dinheiro para patrociná-los. Você já viu que o tapete vermelho é sempre desenrolado na frente de uma parede coberta de logos, né? Se ninguém de interessante aparecer para posar ali na frente, é uma oportunidade perdida ridiculamente cara. Precisam de gente bonita naquele tapete, para chamar a atenção dos paparazzi. Quando minhas fotos saíam na Page Six, na *WWD*, nos tabloides, nas colunas de entretenimento, em qualquer lugar, os patrocinadores eram divulgados como queriam, e os paparazzi eram pagos pelas licenças de uso da imagem. Foi aí que comecei a me perguntar: "E eu, o que ganho com isso?".

Eu estava me divertindo, mas trazia muito valor à negociação. Por que não deveria ser paga para aparecer naquelas festas e dar foco àquelas marcas?

É meio hilário quando supõem que eu me expunha assim porque era carente de atenção, que nem um cachorrinho abandonado. Eu amava me sentir especial, claro, mas comecei a ganhar dinheiro de verdade ao entender que eu era um amplificador e que a atenção era o cabo da tomada. Eu transformava atenção em um bem vendável para beneficiar marcas nas quais acreditava, inclusive a minha. Eu sempre soube, em certo nível, que havia diferença entre esse tipo de atenção e amor. Mas, às vezes, quando o amor não aparecia, os cliques constantes serviam de substituição.

Antes de eu e Carter ficarmos juntos, ele e o irmão, Courtney, escreveram um livro chamado *Shortcut Your Startup: Speed Up Success with Unconventional Advice from the Trenches* [Atalho para o sucesso: conselhos nada convencionais para fazer sua start-up decolar] (Gallery Books, 2018). Se esse livro estivesse disponível quando comecei a construir meus negócios… ah, espera aí. Deixa para lá. Eu não teria lido. Não estava no clima de ler. Hoje, sou meio viciada em livros sobre negócios. Faço Carter carregar uma mala de mão extra para eu encher de compras da livraria do aeroporto antes dos voos. Na época, eu só vivia um momento de cada vez, mas fazia coisas que ainda não tinham sido inventada, que nem tirar selfies. Não parei para me perguntar como chamar esse tipo de foto, nem se formava alguma estratégia.

Enfim. *Shortcut Your Startup.*

No livro, Carter e Courtney propõem "três perguntas-chave antes de começar qualquer coisa":

1. O que é sucesso para você?
2. Por que mais ninguém fez isso?
3. Por que você, por que agora?

Pensando na start-up, que eu nem sabia ainda que era uma start-up:

1. Sucesso, para mim, era um balé grandioso de segurança, respeito e capacidade de ajudar outras pessoas. Queria que minha independência fosse à prova de balas, queria mostrar ao mundo do que eu era capaz e apoiar marcas e artistas nos quais acreditava. Sucesso, até hoje, tem o mesmo significado para mim. Minha visão central nunca mudou e, apesar de envolver, sim, acumular todo o dinheiro que puder gerar, nunca foi questão de dinheiro pelo dinheiro. A questão sempre foi o que eu queria sentir, e não o que queria ter.

2. Acho que ninguém nunca tinha feito o que eu fiz porque ninguém nunca foi quem eu sou: uma menina específica, nascida na aurora da Era de Aquário, com uma combinação única de vantagens que me elevavam e desvantagens que me forçaram a crescer. Certamente não fui a primeira socialite a ver potencial nas festas, mas minha experiência e minha determinação me deram a coragem de pedir. O pedido é o lugar em que morrem muitos empreendimentos. O orgulho atrapalha. Ou a ideia tosca de que "não é assim que funciona". Meu orgulho tinha sido tirado de mim, e eu não sabia, nem me importava, como as coisas eram feitas no passado. Eu estava fazendo tudo que podia para botar fogo no meu passado. Por isso, pedi, e, como disse Jesus: "Pedi e se vos dará".

3. Por que eu? Porque não confiava em mais ninguém. E por que agora? Porque só existe o agora. Só importa o agora. Pode ser coisa do meu TDAH, mas o *agora* é o único universo no qual vale a pena viver.

No Ano-Aovo de 1999 para 2000, eu curti como se o mundo estivesse acabando... ah, você sabe.

Algumas pessoas estavam bizarramente assustadas com a ideia do novo milênio, mas eu fiquei feliz de virar a página. Ano novo, década nova, século novo. Agarrada à ideia de que seria meu melhor milênio, eu me joguei em uma vida de trabalho e viagens constantes, que continuou pelos vinte anos seguintes.

14

A primeira etapa para a reinvenção é o inventário. Assuma o crédito por tudo que você tem de bom, que funciona a seu favor. O que estiver contra você, descubra como usar em seu próprio benefício.

Fiz dezenove anos em fevereiro de 2000. Sabia o que tinha de bom, o que funcionava a meu favor, e era muita coisa. Eu era forte. Era bonita. Sabia fazer as pessoas rirem. Sabia aonde ir e como ser vista. Assinei contrato com uma agência de modelo importante, continuei a desenvolver meu negócio secundário — ganhar dinheiro para ir a festas — e comecei a dar mais atenção a conversas sobre mercado imobiliário e investimentos. Era um momento interessante para a Hilton International. Andavam falando de um hotel na Lua, mas Papa ainda era presidente do conselho e tinha os pés bem firmes no chão. Hilton adquiriu DoubleTree, Hampton, Homewood e Embassy Suites. Já eram donos de Bally's e de Caesars, em Las Vegas.

Falei para Papa:

— Acho que quero ter meus próprios hotéis um dia.

A maioria das pessoas teria me olhado como se eu estivesse sugerindo um hotel na Lua, mas meu avô falou:

— Claro. Faça isso, sim.

Papa não ofereceu ajuda, mas ele e meu pai responderam às minhas dúvidas e me orientaram nas primeiras negociações. Eu sabia que precisava de um empresário, mas não sabia em quem confiar, além de meu pai e Papa. Odiava a ideia de ceder uma porcentagem do que ganhasse, então inventei uma empresária falsa, com o próprio e-mail e uma voz brusca e rouca ao telefone.

— Sim, recebi sua oferta e confirmei a disponibilidade da srta. Hilton. Se pudermos chegar a um acordo intermediário quanto à porcentagem da comissão e concordar com mais 10 mil de adiantamento, acho que podemos fechar. Sim, enviarei a assinatura dela por fax.

Não lembro o nome da empresária falsa, mas ela era que nem uma versão adulta da Amber Taylor. Ela negociava por mim que nem um pit bull. Mesmo depois de assinar contrato com uma agência de modelos importante, eu a mantinha disponível para certos trabalhos.

Em maio de 2000, fui pela primeira vez ao festival de cinema de Cannes. Carreguei uma quantidade excessiva de malas, porque todo dia exigia pelo menos três ou quatro looks: um look para caminhar tranquila pela cidade e esbarrar em astros do cinema, um look para pegar sol na piscina com elegância, que nem a Marilyn Monroe, e um look estonteante para ver filmes artísticos à noite. Eu me esforcei muito na seleção do look para almoçar com um dos homens mais poderosos de Hollywood. Queria que Harvey Weinstein visse uma mulher que pertencia àquele mundo: chique, linda, contratável e diferente de todas as outras meninas de dezenove anos com o sonho de ser atriz. Estava acompanhada de um amigo produtor que tentava vender um projeto. Era uma oportunidade maravilhosa para nós dois, e queríamos impressionar.

O almoço não foi um sucesso. O produtor ficou quieto, passando vergonha, enquanto Harvey fazia comentários esquisitos e pervertidos sobre mim e sobre meu possível futuro promissor. Ele foi o mais agressivo e nojento que alguém poderia ser em um almoço em um restaurante cheio. Fomos embora com pouquíssima esperança quanto ao projeto do meu amigo.

Na noite seguinte, fui a um evento da amfAR (American Foundation for AIDS Research, a Fundação Americana de Pesquisa sobre a AIDS). Harvey me viu do outro lado do salão e me chamou; tentei fingir que não o vira e me afastei. Ele me seguiu.

Eu apertei o passo.

Ele apertou o passo.

Fui ao banheiro feminino, no meu trote de unicórnio, e me tranquei em uma cabine, mas ele entrou logo depois. Ele esmurrou a porta da cabine e puxou a maçaneta, gritando besteiras nojentas de bêbado, tipo:

— Quer ser uma estrela?

Eu estava lá presa, pensando: *Puta que pariu, cadê uma janela no banheiro quando eu mais preciso?* Até que, finalmente, os seguranças franceses chegaram e o expulsaram do banheiro feminino.

— É meu evento! Sou Harvey Weinstein! — Ele foi gritando, mas os guardas não entenderam (ou não deram a mínima) e arrastaram-no para fora.

Não contei para ninguém, porque era isso que se fazia na época. Era que nem o negócio de ter que tomar banho de balde: se quisesse sobreviver, precisava aceitar. Anos depois, quando ocorreu o escândalo e a estrutura de poder de Weinstein começou a desmoronar, os repórteres me perguntavam:

— Já rolou alguma coisa com você e o Harvey Weinstein?

E eu dizia:

— Nada.

Eu estava com vergonha, e tenho um medo patológico de vergonha. Tinha medo de, ao compartilhar a história, ouvir a pergunta "Por que você não denunciou na época?", para a qual eu não tinha resposta. É uma dessas perguntas que jogam a culpa em alguém que não deveria se responsabilizar.

Tipo: "Por que você não gritou?".

Ou: "Por que não deu um chute no saco dele?".

Não há resposta para essas perguntas, além de "Por que não vai tomar no cu?". Admiro as mulheres corajosas que se arriscaram e o expuseram, mas toda mulher que passou por algo com ele — ou com outros homens que nem ele — tem o direito de processar o ocorrido do melhor jeito para ela. Nenhuma mulher deveria ser humilhada por cuidar de si mesma.

Naquele ano, em Cannes, a Palma de Ouro foi para o filme da Björk, *Dançando no escuro*, sobre uma operária que está ficando cega. Em um momento triste do filme, ela diz:

— Tem uns joguinhos que faço quando as coisas ficam muito difíceis... Começo a sonhar, e tudo vira música.

É uma boa descrição dos meus mecanismos de defesa na época. E ainda hoje.

Eu andava desfilando em muitos tapetes vermelhos, me sentindo forte e esbelta, descobrindo meu estilo próprio. Como tinha perdido um ano fundamental de cultura pop e tendências, não tive opção além de inventar meu próprio. Aquilo me deixava insegura, o que não deveria acontecer, porque inventar um estilo é libertador. Se seguir a manada, vai estar sempre atrasado; quem iniciou a tendência já partiu para a outra, então é melhor iniciar uma tendência boa para você, mesmo se mais ninguém entender.

Jornalistas de moda frequentemente mencionavam minha "postura distinta" na passarela — alguns elogiando, outros criticando —, mas eu não sabia o que queriam dizer. Agora, quando vejo fotos daqueles meus primeiros dois anos depois de Provo, vejo um peso nos meus ombros. Eu carregava muita raiva, dor e vergonha na postura. Acho que a impressão que dava era de indiferença. Tranquilidade. De não estar nem aí. Mas na verdade era a postura de uma garota interrompida, sempre apressada para se alcançar.

"The Real Slim Shady" era a música do momento, e a gente dançava fazendo uma onda ampla de um braço só quando o refrão seco se repetia junto às luzes estroboscópicas:

Please stand up
Please stand up[*]

Na minha cabeça, era uma música que celebrava a impostura — o jeito que todo mundo tinha de posar e se fazer de fortão, a única coisa que tínhamos em comum.

Certa noite, eu e Nicky estávamos em uma festa, cantando no karaokê, e notamos um cara de olho na gente. Ele era gato — ou talvez só projetasse aquela confiança que faz todo mundo achar que ele é gato. Se você souber, no fundo, que é gato, será gato, de acordo com a lei da física dos gatos.

---

[*] "Por favor, se levante/ Por favor, se levante." (N. T.)

Esse cara era mais velho do que eu. Rude. Arrogante. O "bad boy" hiperconfiante por excelência, o cara perfeito para uma mulher nos momentos mais autodestrutivos da vida. Eu não estava procurando o sr. Respeito; estava procurando o sr. Despeito. O apelido dele — que ele amava — era "Scum", "Escória". Eu achava ele o maior fodão.

Começamos a namorar, e devo dar o crédito devido: ele era tão charmoso quanto o sr. Abercrombie. Era tudo bem safado e emocionante, um tipo totalmente novo de adrenalina. Eu fiquei obcecada.

Não me lembro muito da noite em que ele quis gravar um vídeo de nós dois fazendo amor. Ele dizia frequentemente que tinha feito aquilo com outras mulheres, mas eu me sentia esquisita e envergonhada com a ideia. Respondia sempre:

— Não dá. É muito constrangedor.

Ele continuou a insistir. Eu continuei a dar desculpas: certo dia, estava meio bêbada, cansada da noite de festa. A luz estava ruim. Meu cabelo e minha maquiagem estavam acabados. Ele me disse que eu era linda de qualquer jeito e que, de qualquer modo, não faria diferença, porque não era uma performance. Era só entre a gente. Ninguém mais veria. Aí ele me disse que, se eu não topasse, encontraria facilmente alguém para topar, e achei que era a pior coisa que poderia acontecer — levar um pé na bunda daquele homem porque eu era uma menina boba, que não sabia entrar nos jogos dos adultos.

A verdade era que eu queria estar viva de um jeito sensual. Queria me sentir que nem uma mulher à vontade na própria pele. Estava com dificuldade de entender minha sexualidade; eu não saberia explicar para mais ninguém o que eu sentia. Não tinha linguagem para aquilo. Nunca tinha ouvido a palavra *assexual*.

Pois é, né?

O mundo pensa em mim como um símbolo sexual, e eu até curto isso, porque *símbolo* literalmente quer dizer ícone. No entanto, quando viram aquela *sex tape*, não falaram *ícone*, falaram *piranha*. Falaram *puta*. E não foi com timidez. O irônico é que, devido às agressões e degradações que sofri na adolescência — e talvez em parte pela minha criação —, eu tinha medo de sexo. Odiava a ideia do sexo. Evitava sexo até ser completamente impossível evitar.

Os tabloides criaram uma narrativa sobre eu transar com centenas de caras lindos — não era verdade! Eu tinha muita vontade de me sentir próxima de alguém, de sentir intimidade. Se um cara fosse gentil e paciente, eu conseguia passar um tempão nos beijos e nos carinhos, e pensava: *O.k., talvez agora. Talvez dessa vez aconteça.* E aí eu surtava, me sentia esquisita, e a situação ficava constrangedora, o que me deixava com duas opções de merda:

A: Podia interromper, o que levaria o cara a me largar e dizer para todo mundo que eu era "frígida", que "só provocava" ou que era "sapatão".

B: Podia fingir, e era boa em fingir, mas a sensação era a de ser atropelada por cem minibicicletas.

Minhas amigas diziam sempre "Ah, é tão gostoso!", como se sentissem orgasmos o tempo inteiro. E eu só pensava: *Ah, claro. Isso nem existe.* Achava que era coisa de filme. Nem acreditava que podia ser verdade, porque aquela parte livre e lúdica de mim tinha se fechado completamente. Achava que orgasmos eram coisas que se fingia para o sexo acabar logo. Eu vivia tentando fazer aquilo funcionar. Parte da marca de uma princesa é ter um príncipe, né? Mas era bem raro um cara passar da etapa dos beijos. Alguns esperaram meses, até um ano.

Eu me chamava de Bandida do Beijo.

Eles me chamavam de Princesa Punheta.

Minha mãe sempre dizia:

— Não transe antes de casar. O cara vai ficar obcecado por você se você não transar.

Isso podia até funcionar em *Dias felizes*, mas não funcionava com nenhum namorado meu. Eles só pensavam "Que porra é essa?", aí me traíam, eu descobria, e se seguia drama, drama, drama, término. Era um ciclo vicioso. Que nem *Feitiço do tempo*, mas sem a marmota fofa.

Espero que não esteja me expondo demais. É meio esquisito falar disso, mas não acho que sou a única mulher que passou por esse tipo de coisa. Gosto de ver que a conversa a respeito de identidades sexuais evoluiu para englobar todo tipo de experiência e reconhecer que sexualidade pode ser fluida. As pessoas crescem e mudam. A recuperação pode acontecer, mas traumas são profundos. Não sei se um dia vou me recuperar por completo ou se vou ser plenamente quem eu poderia ter sido.

Já mencionei que Carter é formado em psicologia?

Pois é. E é útil.

Sexo é, para mim, um processo mental. Precisa começar no meu cérebro, senão não funciona. Carter entende isso e deixa claro que eu valho o esforço. Ele vai morrer de vergonha por eu estar falando disso — e *eu estou morrendo de vergonha*. Ai, meu Deus, que vergonha, porra! Mas eu prometi para mim mesma que seria sincera e sei que há alguém por aí que precisa ouvir que não é estranha, nem frígida, nem morta por dentro — só é quem é no momento: uma pessoa assexual em um mundo hipersexualizado.

A parada é que minha mãe estava certa.

(Ouviu, mãe? Falei. Você estava totalmente certa.)

Fazer os caras esperarem, me proteger e não sair me entregando para todo mundo foi mesmo o melhor para mim a longo prazo. Se eu estivesse transando tanto quanto os tabloides davam a entender, a pouca autoestima que me restava teria sido devorada. É verdade; todo mundo quer o que não pode ter. E, na época, era isso que eu não podia ter. Minhas roupas sensuais, minhas músicas, meus vídeos — toda aquela pose de comer hambúrguer do Carl's Jr. — eram meu jeito de reivindicar uma sexualidade saudável que tinha sido roubada de mim. Fazia eu me sentir viva e lúdica de um jeito que gostaria de ser quando estava na cama com alguém de quem gostava. Hoje, tenho isso com meu marido, e o valorizo muito. Mas, aos dezenove anos, eu só podia fingir.

Eu não era capaz de ter o grau de confiança necessário para gravar um vídeo daqueles. Precisei encher a cara. Tomar Quaaludes ajudou.

Mas eu gravei. Preciso assumir. Eu sabia o que ele queria, e aceitei.

Eu precisava provar algo para ele e para mim, então fiquei doidona e fui em frente.

Apesar da diferença de idade e da logística da minha vida profissional de viagens intensas, o relacionamento com esse cara durou, indo e vindo, por uns dois anos — o que é muito tempo na adolescência. No fim, fiquei de saco cheio e o deixei puto. Certa noite, eu e minhas amigas saímos para o karaokê e esbarramos no Nicolas Cage, que nos convidou para uma *after*.

Não fomos porque ele era o Nic Cage. Teríamos ido a uma *after* na casa do Joãozinho Zé-Ninguém com a mesma animação. Porque *after*! Manda ver! Por isso, fomos à casa dele, que tinha um carro e uma moto na sala, e uma coleção de cabeças encolhidas no segundo andar, e todos nos divertimos.

Quando voltei para casa, meu namorado estava lá, chateado por eu não estar atendendo o telefone. Rolou um pouco de drama, e foi o fim. Na verdade, é assim que a maioria dos meus namoros acabaram ao longo dos anos. Odeio confronto, então sempre tentei dar um perdido na outra pessoa. Às vezes, entendiam o recado. Às vezes, ficavam putos. Essa definitivamente não foi a pior briga resultante desse método de término de namoro. Por muito tempo, achei que, se alguém sentisse ciúme a ponto de jogar um telefone na minha cabeça ou me agarrar e sacudir até meus ossos do pescoço tremerem... bom, queria dizer que me amava *muuuuuuito*, né?

Argh.

Uma nota de rodapé estranha da festa das cabeças encolhidas foi que uma mulher chegou a mim em uma boate alguns dias depois e jogou uma taça de vinho tinto na minha cara. Não sei bem o que rolou. Eu já tinha seguido com a vida.

Nem me lembrei daquele vídeo.

Por que lembraria?

Na época, não existia YouTube nem nenhum jeito de uma pessoa comum postar uma coisa dessas na internet. A tecnologia para humilhar alguém nesse nível ainda não tinha sido inventada.

Eu comemorei a virada de 2000 para 2001 com uma viagem para Las Vegas, onde entrei em uma loja de animais de estimação exóticos e saí duas horas depois carregada de bichinhos, incluindo dois furões e um bode bebê. Quando cheguei ao aeroporto, cheia de caixas de animais e mantimentos, o funcionário do portão falou:

— Isso aqui não é um zoológico ambulante.

Precisei alugar uma limusine e passar dez horas no trânsito do ano-novo a caminho de Los Angeles, sozinha com meus novos amigos animais, que cagavam pelos bancos. Passei as primeiras horas de 2001 bebendo champanhe e ajudando o motorista a limpar o carro.

Assim, os anos 2000 foram definidos como a década do *excesso*.

15

Eu amei o clima das festas do começo dos anos 2000 ainda mais do que o do fim dos anos 1990; a gente era encorajada a se botar pra jogo e exagerar bastante. O programa de televisão *Esquadrão da moda* só estreou em 2003, e o *Fashion Police* foi surgir só em 2010, depois do Twitter esganar a capacidade de todo mundo pensar por conta própria. Não sei por que nunca teve um programa de televisão que celebrasse estilos únicos e inteiramente individuais, mas quer saber? Ninguém precisa de permissão para se tornar um ícone.

As saias de tule e os coturnos de Madonna.

As saias rodadas e os chapeuzinhos de Sarah Jessica Parker.

As botas de salto imenso e o vestido de carne de Gaga.

Alguém precisa ser pioneira, né? Não faz diferença se as pessoas ao seu redor não entenderem no momento; uma coisa linda da internet é que o momento vive eternamente. O vestido de cisne Marjan Pejoski que Björk usou no Oscar foi motivo de chacota em 2001. Hoje, é um ícone.

O inverso também é verdade, é claro. Os momentos ruins também são eternos e provavelmente ganham mais retweets. Mas a lição é: *Vista o que faz você se sentir bem*. Quando compartilho looks, ideias e produtos como influencer, meu objetivo não é ensinar você a agradar outras pessoas; encorajo você a se agradar. Mesmo que aquele look específico não sobreviva ao teste do tempo, a memória daquela boa sensação sobreviverá. E quem sabe? O look pode ter seu momento quando for a hora. Papa sempre dizia:

— Até um relógio quebrado acerta duas vezes ao dia.

O estilo vai e volta o tempo inteiro: é uma espiral, não uma linha reta.

Eu me mudei para uma casa imensa com duas outras moças — as coelhinhas da Playboy Jennifer Rovero e Nicole Lenz —, que estavam sempre prontas para festa e tinham convites perenes para tudo que acontecesse na Mansão Playboy. Cada uma de nós tinha seu próprio andar, com quartos imensos, banheiros e closets espaçosos. O papel de parede e os móveis no estilo da metade do século xx — mesinhas de centro de bumerangue, poltronas redondas e tijolos de vidro — me lembravam o filme *Austin Powers: o agente Bond cama*. Chamávamos o proprietário de sr. Furley, porque ele nos lembrava do proprietário velho e meio esquisito interpretado por Don Knotts em *Um é pouco, dois é bom, três é demais*.

O bairro era tranquilo e florido, uma base perfeita para mim. Não se encontra uma casa assim em Los Angeles pelo dinheiro que a gente tinha, então, de início, não acreditamos na nossa sorte. Pensamos: "Nossa senhora! Como a gente conseguiu alugar essa casa gigantesca por tão pouco?". Foi aí que entendemos que o sr. Furley não ia se mudar. A gente se mudou para lá, e ele continuou no próprio quarto, no último andar. Era esse o truque. Ele jurou que não espionava a gente, e nunca vimos nenhum sinal, mas supusemos que seria fácil ele instalar olhos-mágicos.

Apesar disso, era uma casa ótima mesmo!

É óbvio que eu não acho isso razoável para nenhuma menina de dezenove anos hoje, mas Jen e Nicole eram um pouquinho mais velhas do que eu e estavam muito à vontade na própria pele. Elas tinham muita experiência com todo tipo de situação esquisita. Não amavam que o sr. Furley assombrasse o lugar, mas também não era um empecilho intransponível. Decidimos que ficaríamos atentas ao sr. Furley e que, desde que ele não tentasse fazer nada, valia a pena deixar ele se sentir o Mini-Me do Hugh Hefner em uma casa cheia de moças lindas. E ele nunca tentou nada.

Para ser sincera, eu não ligava muito. É triste, mas eu tinha ficado basicamente insensível a ser vista nua. Adoraria dizer que era porque eu fui empoderada pela posse livre e plena do meu corpo, mas a verdade é que modéstia é mais uma coisa que me roubaram. Modéstia é um luxo que eu aprendi a deixar para lá. Como mais teria sobrevivido àquela observação invasiva no banho todos os dias? Algumas meninas morriam por dentro pouco a pouco. Eu, não. Só fiquei insensível. Depois de um tempo, os comentários nojentos só quicavam na parede. Quando me encaravam com aqueles olhinhos oleosos, eu encarava de volta, pensando: *Morra de inveja, cuzão*.

Comportamentos invasivos são problema do invasor, e não da pessoa invadida.

O cérebro tem mecanismos de defesa poderosos; quase tudo pode ser normalizado ou afastado se a alternativa for enlouquecer. Não digo que isso é bom, mas me fortaleceu e me obrigou a parar de me importar com o que as pessoas pensam de mim. Depois de passar por isso, eu tinha forças para suportar tudo que os haters cospem pela internet. Não dá para internalizar o ódio, o julgamento e o vômito degenerado do Twitter. É um drink de vinho com frutas venenoso de merdas que paralisam você e dão todo o poder aos anônimos.

Hoje em dia, eu me sinto, sim, empoderada pela posse livre e plena do meu corpo, mas precisei crescer para chegar a isso. Levei anos para entender que sou uma artista, que meu corpo é meu meio — que nem uma tela ou um palco —, e que nunca criarei nada de significativo se encarasse o trabalho pelas lentes da vergonha e da covardia. A questão não é quanta pele você revela; é quem é dono daquele momento.

Como modelo e atriz, é preciso aceitar ser olhada — e até objetificada —, mas é preciso ter domínio do momento. Você não está lá como acessório para a arte de outra pessoa; está lá como colaboradora, dando vida a uma visão compartilhada, elevando a ideia a outro nível graças à sua interferência criativa. Ninguém tem o direito de tomar um rumo que você não queira. Os melhores fotógrafos são os que entendem isso. Eles fazem maravilhas, incorporando você na visão.

Isso foi pré-iPhone, mas eu carregava meu pager antiquado para todo lado, com a intenção de aproveitar toda oportunidade que surgisse. Um dia, fui chamada para substituir alguém em uma campanha publicitária para os jeans Iceberg. Dava um bom dinheiro e, ainda o mais importante, o fotógrafo era David LaChapelle. Era coisa séria.

Quando adolescente, David foi protegido de Andy Warhol, então meus pais o conheciam havia tempos. Quando o primeiro livro dele, *LaChapelle Land* (Simon & Schuster), foi publicado em 1996, a revista *New York* o chamou de "Fellini da fotografia", porque ele criava enorme controvérsia com imagens que basicamente jogam no micro-ondas tudo que você já pensou de conceitos como *beleza, arte* e *estranheza*. Gente nua empilhada em uma caixa de acrílico. Crianças destruindo um jantar chique. Os ambientes são coloridos e icônicos.

Como Herb Ritts, Annie Leibovitz ou Richard Avedon, David tem um estilo inconfundível. Dá para reconhecer o trabalho dele na mesma hora. Eu nunca tinha visto nada parecido com as fotos que LaChapelle fazia na época. Os rostos são de tirar o fôlego. Sem medo, sem hesitação, sem inibição. Eu queria sentir o que aquelas pessoas sentiam. Queria ser uma obra de arte daquelas.

David só queria alguém disponível. Naquele dia, tinham organizado a sessão de fotos da Iceberg e descoberto que a modelo escolhida não cabia no tamanho das amostras da marca. Por isso, tinham me chamado. Por um minuto, foi uma loucura, porque eu tinha passado todas as noites daquela semana na farra — dançando até cansar em várias festas e raves, sobrevivendo à base de cochilos e batata frita —, mas não ia perder a oportunidade. Fui correndo da minha casa em Los Angeles, tomando cuidado para evitar minha mãe, tomei banho, me troquei e me arrumei em tempo recorde. Cheguei à sessão de fotos literalmente 45 minutos depois de receber o recado. Estava muito animada.

Foi tudo bem. Nada de extremo. Ele fazia muitas campanhas publicitárias comuns na época, e aquela estava na lista. Descolada, mas adequada para o público geral das revistas.

Eu queria participar de uma daquelas fotos icônicas de David LaChapelle, dos cenários bizarros que parecem a cena de algum filme cult proibido para menores que existe só na cabeça dele. Participar daquelas fotos ia além de ser modelo; era *performance*. Fiquei feliz de ter a oportunidade de mostrar para ele minha disposição para trabalhar e esperei que isso me levasse a algum lugar.

O segundo livro dele, *Hotel LaChapelle* (Bulfinch, 1999), reimaginava Madonna como Krishna, Leonardo DiCaprio como Marlon Brando e Marilyn

Manson como inspetor de escola. Ele colocou a Barbie com uma arminha, atirando na cara de Ewan McGregor, que tenta arrombar a casa dela.

Esse livro saiu logo que eu saí de Provo. Enquanto eu reaprendia a viver em Nova York, via o livro em todas as vitrines de livrarias e tentava não me prender à ideia de que eu poderia ter participado se não tivesse desaparecido. Eu me perguntava se ele tinha ouvido a história do internato em Londres, ou se nem notara que eu havia sumido.

Tento não pensar em como foi fácil eu cair por uma fenda no chão. Tipo, se você estivesse andando na rua com seus amigos e, de repente, um deles escorregasse e caísse em um bueiro, você notaria, né? Eu certamente notaria! Quer dizer... acho que notaria. *Espero* que notasse. Ou talvez nós estejamos tão focados no que está na nossa frente que as pessoas caem e nem percebemos.

Merda. Vamos tirar um segundo para dar uma olhada na nossa galera. Confirmar que ninguém caiu no bueiro.

Se eu não notei você cair em um bueiro, peço desculpas. E se você não notou quando eu caí no bueiro, por favor, saiba que eu não estou chateada.

Enfim, retomei contato com David em uma festa e falei que adoraria trabalhar com ele de novo. (Sempre no networking.) Não contei tudo que tinha acontecido comigo nos anos perdidos, mas ele notou que era coisa séria. Acho que esse é um aspecto importante da genialidade dele. Ele vê. Eu me pergunto se talvez ele tenha reconhecido que tínhamos algo em comum; nós dois tínhamos suportado alguns danos na adolescência.

Conversamos sobre a musa de Andy Warhol, Edie Sedgwick, a ideia intrigante da "*It Girl*" e o culto à celebridade que reproduz o êxtase religioso.

— Ao longo da história — disse David —, a gente sempre vê os *celebrados*, rainhas e reis, aristocratas, artistas, aparentemente acima de todo mundo, em posição de Deus para quem os celebra. As pessoas choravam em shows dos Beatles, assim como choravam diante de uma visão de Maria. As lágrimas vêm do mesmo poço.

Assim como eu, David tinha sido criado como católico e curtia muito aquela praia. O trabalho dele transborda de influência espiritual — transcendência, perdão, iluminação — e iconografia religiosa. No fim dos anos 1970, ele largou a escola após o nono ano, fugiu de casa e trabalhou de garçom no Studio 54, cercado de inovadores como Grace Jones, Freddie Mercury e David Bowie, além de lendas como Andy Warhol, Diane von Furstenberg e Salvador Dalí. Eu entendo total como um jovem sair daquela experiência com uma visão de mundo diferente. Minha própria perspectiva foi influenciada pela música e pela intensidade da vida nas festas, e eu cresci cercada dos amigos fabulosos da minha mãe, dentre eles, lendas como Paula Abdul, Michael Jackson e Wolfgang Puck.

David tinha apenas dezessete anos quando começou a trabalhar para Andy Warhol na revista *Interview*, em 1980, e trabalhou em todas as edições até a morte de Warhol, em 1987. Warhol dizia:

— Faça o que quiser. Só deixe todo mundo bonito.

David LaChapelle é o que acontece quando alguém tem a sabedoria de dar uma instrução ampla para um jovem criativo e de confiar no resultado.

Vai. Faz sua parada. Confio em você.

Imagino que essas sejam as palavras mais difíceis de serem ditas por pais. Talvez tenha que vir primeiro de um padrinho ou madrinha. No meu papel de fada-madrinha dos meus Little Hiltons, levo essa mensagem a sério e os lembro dela o tempo inteiro. Não é comum que se diga isso a meninas, a jovens que questionam gênero e sexualidade, a artistas e aventureiros nem a ninguém que ouse ser diferente. A diferença assusta as pessoas que amam você. Por instinto, motivadas por medo, elas tentam proteger você. Que nem meus pais se esforçaram tanto para me proteger. Prometo que vem do amor. Tente não se enfurecer. Se precisar ouvir alguém dizer isso, mas não haja ninguém na sua vida para ter essa coragem... estou aqui:

Vai. Faz sua parada. Confio em você.

Na primavera de 2000, David e eu começamos a fotografar, experimentando, nos encontrando quando dava tempo e inventando ideias e sobreposições estranhas. A cada ideia ousada que ele tinha, eu pensava *arrasooooooou*. Ele sempre tinha a visão, mas, no meio daquela visão, me deu muita liberdade. A maioria dos looks era de peças aleatórias e baratas que eu tirava do meu armário, combinadas a algumas roupas de grife específicas que pegava emprestadas de Nicky e da minha mãe.

Não havia expectativa de publicação, então não havia limites. As imagens que David criou são todas focadas no contraste — lixo e luxo —, o que é a alma de Los Angeles. Ele fotografou a Nicky e a mim na frente do Grand Motel, um "motel perturbador" infame em La Cienega, perto do boulevard Pico, onde gente vivia sendo presa por causa de drogas e prostituição. A polícia era chamada ao Grand com tanta frequência, que os donos do motel acabaram sendo processados pela prefeitura por "esgotar recursos policiais".

Nicky e eu posamos na frente de um Rolls-Royce cor-de-rosa estacionado perto de uma cabine telefônica enferrujada, de braços dados na calçada manchada. Ela está fofa e sofisticada, com um vestidinho listrado preto e branco da Missoni. Seu único acessório é uma bolsa de bolinhas Dolce & Gabbana. Eu estou de shortinho Roberto Cavalli e jaqueta sem blusa, de pernas e boca abertas. Uma peruca comprida de Lady Godiva cascateia pelos meus ombros, junto a joias variadas, dentre elas um colar com a palavra RICH.*

A dicotomia vai além da ideia de menina boa/menina má; as listras pretas e brancas ficam no centro da foto, e a complexidade parte dali. A foto foi tirada nas noites frescas, quando o trânsito ficava mais tranquilo, e os postes começavam a ser acesos. Nicky e eu temos aparência limpa e renovada. Não é o clima da volta envergonhada para casa. Não é uma foto de duas meninas voltando aos tropeços quando a festa acaba com elas; são duas luzinhas brilhantes que apareceram só para checar a condição da sua condição, do seu estado. A grama aos nossos pés é verde como absinto. Era como se David dissesse:

— Olhe só essas meninas, esse lugar, esse momento. Não é o que você imagina.

Estou olhando a foto agora e, depois de tanto tempo, ainda é ótima, irada do melhor jeito. Na verdade, tem ainda mais poder porque a gente sabe o que está prestes a acontecer com essas meninas, as bênçãos e as bestas escondidas no movimento do trânsito. Porra, que obra de arte sensacional.

Fotografamos na praia Zuma, onde eu me deitei, de pernas e braços abertos, na areia ardente, com uma auréola de cabelo cacheado de sereia. David espalhou frascos de perfume e dinheiro vivo na areia, que nem alga e tesouros da praia. Surfistas me cercam de pé, alguns com a cabeça cortada

---

* "Rica." (N. T.)

na foto, segurando as pranchas — que exagero de símbolo fálico, né?, mas eu estava rindo tanto na hora que nem notei. Tinha rímel escorrendo do canto do olho até a orelha. Muita coisa estava rolando — gente para todo lado, ajustando objetos, cabelo, areia, iluminação, maquiagem —, então nem percebi que um *stylist* puxou um pouco de lado a blusa sedosa, expondo um dos meus mamilos. Fico feliz por não ter notado, porque talvez tivesse me deixado nervosa, e a magia da imagem é a distração extasiada, a falta de pose e a plena languidez.

David foi ficando mais intenso e empolgado. Eu estava tomada pela sensação de que algo incrivelmente legal estava sendo criado ali. Era emocionante. Energizante. O oposto de exaustivo, apesar de eu estar trabalhando à beça. Muitas sessões de fotos são ritmadas por um mantra robótico incessante — *isso isso linda linda gata gata isso isso* —, mas David nunca fazia assim.

— Desligue tudo — disse ele. — Amigos, namorados, namoradas, pais. Pense no que está dando, não no que quer receber.

Foi depois da meia-noite que ele falou:

— A gente precisa fotografar na casa dos seus avós.

— Vamos nessa — respondi. — Vamos precisar pular a cerca.

Meu cérebro com TDAH não tem espaço para hesitação, e eu já tinha perdido a conta de quantas vezes pulara aquela cerca. Não era nada. Abri o portão para David e a equipe, e entramos de fininho na sala de Papa e Nanu, toda em tons régios de creme. Piano de cauda. Mesinha de vidro. Armários de louça cheios de tesouros frágeis. Poltronas de forro bordado e cortinas impecáveis. Carpete marfim imaculado. Estatuetas gregas em pilastras. Um retrato a óleo elegante na parede. Era tudo bem majestoso, bem... Hilton. Que nem o saguão de um hotel de luxo.

A ironia era muito óbvia.

Papa e Nanu estavam dormindo no segundo andar, então precisamos fazer silêncio, o que tornou a energia ainda mais intensa. David iluminou a cena e jogou alguns objetos aleatórios — um roupão branco felpudo, uma escova de cabelo e um telefone — no chão, entre meus pés. Ele queria que eu me jogasse no astral de menina rebelde punk trash. Caprichei na postura ousada de Courtney Love, usando uma minissaia rosa-choque e uma regata arrastão sem nada por baixo. De acessório, apenas óculos escuros, luvas de seda e um cigarro apagado. O pessoal do *styling* bagunçou meu cabelo, bem solto e repicado, e cobriu minha boca com um brilho labial arroxeado bonito. Calcei saltos plataforma pretos e passei de 1,80 m.

Sliving.

Eu estava de volta. Ali. Naquela casa onde minha família tinha comemorado dois Natais e inúmeros aniversários sem mim. Naquela sala onde meus primos e irmãos podiam abraçar Nanu no sofá e contar seus pesadelos. Acho que David sentiu a baixa no meu humor, porque brincou comigo e me provocou. Finalmente, prestes a acabar, ele me mostrou o dedo do meio e falou:

— Vai se foder.

De pernas afastadas, queixo erguido, levantei o dedo do meio e falei o que queria dizer para aquela dinastia de merda inteira. David pegou o momento preciso em que o *F* tomou forma na minha boca.

Experimente! Morda a boca e deixe o palavrão escapar.

Não é bonito, mas é fantástico, especialmente quando você anda engolindo aquilo, quando você sente que foi escondida e desmembrada. Era que nem o machado de Jack Nicholson arrebentando a porta do banheiro em *O iluminado*. Na época, eu estava apenas vivendo o momento, mas hoje olho essa foto icônica e vejo minha declaração de independência pessoal.

Esses retratos manifestavam tudo que eu sentia por dentro: uma comemoração de liberdade e energia sexual renovada, com uma camada de fúria reprimida. As fotos eram tão estranhas, que achei que não dariam em nada. Achei que fosse só por diversão. Ele nem me contou que ia apresentar à *Vanity Fair*. Quando ele me ligou para dizer que todo mundo da revista tinha amado as imagens e queria publicar várias, eu falei:

— *Quê?*

Eu sabia que, se minha mãe visse as fotos, ficaria para lá de puta. E meu pai... nem se fala. Tentei convencê-los com "Bom, a boa notícia é que vou aparecer na *Vanity Fair*!", mas os mamilos, o dedo do meio e a sala de Papa e Nanu... Eles ficaram horrorizados.

Minha mãe é incrivelmente esperta com negócios. Ela entende a química na interseção da moda, da arte e da fama, e logo reconheceu o que aquela sessão de fotos poderia fazer por mim, mas não era a imagem que ela queria que eu e Nicky apresentássemos ao mundo. Desde que eu e Nicky éramos pequenas, durante o chá da tarde em Peacock Alley, ela nos ensinava os modos da sociedade educada. E aquelas fotos não se encaixavam na narrativa.

Ela ligou para David LaChapelle e passou o maior sermão. Ligou para o editor da *Vanity Fair* e exigiu que não publicassem as imagens, mas eles tinham documentos de liberação de imagens — assinados por mim, certificados, entregues — e David manteve-se firme, defendendo a integridade artística de seu trabalho. Por um tempo, teve briga. No fim, meus pais precisaram aceitar. Tudo que eles podiam fazer para controlar a narrativa era participar do artigo que acompanharia as fotos, escrito por Nancy Jo Sales.

Adoraria mentir e dizer que não senti prazer nenhum com a angústia deles, mas, depois de tantos anos de mentiras como mecanismo de defesa, prefiro assumir: fiquei meio animada com aquela situação toda.

Nancy Jo foi a uma festa em que eu e Nicky estávamos, em uma boate na Times Square chamada Staci, e ficou nos observando. Chegamos depois de meia-noite, porque era uma *after* da premiação do Council of Fashion Designers of America. Jo descreveu Nicky como "uma menina alta, loira e fantasmagórica", e sua minissaia cintilante de bandeira do Reino Unido como "um figurino caro de um filme do Austin Powers".

Quando Nicky viu aquilo, falou:

— O que você quer de mim? Era tudo Dolce!

Essa parte do artigo é toda sobre Nicky, talvez porque, naquela noite na festa, eu fiquei mais afastada, ocupada com networking. Ben Stiller estava lá fazendo uma pesquisa para um filme sobre modelos, gravando imagens de teste com uma câmera portátil e procurando pessoas interessantes que poderiam fazer pontas legais.

Não sei de quem foi a ideia de Nancy Jo entrevistar minha família em grupo, e graças a Deus não existia reality show na época, porque a gente teria ganhado um Emmy de Jantar em Família Mais Constrangedor.

Minha mãe tentou nos treinar antes, decidir o que podíamos ou não podíamos dizer. Era a *Vanity Fair*, não a Page Six ou um tabloide descartável, que aparece e desaparece em uma semana. Estávamos todos surtando de nervoso, por motivos diferentes. Para mim, aquela era uma oportunidade enorme, mas minha mãe não gostava da ideia de eu ficar famosa. Ela estava lá para proteger nossa família e o nome Hilton.

Os Hilton não são novatos na mídia da fofoca. Aparecemos nos tabloides desde a invenção do flash. Conrad Hilton morava em uma mansão exagerada em Bel-Air, chamada de Casa Encantada. Aos 55 anos, ele se casou com Zsa Zsa Gabor, que tinha 25. Meu tio-avô Nicky viveu um breve matrimônio com Elizabeth Taylor. Na época, a mídia da fofoca estava apenas começando a se aquecer, mas Papa aprendeu rápido que era melhor evitar aquele tipo de exposição. Meu pai é uma pessoa muito reclusa. Ele ficava profundamente desconfortável com aquelas fotos tão expostas e com a ideia de um artigo inteiro sobre a vida noturna exagerada de suas filhas adolescentes.

O plano era almoçar no terraço da casa dos meus pais em Southampton. Supercasual. Só mais um dia na Casa Encantada.

Meu pai ficou quieto que nem uma pedra. Minha mãe orquestrava tudo com sua energia tagarela. Eu me sentia intensamente nervosa e tímida, e só queria que aquilo acabasse. Nancy Jo fez umas perguntas gerais sobre meus amigos e namorados. Os paparazzi tinham tirado fotos minhas com Eddie Furlong, e ela ouvira boatos sobre Leonardo DiCaprio. Odeio quando artigos definem mulheres pelos seus namorados. Como se fosse o currículo delas. Eca.

Tentei levar a conversa para os filmes e a música nos quais andava trabalhando, mas Nancy Jo parecia superinteressada nos boatos do Leonardo DiCaprio.

— A gente, tipo… curte junto nas festas — falei. — Ele é legal, mas…

— Você viu a matéria? — interrompeu minha mãe. — Uma página inteira no *Enquirer*. É pura invenção.

Fez-se um silêncio desajeitado. Minha mãe falou que as amigas haviam a apelidado de "sra. It", já que eu era a *It Girl*, mas que meu apelido em casa era Star. Nancy Jo me olhou como se estivesse calculando um problema matemático.

— Paris, como seus olhos são azuis — comentou.

— É lente de contato.

A autobiografia 215

Eu quase agradeci, mas me ocorreu que ela poderia estar tentando armar para me denunciar pelo fingimento. (O que me lembra de outra regra da vida que eu adoraria ter aprendido mais cedo: PARA DE FINGIR, PORRA. Gasta energia demais e deixa a gente paranoico.)

— Os meus são de verdade — disse Nicky.

Dolce e Sebastian cutucavam meu tornozelo, implorando por pedaços de frango grelhado.

— Vocês são próximas? — perguntou Nancy Jo.

— Muito — respondemos eu e Nicky ao mesmo tempo.

Ela perguntou o que a gente gostava de fazer juntas, apesar de já ter visto a gente na festa. Eu não sabia o que mais devíamos dizer — que pulávamos corda? Minha mãe opinou: compras, golfe, patinação no gelo, esqui. Falou que gostávamos de Tahoe. Meu pai falou que gostávamos de Vail.

A vozinha de bebê saiu de mim e falou:

— Gosto de ir a pet shops com meu pai. Às vezes a gente vai comprar cachorrinhos.

— Vocês vão fazer faculdade? — perguntou Nancy Jo.

— Decidi tirar um ano sabático — falei.

Senti o olhar da minha mãe me fulminar e acrescentei que meus pais queriam que eu fizesse faculdade. Eu não tinha respostas tranquilas para perguntas sobre coisas normais da adolescência — vestibular, bailes, formatura. O que eu tinha eram respostas treinadas, assim como meus pais, mas fiquei triste de mentir, sendo que as fotos de David eram tão cheias de verdade.

— Ela sabe que vai precisar trabalhar e se sustentar — disse minha mãe. — Finalmente está entendendo isso.

Nicky afastou uma mosca do prato, bufou e disse:

— Que ironia.

(Viu? Parar de fingir. Funciona!)

— As pessoas querem ser ouvidas — disse minha mãe. — Querem conversar e papear. E vejo as pessoas fazendo isso aí nas festas e penso: "O que vocês estão *fazendo*?".

Eu não sabia de quem ela estava falando, mas senti a necessidade de me defender. Peguei Dolce no colo para ganhar coragem e falei:

— Não sou só uma festeira qualquer. Mesmo que as pessoas pensem isso. Tenho meu próprio negócio. Trabalho com música. E estou angariando fundos para apoiar tratamento de câncer de mama, porque minha avó está doente. Quero que as pessoas saibam disso.

— Bom, então — disse minha mãe. — Fale!

— Estou tentando — respondi, tensa —, mas você não para de me interromper.

Nós nos encaramos, cada uma de um lado da mesa, atadas uma a outra que nem em uma corrida das três pernas. A vergonha nos amarrava em seu pacto implícito: *Não conte para ninguém sobre você-sabe-o-quê*.

Porém, para quem estiver disposto a ver, as fotos do David LaChapelle dizem tudo que eu não sabia articular na adolescência: *Estou aqui! Estou livre! Sou jovem, furiosa e sensual, e sou eu*.

Meus pais estavam nervosos, com medo de que o assunto surgisse.

— Não dá para controlar essas coisas — meu pai me advertiu. — Não sabe como vão retratar.

No fim, o artigo o retratou como um "personagem raivoso de Hemingway". Diz que minha mãe usava um "chapéu florido extravagante" e uma saia Lilly Pulitzer "na altura das nádegas", o que achei injusto. Quer dizer, eu não sou a maior fã daquele chapéu, mas minha mãe estava linda e elegante, como sempre. Não adorei a descrição do meu sapato — "sandálias de acrílico que seriam usadas pelas raparigas do planeta Zorg" —, mas também estava escrito que eu parecia uma "sereia do cinema dos anos 1930", então fiquei feliz.

As fotos saíram na edição de setembro de 2000 da *Vanity Fair*. Gwyneth Paltrow ilustrava a capa, com uma chamada em azul-acinzentado: THE "IT" PARADE.* Na página 350, sobreposto na foto que estampava eu e Nicky na calçada na frente do Grand — a piada visual obviamente é proposital —, o lide dizia:

O pioneiro hoteleiro Conrad Hilton desfilava com *showgirls* nos braços, e Zsa Zsa Gabor como segunda esposa. Seu filho, Nicky, notoriamente se casou com Liz Taylor, e dela se divorciou.

---

* "A parada de 'its'." (N. T.)

Agora, uma quarta geração Hilton — Paris, de dezenove anos, e sua irmã Nicky, de dezesseis — está dando o que falar na sociedade. Planejando uma linha de cosméticos, estrelando um documentário sobre si mesma e negando boatos de tabloides de um romance com Leonardo DiCaprio, Paris é o modelo perfeito de uma debutante hip-hop.

Por três gerações, os homens Hilton eram quem fazia acontecer; as mulheres Hilton eram troféus ou faziam o estilo de "por trás de todo homem há uma boa mulher". Elas tinham ambições próprias e vidas interiores complexas, mas, em primeiro lugar, eram sra. Hilton. Nicky e eu deveríamos nos casar com bons homens e transmitir as antigas tradições. Meus irmãos deveriam se casar com boas mulheres e transmitir o nome Hilton.

Até que eu apareci.

Antes de morrer, Papa brincava:

— Passei a maior parte da vida conhecido como filho de Conrad Hilton. Agora, virei o avô de Paris Hilton.

Essas fotos do David LaChapelle são o ponto de inflexão no qual a história toda virou-se para o futuro. Elas abriram uma enxurrada de oportunidades para mim, elevando meu nome dos tabloides à fama absoluta, muito além da mídia da fofoca. Fui de modelo para top model, desfilando para marcas importantes na New York Fashion Week. Meu bico de ir a festas por grana começou a dar muito dinheiro. Tipo, *muito* dinheiro. Quanto mais gente me via, mais dinheiro eu ganhava — não só para mim, mas para todos ao meu redor.

Isso tudo acontecia no meio do renascimento pontocom. Perez Hilton diz que começou o blog no começo dos anos 2000 "porque parecia fácil". E era mesmo. A internet era um buraco negro imenso, chupando todo o conteúdo que encontrasse. De repente, todos aqueles olhares estavam por aí, sem regras do que poderiam ver. Fofoca de celebridade era o McNugget da nova era da informação: não fazia tão bem, mas era uma delícia. E irresistível.

Eu estava no olho daquele furacão perfeito.

— Os celebrados sempre existiram — dizia David, mas aquilo era diferente.

As pessoas só começaram a falar de *influencer* em 2015, então eu não sabia do que chamar aquilo nem o que poderia virar quando começou a acontecer. Eu não sabia fazer nada além de viver minha vida, para o bem e para o mal, então foi o que continuei fazendo, enquanto a vida ia exagerando.

Você provavelmente sabe o que aconteceu:

Surgiu a Paris Hilton.

16

ACABEI FAZENDO UMA PONTA EM *Zoolander*, o filme de Ben Stiller sobre modelos, assim como David Bowie, Cuba Gooding Jr., Natalie Portman, Fabio, Lenny Kravitz, Sting, Gwen Stefani, Winona Ryder, Lil' Kim e Lance Bass. Ah, e Ben Stiller! Foi uma cena curta, mas fiquei muito feliz de participar. E tinha um diálogo com o próprio Ben!

> **EU:** Ei, Derek, você arrasa.
> **BEN:** Valeu, Paris. Agradeço.

Quando falaram de todas as pontas divertidas de *Zoolander* na mídia, se referiam a mim como "Paris Hilton, ícone de estilo" — provavelmente porque não sabiam mais do que me chamar —, e eu gostei do título.

Em fevereiro de 2001, fiz vinte anos, satisfeita de largar de vez o lixo flamejante da adolescência. Nicky se formou na Sacred Heart, e comemoramos com uma festona no Bryant Park Hotel. Meus pais estavam muito orgulhosos da moça fabulosa que ela se tornara. Eu estava muito feliz de Nicky estar livre e disponível para aventuras. Ela finalmente poderia ir e vir comigo entre Nova York e Los Angeles — e Londres, e Paris, e Tóquio — para desfilar, curtir festas e premières, e sair comigo e meus amigos.

Comecei a namorar Jason Shaw, que foi, honestamente, o namorado perfeito. Se eu pudesse ser a namorada perfeita, talvez a gente ainda estivesse junto. Eu o conheci na calçada na frente do Four Seasons de Los Angeles, esperando o manobrista, e o reconheci do outdoor imenso da Tommy Hilfiger, que ocupava uns dez andares na Times Square com uma foto dele de cueca. Ele estava com Mark Vanderloo, e eles pareciam dois deuses gregos saindo para dar uma volta.

Jason nunca planejara virar modelo de cueca. Ele não era o estereótipo *Zoolander*. A chave para seu estilo único era uma autenticidade rara. Ele era um cara fofo e pé no chão de Chicago. Era formado em história. Diz a lenda que um olheiro o notou, o contratou para uma agência e que, uns dez segundos depois, Tommy Hilfiger ofereceu a ele o tipo de acordo louco de vários anos com o qual todos sonhávamos. Sempre que minha agenda permitia, eu o acompanhava em sessões de foto em Amsterdam, Milão e aonde quer que Hilfiger o mandasse.

Ele comprou uma casa na Kings Road para morarmos juntos, mas passávamos pouco tempo lá. Na década de 2000, eu passava de 150 a duzentos dias por ano no ar ou na estrada. (Entre 2010 e 2020, esse número subiu para 250 dias ao ano.) Na primavera de 2002, comemorei meu aniversário de 21 anos com aquele primeiro pulo de paraquedas épico e aquela festa de arromba global. Jason me deu de presente um Porsche prateado: carro dos sonhos, cara dos sonhos. Vi todas as pessoas que eu amava e milhares de pessoas que me amavam. E eu estava linda.

Gram Cracker morreu algumas semanas após meu aniversário. Sabíamos já fazia tempo que aquilo aconteceria, mas mesmo assim foi um baque. Minha mãe, Kim e Kyle estiveram com ela no fim. Minha mãe disse que, quando ela morreu, estavam todas de mãos dadas, chorando. De repente, ouviram as portas do armário se abrirem e fecharem com um estrondo. Foram correndo à cozinha, mas não tinha ninguém.

A enfermeira falou:

— Ela estava se despedindo.

Ouvir isso me deu conforto. Eu gostava da ideia do espírito de Gram Cracker — e meu próprio espírito, um dia — atravessar o salão que nem um redemoinho a caminho do Céu. Acredito em Deus, e espero que, no Céu, todos sejamos nossa melhor versão, mas a morte me assusta. É meu único medo de verdade.

Minha mãe ficou devastada. Eu não sabia ajudar. Ela fez tudo que é preciso fazer quando alguém morre, todas as burocracias e os detalhes. Minha mãe é incrivelmente forte por fora, mas sente tudo profundamente. A perda da mãe dela — e a perda de Nanu dois anos depois — foi brutal. O traço de personalidade fundamental da minha mãe é *joie de vivre*. Ela é alegre, cheia de vida, então me assustou vê-la triste assim. Odeio admitir, mas talvez seja a primeira vez em que fui tão sensível às emoções dela quanto era às minhas.

Para mim, era estranho pensar que Gram Cracker tinha partido, porque eu me sentia mais próxima dela do que nunca. Ela estava comigo. Os beija-flores iam e vinham, bem como ela dissera. Uma vibração geral de energia e luz me carregava pelas aulas de teatro e pelos testes, duas coisas que odeio. Fico muito insegura e odeio me sentir julgada. Eu só queria trabalhar.

Chegou o verão e muitas coisas boas aconteceram. Tinkerbell, minha cachorrinha! Que presente foi quando ela chegou na minha vida. Eu fiz um filme de terror chamado *Nove vidas* e um curta artístico chamado *QIK2JDG*, tive um papel pequeno e divertido em *Crimes em Wonderland*, filme com Val Kilmer, Lisa Kudrow, Carrie Fisher e Christina Applegate, e apareci em uma ponta em uma cena de rave com Mike Myers em *O gato*.

Tive uma reunião com produtores da Fox, que me apresentaram a ideia de um programa de televisão que misturasse ficção e realidade, uma mescla da sitcom fictícia ao estilo "peixe fora d'água" *O fazendeiro do asfalto* (que estrelava Eva Gabor, tia postiça da ex-esposa de Papa) e de um reality em estilo documentário, com o acréscimo de desafios episódicos. Nunca existira um programa daqueles antes, e nunca voltou a existir. *The Simple Life* foi um pioneiro dos *realities*, que ninguém — nem eu — jamais foi capaz de repetir.

Topei na mesma hora. De início, os produtores queriam que fosse com as irmãs Hilton, e implorei para Nicky participar comigo, mas meus pais eram contra. Variáveis demais. Gente demais. Vulnerável demais.

— Pare de loucura — disse Nicky. — Você vai passar vergonha.

— Não se for engraçado.

— Não quero ser engraçada — retrucou. — Quero ser elegante e, se a intenção fosse a gente parecer elegante, o programa seria sobre nossa vida de modelo de passarela na New York Fashion Week. Não é isso.

Ela estava certa.

A música de abertura resume bem:

Let's take two girls, both filthy rich,
*From the bright lights into the sticks.**

Não havia dúvida do que deveria acontecer:

Well they're both spoilt rotten.
*Will they cry when they hit bottom?***

Note que a letra se refere a *quando* (e não a *se*) elas chegarem "ao fundo do poço". As pessoas esperavam que se tratasse de duas riquinhas escrotas, que não geravam nenhuma identificação, que levariam um choque de realidade das pessoas "de verdade". O potencial de humilhação era enorme. Eu precisava fazer parceria com alguém que não tivesse medo de se passar por boba — não tivesse medo de *se fazer* de boba —, com uma mulher ousada que amasse passar trotes e curtir festas, e que estivesse disposta a caprichar no ridículo. O programa não teria sido o que foi sem Nicole Richie.

Não precisei implorar. Ela entrou no jogo no mesmo segundo, com 10 mil por cento de dedicação.

O cronograma de produção apertado começou em maio de 2003, e trabalhávamos dezesseis horas por dia no calor sufocante do verão de Arkansas. Recebemos instruções amplas para desenvolver nossas personagens — Nicole no papel de encrenqueira respondona, e eu, no de cabeça oca linda, tentando uma dinâmica de Lucy e Ethel 2.0. Não fazíamos ideia de como se desenrolariam nenhum dos enredos loucos; só sabíamos que, acontecesse o que acontecesse, era para sermos hilárias.

* "Vamos levar duas meninas, podres de ricas,/ Das luzes da ribalta ao interior caipira." (N. T.)
** "As duas são frescas e mimadas./ Vão chorar quando chegarem ao fundo do poço?" (N. T.)

Acho que muita gente supunha que eu e Nicole desprezaríamos aquela família rural, agiríamos que nem princesas metidas e levaríamos um choque de realidade. Repito: eu era a burrinha linda; Nicole era a encrenqueira. Clássico. Mas estávamos vivendo em um novíssimo milênio, e aquele enredo antigo não nos servia. Queríamos contar a história de meninas que saem para o mundo cheias de atitude e superam todos os obstáculos de um jeito ousado e completamente criativo. A gente precisava brincar com limites tênues: irreverentes, mas respeitosas, sensuais, mas realistas, audaciosas, mas não desagradáveis. A gente precisava arrasar nos desafios diários para virar o roteiro ao contrário de um modo engraçado e dar um jeito de o resultado ser positivo. Na época, não pensamos demais nisso, mas, em retrospecto, espero que a mensagem seja: *O futuro é das meninas que se recusam a fazer o que mandam. Girl power* não vem de ser rica ou linda; é uma combinação de coragem, bondade e humor.

A primeira temporada foi filmada toda em Altus, uma cidadezinha do interior de Arkansas. O orçamento de produção não era enorme para os padrões de Hollywood, mas era muito importante para aquela comunidade. Fomos recebidas de braços abertos, e as pessoas entraram na onda das nossas zorras. As encrencas nunca eram cruéis nem desrespeitosas. A cidade toda conhecia a gente e queria participar.

Amamos a família Leding. Era o tipo de família à qual Conrad Hilton aspirava e nunca concretizou — o tipo de família que meus pais tentaram forçar a existir, até tudo ir pelos ares. Os Leding me lembram da família comum do Meio-Oeste de Carter, o tipo de família que pretendemos criar. O lar multigeracional deles era cheio de amor funcional e de apoio. Fiquei especialmente próxima de Curly, a avó, que era forte e destemida — que nem Gram Cracker —, e de Braxton, o menininho que imediatamente se apaixonou por Tinkerbell. Não acho que foi coincidência os produtores botarem a gente em uma casa com dois meninos adolescentes: Justin e Cayne. Nossa missão era provocar e atormentá-los, mas, em vez disso, os adotamos como irmãozinhos.

O diretor fez Nicole e eu paquerarmos e beijarmos uns dois garotos da área, Anthony e Chops, que supostamente eram nossos namorados. (Na verdade, tanto eu quanto Nicole tínhamos outros namorados na época.) Esbarrei aleatoriamente em Chops uns anos atrás na Netflix, onde agora ele trabalha como executivo no departamento financeiro. Pelo jeito, ele se deu melhor no show business do que a gente se deu na inseminação de gado.

Hospedadas como se fosse uma festa do pijama no alpendre fechado dos Leding, eu e Nicole passávamos a noite rindo e combinando as roupas do dia seguinte. Todo dia de manhã, nossa versão de treze anos aparecia para jogo. A gente se divertiu horrores e riu até chorar, mas não vou mentir: no fim da produção — após dezoito semanas de dezoito horas de trabalho por dia —, estávamos para lá de exaustas. Fazia um calor insuportável em Altus. Em algum momento, nos dias mais sufocantes de agosto, liguei para minha mãe, chorando, tentando cobrir o telefone com a mão, e falei:

— Odeio isso aqui.

— Só mais três dias — disse ela. — Você consegue, querida.

E aí ela mandou um jatinho particular cheio de comida do Mr. Chow, uma demonstração vívida do amor privilegiado e do privilégio do amor.

Os filmes de maior sucesso naquele verão foram *Procurando Nemo* e *Matrix Reloaded*. Seis meses antes da estreia de *The Simple Life*, os programas de televisão mais famosos eram *CSI*, *Friends* e *Joe Millionaire*. Ainda não sabíamos quem seria nossa concorrência e quem seguiríamos na grade. Era óbvio que o horário logo depois de *Joe Millionaire* seria perfeito, então era o que queríamos.

Durante a pós-produção de *The Simple Life*, Friendster e MySpace foram lançados. As redes sociais não eram grandes, mas estavam começando a existir, e eu estava interessada. Ali estava um espaço onde era possível se conectar com Rupert Murdoch (que usava o username Dirty Digger) ou com uma amiga do fundamental. Dava para divulgar suas gravações musicais caseiras no mesmo espaço em que Nine Inch Nails lançava o novo álbum. Dava para se reinventar e amplificar o que estava fazendo, o que nos animou muito conforme se desenvolvia a divulgação de *The Simple Life*.

O programa começou a fazer muito sucesso na mídia. Nicole e eu trabalhamos muito, aparecendo, dando entrevistas. Eu saía quase toda noite, posava para os paparazzi, falava com todo mundo sobre aquele programa doido e incrível que estava prestes a estrear, prometendo que iam ficar todos impressionados. Ia e vinha entre Nova York e Los Angeles, trabalhando no tapete vermelho de premières e premiações, e, aonde quer que eu fosse, o exército cada vez maior de paparazzi me seguia. Eu estava em um momento de menina rebelde meio glorioso.

Amava Jason, e a gente falava de ficar juntos para sempre, mas eu sabia que não estava em um bom momento para um compromisso. Não tinha nada a ver com ele. Ele era um cara muito, muito legal. Na época, eu não entendia e hoje não sei explicar. Eu só não era capaz de ser honesta, fiel nem plena. Tinha traumas que não podia explicar para ele, e o fato de eu nunca ter me confidenciado com ele sobre meu passado... isso diz tudo, né? Segredos são corrosivos. Segredos destroem tudo que tentamos construir por cima. É que nem usar corretivo para esconder um olho roxo. Dá para disfarçar, mas não é a mesma coisa que se curar.

Quando soube que estava grávida, foi que nem acordar equilibrada no parapeito de uma janela no quadragésimo andar. Eu estava apavorada e enjoada. Os hormônios fizeram meus sintomas de TDAH entrarem em parafuso. Eu me sentia paralisada por uma ansiedade enraizada no meu corpo, que crescia que nem uma hera venenosa. Tudo que eu sabia sobre mim mesma estava em conflito com tudo que eu tinha sido ensinada sobre aborto. Ninguém pode saber como é difícil encarar essa escolha até precisar encará--la. É uma agonia particular intensa e impossível de explicar. O único motivo para eu falar disso agora é que muitas mulheres *estão* enfrentando isso e se sentem solitárias, julgadas e abandonadas. Quero que elas saibam que não estão sozinhas e que não devem explicação a ninguém. Quando não há solução certa — só resta o que existe. O que você sabe que precisa fazer. E você faz, mesmo que fique devastada.

Ao longo dos anos, pensei nesse momento com tristeza, mesmo sabendo que tinha tomado a decisão certa. Nos meus momentos mais solitários, via aquilo com ares românticos e me torturava com melodrama — *E se eu matei minha Paris? E se Jason for o amor da minha vida, que eu perdi?* —, mas o fato é que não havia nenhuma linda família feliz em risco. Não ia acontecer. Tentar continuar aquela gravidez, com as minhas questões físicas e emocionais da época, teria sido um desastre para todos os envolvidos. Naquele momento, eu não tinha a menor capacidade de ser mãe. Negar esse fato teria botado em risco a família que eu esperava ter no futuro, em uma época em que estivesse saudável e recuperada.

Encarar essa realidade me obrigou a encarar a verdade: teria sido errado ficar naquele relacionamento. Odeio saber que magoei Jason. Eu me magoei também. Mas sei que fiz a coisa certa — que quase nunca é a coisa mais fácil. Sempre vou amar Jason, mas chegamos a tentar namorar outra vez em 2010, por pouco tempo, e não deu certo. Eu passava oito meses do ano viajando, e ele não era um bobão doido para me seguir para todo lado. Foi estranhamente reconfortante confirmar que não éramos de jeito nenhum destinados à eternidade. Até conhecer Carter, eu achava que a eternidade não fosse para mim.

Passei uns dias chorando, então voltei a trabalhar. Não sabia mais o que fazer.

Assinei contrato com um empresário (de verdade), Jason Moore. Ele nem hesitou quando eu falei o que queria conseguir: um nome conhecido, patrocínios de alto nível, papéis bons no cinema, prestígio ao nível Marilyn Monroe. Eu gostava de como ele se referia a mim e à minha carreira como obras de arte. Quando um acordo estava sendo desenvolvido, ele dizia "a pintura ainda não secou" ou "ainda é só um esboço". Quando começaram a dizer que eu era "famosa por ser famosa", ele disse à CNN:

— Quando todos os artistas estavam fazendo o que hoje chamamos de impressionismo, os críticos não sabiam nomear, então falavam de "pinturas rabiscadas" ou de "artistas loucos". É isso que me ocorre com "famosa por ser famosa": as pessoas não sabem definir um movimento.

JM e eu começamos muito bem, mas acabamos em guerra quando eu descobri que o Facebook tinha feito oferta para ele, dizendo que queriam que eu fosse a primeira celebridade na plataforma aberta, e ele tinha *recusado*. Ele disse:

— Paris Hilton é tão famosa, que vamos fazer nosso próprio Facebook.

É para esse tipo de coisa que existe o emoji de pessoa tapando a cara. Não tenho nem palavras.

Eu estava na Austrália quando ele me ligou para dizer que um vídeo de 37 segundos que me mostrava transando estava circulando na internet.

Minha primeira reação foi:

— Quê? Não! Eu nunca fiz nada disso.

Achei que alguém tinha feito um vídeo falso, sei lá. Levei um minuto para fazer a conexão com aquele vídeo íntimo. Precisei fechar os olhos e respirar fundo. Achei que fosse vomitar. Era inconcebível. Não há motivo para acreditar que um cara aleatório que eu conhecera em um bar poderia ser tão podre. Nem tão esperto.

Em questão de horas, a notícia do vídeo estava por todo lado, junto a boatos de que havia uma filmagem pornô completa com lançamento programado. Eu senti que tudo aquilo pelo qual andava trabalhando tanto estava virando merda.

Liguei para ele, o "Scum", e supliquei.

— Por favor, por favor, não faça isso, por favor.

Ele soou frio e distante, e disse que era tarde demais, já tinha saído. Disse que tinha todo o direito de vender algo que pertencia a ele — algo que tinha muito valor financeiro.

Mais valor do que minha privacidade, óbvio. Do que minha dignidade. Do que meu futuro.

Vergonha, tristeza e puro terror me dominaram. Desliguei o telefone, tentando pensar no que faria a seguir. Eu precisaria contar aos produtores do reality. Pior ainda, teria que contar aos meus pais. Eu nem conseguia entender. No começo, só consegui chorar e chorar, em soluços violentos, roucos, vindos do fundo do peito. Senti que minha vida tinha acabado e, de muitos jeitos, tinha mesmo. A carreira que eu imaginara certamente não seria mais possível. Tudo que eu queria que minha marca fosse, a confiança e o respeito que estava tentando reconstruir com meus pais, o mínimo de amor-próprio que tinha conseguido recuperar — tudo foi por água abaixo em um piscar de olhos. Com o trabalho em *The Simple Life* e o sucesso do meu novo negócio, eu tinha cultivado um cerne de segurança e força. De repente, não o sentia mais. Senti todo aquele peso antigo voltar aos meus ombros.

Peguei um avião de volta aos Estados Unidos, tentando me esconder atrás dos óculos escuros, mas a mulher sentada ao meu lado notou que eu estava chorando.

— Está tudo bem? — perguntou.

Fiz que não com a cabeça.

Ao longo das catorze horas de voo, ela foi incrivelmente gentil, e eu acabei me abrindo e contando a ela o que estava acontecendo. No dia seguinte, tinha uma foto minha na capa da *Us Weekly*, com a manchete "Exclusivo:

Paris Hilton, meu lado da história", ou alguma coisa assim.

Minha mãe ficou lívida.

— Por que você daria uma entrevista antes de tirar um tempo para processar isso tudo?

— Eu não dei! — insisti, até lembrar a moça do avião.

Ela provavelmente gravou a conversa toda. Não sei quem a colocou naquele lugar ao meu lado, mas imagino que deva ter pagado uma faculdade bem boa para os filhos às minhas custas.

O vídeo de 37 segundos servia de prova: um teaser para mostrar como aquilo ia fazer sucesso, como daria o que falar e quanto as pessoas pagariam para ver. Imagino que alguém precisaria disso para arranjar financiamento para produção e distribuição. Se foi essa a intenção, deu certo. Foi um sucesso enorme. Isso ficou óbvio. Dava o que falar, porque era um tesouro de comédia facílimo. O potencial para piadas de loira, a oportunidade para arrogância, a degradação de alguém que vivia no luxo. Era que nem uma versão pornô das *Videocassetadas*.

Quando a versão completa do vídeo foi lançada, o preço inicial era por volta de cinquenta dólares, o que provavelmente tinha uma margem de lucro imensa, já que ninguém tinha precisado investir um centavo sequer em marketing. Comediantes, blogueiros e editores de tabloide faziam a propaganda de graça. O vídeo estava por todo lado, e todo mundo falava disso, balançando a cabeça e dizendo que me faltava decência. Engraçado: ninguém mencionava a decência de quem assiste a filmes sexuais nojentos de adolescentes.

Certa manhã, parei na banca de jornal do bairro, no Sunset Boulevard, um lugar que eu frequentava sempre para comprar café e revistas, e vi um anúncio imenso: "sim! Temos a *sex tape* da Paris Hilton!". O jornaleiro pareceu chocado quando arranquei o cartaz e joguei na cara dele. Ele não entendia por que eu estava chorando.

— Qual é seu problema? — berrei. — Você não é dono de uma loja pornô, é dono de uma banca de jornal! Meus irmãozinhos vêm aqui tomar sorvete!

O impacto do vídeo na minha carreira é impossível de calcular, mas o pior aspecto desse show de horrores foi o impacto na minha família. Minha mãe desabou e não saía mais da cama. Meu pai, com a cara vermelha de fúria, não largava o telefone, procurando advogados e porta-vozes, tentando me ajudar a arranjar qualquer esperança de contenção de danos. A reação espontânea foi convocar um bando de advogados ferozes, mas o consenso era que processos chamariam mais atenção. O conselho habitual da minha mãe era "Não dê pano para manga", o que fazia sentido para mim. Frequentemente faz sentido, em um mundo onde derrubar é tão mais fácil do que construir.

Meus pais ainda moravam no Waldorf, e todo dia de manhã o hotel deixava jornais na porta dos quartos. Nicky e eu acordávamos cedo e descíamos o corredor para virar os jornais para baixo, para que meus pais e irmãos não precisassem ver as manchetes de cara e sentir-se no meio de um desafio. Barron e Conrad já tinham idade para entender bem o que era aquilo e ficaram tão nervosos que mal conseguiam me olhar. Ao longo dos três anos anteriores, desde que eu saíra de Provo, eu tinha tentado reconstruir o relacionamento com meus irmãos e recuperar o elo destruído com meus pais. De repente, estávamos de volta à estaca zero. Abaixo de zero. Pior do que nunca.

De início, eu nem sabia se a Fox seguiria com o lançamento de *The Simple Life*. Toda a energia positiva e a animação que a equipe construíra com tanto trabalho — tudo relativo ao programa — tinham sido sufocadas pelo escândalo da *sex tape*. Eu não suportava as câmeras. Passei várias semanas escondida, recusando todas as oportunidades — entrevistas, festas, desfiles e capas de revista —, sacrificando todo o dinheiro que normalmente ganharia. Se Nicole ou mais alguém saísse para continuar a divulgação do lançamento, perguntas sobre a *sex tape* dominavam a conversa.

No dia 2 de dezembro de 2003, *The Simple Life* estreou na Fox com 13 milhões de espectadores, com a porcentagem chocante de 79% de público adulto. As críticas eram espetaculares, e a equipe decidiu que era hora de eu sair das sombras e falar do escândalo de alguma forma. Eram muitas as opções. Todos os programas de entrevista queriam me receber, mas a ideia que mais me interessava era a oferta de aparecer no meu próprio papel em um segmento com Jimmy Fallon no quadro "Weekend Update", do *Saturday Night Live*. Era um risco, mas o roteiro era genial, Jimmy acertou perfeitamente o tom, e o esquete continua a ser um dos melhores momentos da história do *SNL*.

JIMMY: Concordamos que não discutiremos o escândalo que tem dominado os jornais nas últimas semanas.

EU: Obrigada, Jimmy. Agradeço.

JIMMY: Então, sua família, não sei se todo mundo sabe, é dona de hotéis no mundo inteiro, né?

EU: Isso. Tem hotéis em Nova York, Londres, Paris...

JIMMY: Espera aí, então existe o hotel Paris Hilton?

EU: Existe, sim.

JIMMY: É difícil entrar em Paris Hilton?

EU: Na verdade, não sei o que você ouviu falar, mas é um hotel muito exclusivo.

JIMMY: Soube que Paris Hilton é uma beleza.

EU: Fico feliz que tenha ouvido isso.

JIMMY: Aceitam ocupação dupla em Paris Hilton?

EU: Não.

JIMMY: Paris Hilton é espaçoso?

EU: Para você, talvez seja, mas a maioria das pessoas acham bem confortável.

JIMMY: Sou VIP. Talvez precise entrar pela porta de trás.

EU: Pode ser quem for. Não vai rolar.

Como falei: um tesouro da comédia. E fiz uma amizade duradoura. Jimmy Fallon foi muito legal e muito gentil. Foi outro momento em que precisava lembrar que existia bondade, e ele me ajudou. Quando ele me chama para aparecer em seu programa, eu vou.

O segundo episódio de *The Simple Life* superou a estreia, com 13,3 milhões de espectadores. O programa foi um sucesso enorme, deu abertura para todo um mercado novo de reality shows e mantém-se um clássico do humor. Garanto que tem alguém assistindo à série agora mesmo em streaming, e espero que esteja morrendo de rir.

Tenho gratidão profunda à família Leding e orgulho incrível de mim mesma, de Nicole e de toda a equipe que se dedicou tanto àquela primeira temporada pioneira. Sei, no fundo, que o sucesso que atingimos ocorreu a despeito da *sex tape*, e não por causa dela, mas há cínicos que sempre alegarão que não teríamos conseguido aquilo de forma orgânica. Eu adoraria que existisse um jeito de descobrir.

Quero vomitar quando sugerem que eu estava envolvida na publicação daquela gravação na internet, ou do vídeo lançado mais tarde, em uma demonstração chocante de mau gosto, em memória das vítimas do onze de setembro. (Puta merda!) A publicação daquela gravação íntima me devastou, pessoal e profissionalmente. Ela me acompanhou a cada teste e reunião de trabalho, por anos. Até hoje, em um mundo corporativo dominado por homens, olho ao redor de mesas de conferência e sei que a maioria das pessoas ali me viu nua, do jeito mais degradante que posso imaginar. O que quer que eu faça, apesar de tudo que realizei nas últimas duas décadas, noventa por cento dos artigos escritos sobre mim acham adequado mencionar esse fato. Mesmo se eu acabasse com as mudanças climáticas e inventasse um trem-bala movido a Fanta, a manchete seria "Planeta salvo por Paris Hilton, que gravou *sex tape* aos dezenove anos".

A divulgação do vídeo me custou uma quantidade absurda de dinheiro e, pior ainda, devastou minha família. E nunca acaba. Está aí no mundo, à espera dos meus filhos, que um dia vão precisar confrontá-lo. Acho que algumas pessoas querem acreditar que eu estava envolvida na publicação do vídeo — ou que tirei alguma vantagem —, porque é desagradável pensar na crueldade e na cumplicidade de sua própria resposta.

Por favor, me escute quando eu digo que nunca, NUNCA, sob circunstância alguma, eu me envolveria na produção de um filme pornô amador com adolescentes e que, se estivesse envolvida nesse aí:

- A iluminação seria melhor.
- Eu estaria de cabelo e maquiagem feitos, e com roupas melhores.
- Os ângulos e a edição teriam sido mais agradáveis.
- Eu não teria vendido no formato de um lixo nojento de baixo orçamento.
- Eu não teria o mau gosto de dedicar um pornô às vítimas de um ataque terrorista. (Sério. Que porra é essa?)

E o mais importante: se fosse algo que eu *escolhesse* fazer, *eu teria assumido*. Teria me empertigado bem nos meus saltos Louboutin e dito:

— Uhum, foi minha escolha, e quem quiser me julgar pode tomar no cu com uma porrada de areia.

Eu teria defendido, capitalizado, vendido cada frame e desfilado até o banco sem pedir desculpas a ninguém.

Não julgo nenhuma mulher que escolha, *sim*, fazer isso tudo.

Estou só dizendo que essa escolha foi tirada de mim, e que me fez mal.

Fico furiosa ao pensar em quantas meninas são exploradas por causa de leis frouxas e trouxas ligadas a *revenge porn* e outros usos não autorizados de imagens íntimas. Se eu pegasse uma foto de um menino adolescente, estampasse em uma almofada de hemorroidas inflável e vendesse por cinquenta pilas, sabe o que seria?

Ilegal.

Como pode ser que a lei me permita registrar e proteger a palavra *sliving*, mas se recuse a proteger o direito de uma mulher de controlar a divulgação de imagens do próprio corpo?

Há pouco tempo, eu estava na minha suíte de hotel em Washington, DC, me preparando para uma coletiva de imprensa e uma reunião com legisladores a respeito da federalização de leis para garantir a regulação e supervisão da indústria de serviços para adolescentes considerados problemáticos. Eu me olhei no espelho, analisando a linha elegante do meu terno preto, tentando decidir se a blusa de decote redondo e modesto era melhor que outra camisa, de gola alta e laço de seda — era menos confortável, mas não expunha nenhuma pele abaixo do queixo.

— Carter? Amor, o que acha? — perguntei, me apresentando com a blusa de decote redondo e mostrando a segunda opção. — Essa ou essa?

Ele me beijou na testa, porque eu tinha acabado de passar brilho labial.

— Você está linda, e a gente precisa sair — falou.

— Vou levar essa também — falei, guardando a blusa de gola alta na bolsa. — Só para o caso de alguém me chamar de puta.

Porque eu tenho que pensar nisso todo dia desde o lançamento da *sex tape*. Pessoas me chamam de puta aos berros, sério. Tenho que me preparar e me proteger, e sinto raiva de cada partícula de energia que isso suga da minha força vital emocional. Não posso nem me permitir pensar no que seria minha vida se eu não tivesse participado em algo que sabia ser má ideia em um momento de extrema vulnerabilidade, quando me esforçava tanto para arrumar minha vida. Isso destruiu um setor enorme do meu negócio antes mesmo de eu ter a oportunidade de construí-lo. Aonde quer que eu fosse, e o que quer que fizesse depois disso, eu carregava uma cicatriz.

Minha família e meus amigos comemoraram a estreia de *The Simple Life* com uma festa no Bliss, um novo restaurante da moda em La Cienega. Os paparazzi lotaram a rua. Quando a limusine parou, fiquei sentada no banco de trás, com o coração a mil, sabendo do que estavam todos falando, sem saber o que dizer.

Eu me virei para meu pai e perguntei:

— Como eu estou?

— Especial, uma em 1 milhão — falou, segurando minha mão.

Em vez do vestidinho fofo desenhado para aquela ocasião, escolhi usar um terno cor-de-rosa e chique, e essa escolha ficou para a história. Tinha muitas camadas nesse look. Veja só. É elegante, orgulhoso e forte: o cetim cor-de-rosa manifesta "Foi mal, nem vou me desculpar".

A porta se abriu. Flashes e gritos me inundaram. Não havia nada de defensivo na postura de meu pai ao me acompanhar ao restaurante. Ele se portava com orgulho, sorrindo de orelha à orelha.

Lembra o barulho que as câmeras faziam? O clique do obturador seguido do ronco do filme avançando? Aquele *clique ronco clique ronco clique* em rápida sucessão, multiplicado por dez e por dez e por dez — na época, era música aos meus ouvidos, e hoje sinto certa saudade. Câmeras digitais capturam imagem em silêncio estéril, em geral. Aquele ruído visceral de *te peguei* é opcional. Na época, era ubíquo. (Que palavra boa, né? *Ubíquo*: espalhado por tudo, que nem molho holandês.) Às vezes, deitada na cama depois de uma longa noite de farra, ouvia o barulho pulsando junto ao sangue na minha cabeça.

te peguei te peguei

Minha primeira volta a um tapete vermelho grande foi nos Grammys de 2004.

— Paris! Paris! Para a esquerda! Paris, olha aqui! O que você tem a dizer sobre a *sex tape*? Espera! Paris, a gente só quer conversar! Aqui, Paris!

te peguei te peguei te peguei te peguei te peguei te peguei te peguei te peguei te peguei

Janet Jackson estava programada para se apresentar com Luther Vandross naquela noite, mas, uma semana antes, tinha ocorrido o infame "deslize de figurino" no intervalo do Super Bowl, então a CBS/Viacom declarou que ela era indesejável e não estava mais convidada para participar do show. A seu crédito, no discurso que fez ao aceitar um seus muitos prêmios Grammy, Justin Timberlake se desculpou por expor o peito de Janet. Não estou sendo irônica nem nada, ok?

Olha, não estou pedindo para ninguém sentir pena de mim. Eu me responsabilizo plenamente pelas escolhas públicas e particulares que fiz, e não vou me desculpar por nada. Só quero dizer que a vergonha não falta, e mulheres tradicionalmente tiveram que aguentar mais do que lhes é devido. E a gente não aguenta mais. Sei que eu cansei, e acho que Brit, Lindsay, Shannen e mais um monte de mulheres devem concordar comigo. Envergonhar meninas como esporte e indústria precisa acabar.

Dizem que eu inventei a selfie, mas não é verdade. Anastásia Nikolaevna, grã-duquesa da Rússia, tirava fotos de si mesma cem anos atrás, e séculos antes da existência de câmeras, artistas pintavam autorretratos. O que fiz, como influencer, foi impulsionar exponencialmente a ideia de que eu — a pessoa na foto — mereço tirar mais vantagem daquela imagem do que as pessoas que criam e vendem imagens de mim sem meu consentimento.

Desde que mulheres como eu e Kim dominamos o Instagram, o tipo de insanidade de paparazzi que matou a princesa Diana praticamente desapareceu. Nunca mais vai ser assim. Ainda há mercado para fotos espontâneas de celebridades — especialmente se a celebridade parecer gorda, magra, feia, bêbada ou comprometida de algum modo —, então os paparazzi ainda circulam por aí, mas nem chega perto do que era em 2003, quando a rua de uma boate às vezes acabava em combate mano a mano pesado entre pessoas que brigavam para tirar fotos, que vendiam por milhões.

No fim, a questão é oferta e demanda. A demanda continua igual; dá para traçar sua origem lá com Helena de Troia. Mas agora a oferta está na minha mão.

O crescimento da cultura de selfie não é questão de vaidade; é questão de mulheres retomando o controle sobre a própria imagem — e autoimagem. Não acho que isso é ruim.

Tirem suas próprias conclusões.

17

O FACEBOOK FOI INAUGURADO em fevereiro de 2004, e eu vivia ouvindo falar, mas era apenas para universitários.

— Não leve a mal — aconselhou Nicky, e eu não levei, mas era uma forma estranha de me lembrar de que um dia existira uma menininha chamada Star, que sonhava em virar veterinária.

Porém, eu não fiz faculdade. As pessoas pagas para me educar fracassaram, então eu precisei me educar sozinha, fazendo, sonhando e experimentando, lendo e ouvindo, estragando as coisas e consertando-as depois. Precisei catar minha educação no bufê self-service da vida. Minha autoeducação é uma colagem de experiências unidas por modelos de vida assombrosos.

Repito: eu nasci com muito privilégio. Não vou minimizar isso. Mas eu podia passar a vida à toa, e não foi o que fiz, nunca. Eu trabalhei. Sempre que minha vida desmoronava, eu trabalhava mais. Um conselho inestimável que meu tio-avô deu ao meu avô, e meu avô me transmitiu:

— Sucesso nunca é final. Fracasso nunca é fatal.

Sei disso por experiência própria.

Enfim. Sem faculdade. Então sem Facebook em 2004. Provavelmente foi melhor assim. Certamente tinha um monte de fofoca nojenta sobre mim por lá. Eu não precisava desse tipo de negatividade e de distração.

The Simple Life foi um sucesso imenso, e meu negócio só crescia. Em parceria com a Parlux Ltd., inaugurei minha marca de estilo de vida e lancei meu primeiro perfume — Paris Hilton, em versão feminina e masculina —, que fez tanto sucesso que decidi comprar uma casa grandona. Wendy White me ajudou a encontrar um lugar em Kings Road, acima da Sunset Strip, e eu reformei a casa para incluir o "Club Paris", o melhor canto para *afters*, com um sistema de som incrível, um bar completo e uma barra de pole dance.

Eu amava selecionar músicas e pessoas para tornar esses eventos estranhos e mágicos a noite toda: músicos, modelos, artistas, atores e um monte de gente aleatória que fazia coisas interessantes com tecnologia e mídia. Muita gente nova chegava na minha porta. Anna Faris recentemente me lembrou da noite em que ela apareceu, tímida e deslumbrada, recém-chegada a um mundo em movimento rápido. Eu subi com ela e nos sentamos no meu closet, rindo e conversando, e eu a ensinei a fazer a maquiagem de olho esfumado, que estava prestes a voltar à moda.

Pode ter sido esse o começo concreto da minha vida de DJ, porque eu nunca deixava a música parar. Eu comandava cada festa como se pilotasse uma nave especial e nunca deixava ninguém ficar para trás. A trilha sonora de 2004 foi definida pelo álbum duplo de Outkast, *Speakerboxxx/The Love Below*, e por "Drop It Like It's Hot", de Snoop Dogg.

Vários filmes ótimos saíram naquele ano: *Meninas malvadas*, *O âncora*, *Diário de uma paixão*, *De repente 30*, *Napoleon Dynamite*, *Todo mundo quase morto*, *O castelo animado* e *Como se fosse a primeira vez*.

Eu e Nicole começamos a filmar a segunda temporada, que nos levou em uma viagem de carro pelo país, durante a qual precisávamos fazer bicos para financiar a aventura. Uma das situações era em um rancho turístico, o que me animou. Eu amo cavalos. Estava confiante na minha capacidade de montaria, apesar de fazer um tempo que eu não tentava. Tudo começou bem, mas acho que meu cavalo estava agitado por causa da quantidade de gente e de equipamento de filmagem. Ele disparou e acelerou. Perdi o ritmo natural e comecei a quicar muito na sela, então, quando o cavalo parou e deu um coice, não consegui me segurar.

Bati com tudo no chão. Perdi o ar e fiquei um minuto caída, sem conseguir respirar. Quando a equipe chegou, eu já estava me sentando, dizendo:

— Tudo bem, tudo bem.

Foi aí que me veio uma sensação esquisita, como se lava derretida escorresse pelo meu corpo. Eu tinha caído em urtigas, plantas que têm aparência macia e felpuda, mas na verdade são cobertas de milhões de agulhas minúsculas, todas da finura de um cílio e preenchidas de ácido. Parecia que meu tronco tinha sido atravessado por um dardo. Tentei manter a compostura e fazer graça, mas eu estava sofrendo muito. A maior piada no programa foi quando um dos caubóis se ofereceu para mijar em mim, porque supostamente ajudava a aliviar a ardência. Não, valeu.

(Por sinal, isso é só mito, e provavelmente vem de alguma situação em que um caubói se mijou de tanta dor.)

Conforme o programa ia ficando mais popular, as piadas que eu e Nicole inventávamos se espalhavam por aí. Na rua em Nova York, eu ouvia meninas rirem e cantarolarem:

— Sanasa Sanasaaa!

"That's hot!" pegou bem como tinha pegado no sexto ano. Quando fechamos a segunda temporada, eu registrei a expressão como marca. Não sabia o que queria fazer com aquilo, só que não queria que ninguém chegasse lá antes de mim.

Nicky, aos dezenove anos, estava arrasando. Ela lançou sua grife de alta costura, Nicholai, na New York Fashion Week, além de uma coleção de vestidos e macacões para sua marca de varejo, Chick. Colaboramos juntas com Samantha Thavasa, uma empresa japonesa que fabricava bolsas de luxo. Nicky era a designer e assinava as bolsas, e nós duas servimos de porta-voz e modelo em outdoors, passarelas e campanhas publicitárias. Sempre que a gente ia ao Japão, os fãs surtavam. Parecia que os Beatles tinham chegado. Promoters enchiam nossa agenda, encaixando um mês de trabalho em sete dias.

A gente amava trabalhar como irmãs Hilton. Por um tempo, moramos juntas na minha casa em Kings Road e viajamos bastante, promovendo nossas linhas de produtos ao redor do mundo e nos divertindo muito.

Naquele verão, passei por um momento esquisito não tão grave se comparado a outros momentos, mas me incomodou: a primeira das muitas invasões à minha casa em Kings Road. Não foram os roubos do Bling

Ring (grupo de adolescentes que roubavam casas). Nem o stalker cheio de facas. Outra pessoa. Aquela casa vivia sendo arrombada, parecia até um Kinder Ovo.

A casa tinha sido toda revirada, e era uma cena de crime de verdade. Eu queria entrar para fugir dos paparazzi, mas a polícia tinha fechado tudo, então atravessei a rua e pulei a cerca do terreno do vizinho, que, por acaso, era a casa do meu ex-namorado, Jason Shaw, e acabei ficando tão atrapalhada com o portão, que os alarmes foram acionados. A polícia chegou correndo, seguida dos paparazzi. Foi uma loucura.

Nicky falou:

— Vou chamar o Elliot.

Nas décadas de 1960 e 1970, Elliot Mintz era o apresentador de *Headshop*, um talk show na televisão, no qual entrevistou lendas como Bob Dylan, Mick Jagger, Timothy Leary e Salvador Dalí. Ele foi amigo íntimo de John Lennon e Yoko Ono, e esteve ao lado de Yoko após o assassinato de John. Até hoje, Elliot é convidado frequente da casa dos meus pais no dia de Ação de Graças. Ele tinha uma compreensão profunda de fama e mídia, e uma rede vasta de amigos interessantes que confiavam nele, o que é raro em Hollywood. As pessoas o chamavam de "Hollywood fixer", ou "spin wizard".* Se perguntar a Elliot Mintz o que ele faz, ele diz:

— Eu limpo o que ficou manchado e amplio o que brilha.

Nicky telefonou, e ele chegou em menos de uma hora.

Enquanto ele atravessava a multidão, notei que não tinha dificuldade de fazer os paparazzi se comportarem. Acesso é o superpoder de Elliot; os paparazzi ficavam admirados. Quando ele chegou, os fotógrafos se abriram como o Mar Vermelho. Ele lidou com a polícia, me levou para dentro de casa e desenvolveu uma declaração para a mídia, que magicamente tirava o foco da minha casa invadida e da minha tentativa de pular a cerca, e se voltava para minha marca crescente e meu novo perfume.

Quando tudo se resolveu, Elliot pediu comida, e ficamos muito tempo conversando. Eu gostava da integridade de Grilo Falante dele e do jeito deliberado e reflexivo com que falava. Tantos anos depois, essa ainda é a coisa

---

* "Faz-tudo de Hollywood", ou "mago da interpretação". (N. T.)

que mais me impressiona em Elliot: ele nunca fala sem pensar. Cada palavra é um passo preciso.

— Qual é seu plano? — perguntou. — Seu desejo? Sua ambição? Pergunto isso a todos meus clientes: o que você quer realizar?

Eu não menti. Falei:

— Quero ser famosa. Quero que saibam quem eu sou, que me reconheçam e que gostem de mim, para eu poder vender o que quiser. Minhas linhas de produto. As linhas de Nicky. Designers, criadores, tudo que eu quiser. Se eu disser que alguma coisa é linda, vão acreditar que é linda. Se eu for a uma festa, a um spa, a um resort, todo mundo vai querer ir também. Quero que apreciem minha posição de formadora de opinião. De ícone. E quero lucrar em cima disso, tipo, *muito*.

— Sua presença imediata já foi estabelecida — disse Elliot. — Você passou do estágio embrionário da carreira que está desenvolvendo.

— Está indo bem — concordei.

— Que nem um trem desgovernado — falou. — Você tem medo de excesso de exposição?

— Não acredito em excesso de exposição.

— Há parâmetros. Há um fator de retorno. Você precisa estar atenta a quando ficar chato.

Dei de ombros. Discordei, na época. Por muito tempo, falamos do cenário midiático em transformação e do significado da celebridade.

Elliot falou:

— Minha especialidade é o quanto uma pessoa pode fazer para promover o próprio trabalho, para se tornar secundária ao diálogo, e o foco ser naquela atuação no cinema, naquele som inovador que criou na música, no que foi revelado no livro que mudou a vida dos leitores. Isso, para mim, é a chave da grande mídia, da mídia *duradoura*. Não dá para ser tudo questão de venda. Lembre, edições limitadas existem.

— Talvez — falei.

Exclusividade. Isso, sim, era mais minha praia.

— Se você alcançar um grupo menor de pessoas, com potência e poder de verdade, vão ficar do seu lado para sempre — disse Elliot.

Na época, eu não entendia completamente, mas ele descrevia meus Little Hiltons, um grupo central e firme de fãs, que se tornaram minha família de muitas formas.

— Você tem uma carreira de quarenta anos pela frente — falou. — Não precisa queimar tudo em cinco. Artistas não são que nem atletas, com uma quantidade limitada de tempo viável. Há inúmeros exemplos de artistas que continuam a criar e inspirar duas ou três gerações de fãs, depois de décadas e décadas de trabalho.

Procurando por alguma estratégia concreta para botar aquela teoria na prática, mostrei para ele a inundação de mensagens e convites para aparecer na mídia que tomava meu telefone todo dia.

— Sua vida — disse ele — é um redemoinho. As pessoas raramente percebem quanto da vida deve ser dedicada a se manter famoso. É uma experiência contínua, incessante. Quando você entra no Ralph's à uma da manhã, está trabalhando. Quando está doente, está trabalhando. Quando está cansada, está trabalhando.

— Eu sei.

— Quando pula uma cerca...

— Elliot — falei. — Eu conheço a piada.

Ele sabia ao que me referia. E sabia por que eu precisava que ele soubesse. Foi isso que tornou Elliot parte indispensável da minha vida profissional por vários anos e parte indispensável da nossa família até hoje. Ele selecionava os convites e me ajudava a treinar alguns pontos de discussão, porém, ainda mais, me ajudou a desenvolver uma filosofia que me firmava no meio daquele incêndio que eu tinha deflagrado. Em termos de gerenciar crises, Elliot me deu o mesmo conselho que dá a todos os clientes:

— Não minta. Aprenda com Clinton e Nixon. É melhor assumir e seguir em frente.

Mesmo quando ficávamos momentaneamente irritados um com o outro ou ocupados com outra coisa, eu sabia que poderia ligar para ele se necessário.

Acabou que era sempre muito necessário. Nicky foi esperta de perceber isso logo.

Dias e semanas avançaram em um ciclo contínuo: trabalho, festa, viagem, festa, desfile, festa, de novo. Elliot escrevia um anúncio de bom gosto para todo noivado e uma declaração sensível para todo término. Sempre que meu trem-bala pessoal descarrilhava, ele me oferecia a mesma clareza e presença calma que sempre recebi de Wendy White. Várias noites por semana, Elliot saía comigo e meus amigos. Como motorista da rodada, ele bebericava chardonnay e nos levava de um lado para o outro, sem julgar. Brit, Nicole e eu o apelidamos de Chardy. Nicky e eu adorávamos provocá-lo ao telefone.

— Elliot, Nicky disse que quer te amarrar todo.

— Elliot, Paris quer te dar uns beijos.

Porque somos sofisticadas.

Elliot nunca se deixava abalar.

Normalmente, saíamos umas nove da noite, jantávamos e passávamos por algumas festas, recolhendo a comitiva no caminho. Nicole, Brit, Kimberly Stewart, Bijou Phillips e Casey Johnson eram presenças constantes, mas a gente nunca sabia em quem esbarraria, e meu Range Rover era espaçoso. Quando as boates fechavam, já sabíamos todas as opções de *after*.

Elliot passava muitas daquelas festas *afters* de olho nas pessoas ou admirando a arte dos anfitriões, enquanto a gente dançava e bebia até umas quatro da manhã. Aí, com o talento de um domador de leões, ele nos conduzia pelo labirinto de paparazzi e nos levava para casa.

O *New York Times* publicou uma matéria sobre Elliot em 2006, da qual ele não gostou, mas comentou sobre ela, pois o texto seria publicado mesmo sem sua participação. A matéria especulava sobre por que aquele cara, que era uma lenda na indústria — um homem que Yoko Ono descrevia como "um amigo íntimo que sobreviveu a tempestades comigo por 25 anos" —, andaria por aí com uma festeira de 23 anos e suas amigas bobas. O autor da matéria parecia acreditar que ele deveria passar o tempo com pessoas melhores — pessoas que não precisavam disso, porque todo mundo as amava de qualquer jeito —, o que mostra a dificuldade de entender o elemento essencial de quem Elliot é: o cara em quem podemos confiar quando não confiamos em nós mesmos.

O YouTube foi lançado em 2005, três dias antes do meu aniversário de 24 anos, e aumentou exponencialmente o potencial de autopromoção e da vergonha pública.

Nas primeiras seis semanas do novo ano, eu apresentei o *SNL* com Keane de convidado musical em fevereiro, anunciei o começo e o fim do meu noivado, e concluí a gravação da terceira temporada de *The Simple Life*. Em maio, eu explodi muitas cabecinhas por aí, lavando um carro e comendo um hambúrguer da Carl's Jr. enquando usava um biquíni em uma propaganda que passou no Super Bowl e depois foi proibida na televisão por ser sensual demais. Por isso, ninguém ficou tão surpreso ao me ver na capa da *Playboy*.

Exceto por mim. Eu fiquei surpresa. E não foi bom.

Quando a gente morava na casa de Furley, em Los Angeles, Jen e Nicole saíam com Hugh Hefner toda noite de quarta-feira, em uma limusine Hummer, com um bando de outras meninas. Comecei a sair com elas para as boates de quarta-feira e para festas na mansão Playboy no Halloween, no solstício de verão e em outras ocasiões especiais. Isso era na época em que essas festas eram maneiras. Eu amava aquele tipo de evento.

Hef vivia me convidando para posar para a revista como Playmate, e eu achava uma ideia incrível, mas, quando contei para minha mãe, ela disse:

— Você está louca? Não! Você não vai ser Playmate. Que coisa cafona.

(Curiosidade: Hef tinha convidado minha mãe para posar como Playmate na adolescência, e Gram Cracker tinha recusado pelo mesmo motivo.)

Anos depois, quando fiquei mais famosa, Hef queria muito que eu posasse para a capa da *Playboy*. Ele ia insistindo e oferecendo mais e mais dinheiro, e dizia que eu não precisaria nem posar inteiramente nua, só com os peitos de fora. Depois, disse ainda que eu não precisava nem botar os peitos para fora, só usar lingerie transparente. E, por fim, que eu podia usar a lingerie que quisesse. Mesmo quando ele me ofereceu um valor na casa dos milhões, eu recusei, porque sabia que minha mãe surtaria e porque eu já tinha ficado com fama de puta por causa da *sex tape*. Achei que um ensaio na *Playboy* fosse concretizar aquela opinião de mim.

Certa manhã, uma amiga me ligou e falou:

— Amei sua capa da *Playboy*!

— É o quê?

Hef tinha me "homenageado" com o prêmio Estrela Sexual do Ano, o que o permitia alegar que era "notícia", e não um ensaio. Ele arranjou a foto de um teste fotográfico que eu fizera com uma fotógrafa muito legal. A imagem tem um estilo meio pin-up retrô: corpete vermelho, salto alto, meia arrastão preta, pouca pele à mostra — bem menos sexy do que as campanhas da Carl's Jr. Imagino que tenha vendido bem, porque as pessoas esperavam me ver pelada dentro da revista.

Surpresa, otários. Eles não ganharam nada. Nem eu.

Meus pais ficaram putos, e eu chorei, mas nenhum de nós confrontou Hef, porque simplesmente não se fazia isso.

Naquele verão, eu estrelei *A casa de cera*. O cartaz tinha minha cara e a chamada: "Veja Paris morrer!". Não me incomodei com a abordagem do marketing e não fui ingênua quanto ao motivo. E eu gosto do filme. Virou um clássico camp. Protagonizei *Universidade do prazer*, da National Lampoon, e interpretei Barbara Eden no papel icônico de *Jeannie é um gênio*, em *American Dreams*.

Ganhei muito dinheiro nesses anos e desperdicei bastante grana, mas apenas a porcentagem que se deve desperdiçar na faixa dos vinte anos, que deve ser uma década de exploração independente da quantidade de zeros no seu extrato.

— Você é jovem — disse Papa. — Pode tolerar investimento de alto risco.

Ele estava falando de fundos mútuos e mercado imobiliário, mas acredito que o conselho valha para tudo: na vida financeira, na vida emocional, na vida profissional e na moda.

Às vezes, eu fazia besteira. Falei algumas coisas que não diria hoje. Magoei as pessoas e me arrependo. Bebi muito e vivi alguns momentos infelizes. De alguns deles, eu rio; de outros, nem tanto. Não vou me lamentar disso aqui. Não vou oferecer explicação, nem pedir para que ninguém se explique para mim. Por isso, nada de vergonha. Foi mal, não vou me desculpar. As únicas pessoas que não fazem besteira são as que nunca fazem nada.

Eu não estava inteiramente preparada para a maré de amor e ódio que veio na minha direção, então me concentrei no amor e reconheci o ódio pelo que era: a Porca.

A Porca de Hollywood não é uma pessoa; é uma mentalidade. Uma pira de poder que vem de um poço profundo de desamparo. Quando a Porca de Provo botava a gente em "interdição", ninguém podia falar com a gente.

A Porca de Hollywood é ótima em exilar, envergonhar e cancelar as pessoas que não entram no jogo do grupo.

A Porca da Provo intimidava e humilhava as crianças, e as forçava a se dedurar. Ela tinha apenas um objetivo — nos controlar — e todo seu poder vinha de nos virar umas contra as outras. Assim que descobri isso, parei de temê-la. Comecei a sentir prazer em incomodá-la. Isso me levava a ser espancada e isolada na cela. Mas eu sobrevivi. A Porca de Hollywood não podia fazer comigo nada pior do que já tinha sido feito.

Eu tinha 23 anos, e estava trabalhando na terceira temporada de *The Simple Life* quando *South Park* fez um episódio sobre mim. Foi uma doideira! *South Park* era meu desenho preferido. Eu tinha conhecido os criadores Trey Parker e Matt Stone em uma festa e os achado legais e interessantes. Se alguém fosse capaz de encarar a Porca, achei que fossem eles.

Mas não.

O episódio — dirigido por Trey e escrito por Trey, Matt e Brian Graden — se chama "Kit de vídeo da vadia idiota e mimada". Sou eu a personagem que dá o título ao episódio, mas também o atribuem a Britney Spears, Christina Aguilera, Tara Reid e todas as menininhas que eram nossas fãs, o que me chateia muito mais do que qualquer coisa feia que possam dizer de mim. Também me chateia o episódio retratar, em imagens explícitas, Tinkerbell sendo morta a tiros. Pensar nisso me enjoa. Eu me envolvi com mídias bem ousadas, mas nem sei de onde vem uma coisa dessas.

Quando alguém em um tapete vermelho me perguntou o que eu achava daquele episódio, eu falei:

— Ah, nem vi.

Depois, murmurei alguma coisa sobre imitação ser o elogio mais sincero. O que era para eu dizer? Honestamente, eu não queria chamar mais atenção para aquilo. Ouvia sempre o conselho da minha mãe: "Não dê pano para manga".

Quando um jornalista contou a Matt da minha resposta discreta no tapete vermelho, ele disse:

— Isso só mostra como ela é fodida da cabeça.

Antes do #MeToo, nos ensinavam a ficar frias, manter a superioridade e aceitar esse tipo de coisa. O fato de eu não querer ver um desenho animado que mostrava meu cachorro sendo assassinado e eu engasgando em sêmen "mostra como sou fodida da cabeça". O mais fodido é que eu aceitei. Fiquei quieta. Por décadas. Até me questionei se deveria falar disso aqui, porque *eca*, e porque odeio, odeio, *odeio* conflito. Eles obviamente são melhores em me destratar do que eu seria em destratá-los. Esse era o tipo de coisa que motivava o Rap. Eu só suportava ficando quieta e encarando o chão.

Só que não aguento mais. Meu trabalho de ativista me ensinou que "silêncio é concordância"; se não se pronunciar diante de alguma coisa errada, está aprovando aquela coisa.

Fico muito triste por Matt e Trey terem optado por esse caminho. Mostrar violência sexualizada contra mulheres é pior do que politicamente incorreto; é perigoso. E não tem graça. Falta criatividade. Eu vivo me perguntando por que eles caem sempre nisso e se desdobram em busca de qualquer resquício de choque. Tem outro episódio de *South Park* em que Cartman recebe da escola o direito de pedir um desejo, e seu desejo é que espanquem Selena Gomez na frente dele.

Vamos analisar o script rapidinho: uma menina adolescente é trazida para ser espancada, para a gratificação do protagonista. Alguém a espanca, e depois diz:

— Tá, agora leva essa merda embora.

Como se a menina que acabaram de agredir fosse um lixo. É esse o limite.

Selena Gomez é uma das pessoas mais fofas que eu já conheci e, quando o episódio foi ao ar, ela estava lidando com um stalker apavorante na vida real. Mas a questão não é quem ela é; é quem somos todas. Como uma coisa dessas pode ser aceita — por todo mundo — como *engraçada*? Como não vemos que o tratamento de *It Girls* se traduz no tratamento de *todas as meninas* da nossa cultura?

Repito: eu adoro *South Park*.

Não estou dizendo que *South Park* é um programa horrível ou que merece ser cancelado. Mas espero que, um dia, Trey e Matt consultem seus anjos quanto à necessidade de continuar a exibir "Kit de vídeo da vadia idiota e mimada". E o episódio da Selena Gomez. Ou aquele com Britney Spears e Miley Cyrus sendo assassinadas enquanto as pessoas fotografam…

Olha, eu já fiz e disse várias coisas das quais não me orgulho. Eu usava aqueles bonés horrendos da Von Dutch. Uma vez, fui a uma festa de Halloween da mansão Playboy fantasiada de Pocahontas sexy. Aos dezoito anos, enchi a cara em uma festa e apresentei uma versão totalmente inapropriada de "Gin and Juice", do Snoop Dogg, e, sim, eu sabia a letra *tooooodinha*. Quando me encurralaram em uma entrevista, eu fingi ter votado em Donald Trump, porque ele era amigo da minha família e dono da primeira agência de modelo que me contratou — quando eu mudei de agência, ele ficou furioso e me intimidou para caralho por telefone. A verdade é pior ainda: eu nem votei em ninguém.

Estou defendendo essas escolhas? Escolheria a mesma coisa de novo, sabendo o que sei hoje? Claro que não! Nada disso reflete a pessoa que sou hoje.

As pessoas evoluem. Temos a capacidade de aprender. E todo mundo erra na juventude. Precisamos abandonar a mentalidade de "dirt list" (lista suja) da CEDU e encontrar um jeito de exercer responsabilidade e compaixão ao mesmo tempo.

São duas coisas diferentes, mas que andam juntas.

Você acorda um dia e diz:

— Uau, isso aí não foi legal.

Você conserta, se puder. Você se desculpa — em particular, onde isso conta, e em público, se ajudar. E aí, você segue com a vida. Não estou fingindo ser, sei lá, Dalai Lama de Louboutin. Só quero dizer que a compaixão estará disponível para todos, se disponibilizarmos para todos.

The Simple Life durou cinco temporadas. Muitas gargalhadas. Muito drama. Nesse tempo, namorados vieram e foram embora: um Backstreet Boys, uns herdeiros gregos, muitos tigres famintos e o que Demi Lovato chama de "interesseiros".

Meu livro, *Confessions of an Heiress* (Fireside, 2004), chegou ao número sete da lista de mais vendidos do *New York Times* logo na primeira semana, e eu fiz uma turnê enorme de lançamento, me conectando com centenas de milhares de fãs, amando meus Little Hiltons. Trabalhei como modelo e atriz, no cinema e na televisão, lancei vários outros perfumes e colaborei com fabricantes em lançamentos de óculos, cuidados com a pele, sapatos, bolsas... tudo, desde capinhas de celular a fronhas. Minha marca acabou se expandido e abarcou espaços de compras, spas e hotéis especiais.

Durante isso tudo — e todo o resto que aconteceu do verão de 2007 à primavera de 2008 —, a diretora de cinema e diretora de fotografia Adria Petty me acompanhou com uma câmera portátil, gravando uma quantidade imensa de material para um documentário chamado *Paris, Not France*. Começou como um material de bastidores para o álbum que eu estava gravando, mas ela capturou tão lindamente o ritmo frenético e o astral ousado da minha vida na época, que vimos todo aquele material incrível e concordamos:

— Isso aqui não é um extra para DVD, é um filme inteiro, porra.

Adria montou tudo com música sensacional, edição cheia de cortes abruptos e comentários de Camille Paglia, elevando o filme a uma discussão sobre o que as celebridades tinham se tornado.

Adria levou o filme a festivais pelo mundo inteiro — Cannes, Toronto, todo lado —, o que me assustou, porque tinha algumas coisas ali sobre a *sex tape*. Como se não bastasse, um dia, durante a gravação, Elliot me ligou para contar que alguém tinha "adquirido" o conteúdo de um depósito antigo que continha meus bens particulares, incluindo fotos de família, diários íntimos e fichas médicas. Queriam que eu pagasse uma quantidade exorbitante de dinheiro para comprar minhas próprias coisas de volta e, se eu não pagasse, todos aqueles documentos profundamente particulares seriam publicados em um site com acesso por assinatura, que nem o vídeo da *sex tape*.

Antes de eu responder, o site foi ao ar e recebeu 1,2 milhão de acessos nas primeiras quarenta horas. Meu histórico médico — incluindo contas e declarações ligadas à gravidez de anos antes — estava disponível para julgamento e fofoca. Acho que aquela era a cena em que eu deveria explicar ou justificar ter perdido o bebê ou optado por abortar, mas só pensei: *Nem fodendo*. Nenhuma mulher, famosa ou não, deve ser obrigada a discutir sua saúde reprodutiva com desconhecidos. Roubar de uma mulher seu direito à privacidade é uma agressão física e psicológica. As pessoas que fazem esse tipo de coisa não querem se ver como estupradores, mas é o que são. Estupro não trata de sexo; trata de poder. Sexualizar uma agressão é o jeito mais eficiente de fazer uma mulher sentir que o resto do mundo a julga e condena, o que normalmente é o caso.

Sobrevivi a isso inúmeras vezes, de modos diferentes: o homem que me drogou, os auxiliares de enfermagem que me molestaram, o ex que lançou a *sex tape* e todo mundo que assistiu ao vídeo. E aquilo. Essas pessoas me dominaram e me acorrentaram com vergonha e humilhação, o que, na verdade, era um fardo delas. Levei muito tempo para entender e ainda estou trabalhando nisso, mas, quando jogo a vergonha no lugar certo — nas pessoas que me agrediram —, elas perdem seu poder, e eu me liberto.

Elliot apareceu no seu cavalo branco metafórico e foi atrás do babaca. Ele me poupou os detalhes, mas, pelo que entendi, é semelhante à situação que ocorreu com Pamela Anderson, Tommy Lee, e sua *sex tape* infame: alguém conseguiu minhas coisas particulares e tentou vendê-las e, porque ele era um otário, outras pessoas o roubaram e ganharam dinheiro em cima daquilo.

A situação continuou assim por uns dois anos até que, um dia, tarde da noite, Elliot teve uma longa conversa sincera com aquele cara que tinha se sustentado vendendo nojeiras e chantageando celebridades, dentre elas eu e Tom Cruise, além de outras pessoas. Elliot sentiu que tinha avançado bem e combinou de encontrar o cara, que parecia exausto da própria missão de vida nojenta e genuinamente interessado em encontrar certa redenção. Antes do dia da reunião, aquele vendedor de escândalos se enforcou no chuveiro.

O carma é foda.

18

Talvez eu devesse ter organizado este livro como a história da minha vida ao telefone, começando com a linha particular no meu quarto quando eu era criança. Eu achava a maior tecnologia, porque era sem fio; dava para andar pela casa toda e chegar até o jardim sem a ligação cair. Trabalhando como modelo constantemente, nos anos 1990 eu usava um pager, e mudei para um celular de flip em 2001, que amava porque era fácil de decorar com o BeDazzler. Aperfeiçoei a arte de fingir estar ao telefone para evitar conversas indesejadas.

Em 2002, eu tive um modelinho *clamshell* [garras] fofo. A maioria das pessoas usava um porta-celular brega; eu prendia o meu que nem uma presilha na cintura baixa da minha calça de moletom aveludado cor-de-rosa, um detalhe brilhante junto à barriga exposta logo abaixo de um cropped da Von Dutch. Em 2003, combinava um Nokia incrustado de pedrinhas e o cabelo mais volumoso da minha vida. Meu estilo *grid girl* da Fórmula 1 em 2004: celular flip com tela de LCD de alta tecnologia (para a época), maria-chiquinha e minissaia de tenista. Fofa.

O evento de lançamento do T-Mobile Sidekick 2, em 2004, foi que nem o Armagedom das *It Girls*. Fui com Nicky (foi na fase morena e impecavelmente sensual dela) e curti a festa com Nicole, Fergie, Bijou, Lindsay, Elisha Cuthbert, entre outras pessoas. Aquele Sidekick tinha tudo — telefone,

câmera, mensagem, e-mail — e era vendido em uma edição limitada rosa-
-choque da Juicy Couture. Talvez seja a centelha que deflagrou a era dos
smartphones. Snoop Dogg e eu viramos os rostos do Sidekick e participamos
de eventos de lançamento mundo afora. Os eventos eram épicos e a gente se
divertiu muito na gravação dos comerciais.

Infelizmente, meu Sidekick foi hackeado em 2005, e todos os meus
contatos e fotos particulares se espalharam pela internet. Todas as mensagens de blá-blá-blá, o fluxo incessante de digitação no celular, foram publi-
cadas em sites como se fossem o novo Evangelho.

> *especial de ano-novo muita $*
> *geoffrey vem no 6*
> *filme hive Miramax*
> *se vc quiser vazar posso fingir q vuu mijar e vc espera 3 min e vai sozinha*
> *pros fundos*
> *toda vida olive toda vida alameda 5 km*
> *festa na rumi*

E assim por diante. Não sei por que alguém achou que valia noticiar.
Quer dizer, se precisar de uma alternativa ao zolpidem, então, claro, experimente ler as mensagens de uma pessoa com TDAH, mas fora isso... não. A invasão da minha privacidade era irritante, mas fiquei mais chateada por causa
dos números dos meus amigos, que foram vazados. Para falar a verdade, eu
já estava insensível àquele tipo de coisa.

Os anos seguintes veriam o lançamento de inúmeros smartphones de
ponta. Experimentei BlackBerry e Motorola Razr, e mantive uns flips novos
no repertório. Fiz mais um evento enorme do Sidekick 3 em Los Angeles, e
outro para o lançamento do Razr no Japão. Essa onda de tecnologia era toda
sexy, toda colorida, toda funcional, levando usuários tranquilamente a um
modo de interação social e comercial totalmente novo.

Meu TDAH foi diagnosticado em algum momento quando eu tinha uns
vinte e poucos anos. Não lembro muita coisa, porque não sabia que era tão
importante. O médico deve ter me dado um folheto, sei lá, mas não me
lembro de ele falar muito sobre o assunto comigo. Ele me receitou Adderall,

e eu tomei. Às vezes ajudava, mas eu odiava o remédio por muitos motivos. (O dr. Hallowell me receitou Venvanse em 2022, o que mudou minha vida.)

Ao longo dos anos, conforme aprendi mais sobre a estrutura do cérebro com TDAH, minha obsessão por tecnologia fez perfeito sentido. Eu vivia *passando para a próxima, para a próxima, para a próxima*. Uma hora, o restante do mundo parecia me alcançar. Foi emocionante descobrir ferramentas que acompanhavam meu ritmo pessoal, ferramentas que instantaneamente se adaptavam às mãos em que caíam. Aplicativos estavam sendo desenvolvidos. Inteligência artificial estava sendo aperfeiçoada. Eu mal podia esperar para pegar a última novidade, e tinha o dinheiro para tal. Com meu laptop e uma conexão de internet de alta velocidade, nunca passava a noite sozinha na cama. Em algum lugar do mundo, tinha alguém acordado, fazendo algo interessante.

Em 2006, o Facebook abriu para o público geral. (Mais uma vez, obrigada ao meu primeiro empresário por me ferrar nessa.) O Twitter foi lançado discretamente em 2006 e fez um sucesso imenso no SXSW no ano seguinte. O Twitter era um sonho erótico para quem tem TDAH — um fluxo constante de novas ideias, imagens, direções e possibilidades.

Aos 25 anos, eu estava só me divertindo, falando de coisinhas que me deixavam feliz. Porém, não dava para negar o poder comercial — a *influência* direta e capitalizável — daqueles comentariozinhos felizes. Se eu tuitasse sobre uma bolsa, um sapato ou uma camisa que amava, com link do estilista ou da loja, as vendas cresciam instantaneamente. Não era propaganda e, na maior parte do tempo, eu não era paga. Eu não estava pensando em como controlar e monetizar aquilo, e acho que foi por isso que funcionou. Precisava ser orgânico. A coisa mais esperta que fiz foi viver minha vida, me descobrindo no caminho.

Enquanto isso, designers e trendspotters de marketing notaram o que eu estava fazendo e começaram a me mandar todo tipo de presente — roupas, acessórios, óculos, brinquedos para cachorro, os aparelhos eletrônicos mais novos e até carros —, na esperança de eu postar. Todo dia chegava o correio cheio de caixas. Todos os closets e quartos transbordavam de coisas. Faye Resnick estava me ajudando a redecorar a casa e sugeriu que eu convidasse Kim Kardashian para me ajudar a organizar.

A autobiografia 255

Kim tinha começado um negócio em que entrava nos armários de gente famosa, pegava o que não amassem e vendia no eBay. Era genial e gerava dezenas de milhares de dólares para caridade, além de diversão. O trabalho dela era incrível, e a gente se divertiu muito juntas.

A gente se equilibrava. Eu era uma pessoa noturna e desorganizada; Kim era uma pessoa diurna e eficiente. Era bom ter alguém que eu sabia ser de confiança, em quem podia me apoiar. Fomos para todo lugar: Nova York, Las Vegas, Miami, Austrália, Alemanha e Ibiza.

A música do verão — pelo menos do meu — foi "Stars Are Blind". Para mim, sempre será a música perfeita para curtir o sol em uma canga: um pouquinho de reggae de viagem, um pouquinho de ska de calçadão, puro amor e sol. Sheppard Solomon e Jimmy Iovine estavam trabalhando em uma ideia pensando em Gwen Stefani, mas quando a Warner Bros. contou para eles que eu tinha assinado contrato para um álbum, Shep falou:

— Tenho uma ideia perfeita.

Shep desenvolveu mais a música, ajustando-a para minha voz e meu estilo, e eu amei. A música foi produzida por Shep e Fernando Garibay, que entende muito de batida. Confiei nos instintos deles, e eles, nos meus. A música pareceu incrível de todas as formas possíveis para mim.

Me fez feliz.

Dá para notar.

Não tem truque, nada acrescentado pela tecnologia. Sou *eu*, sendo a mais genuína que já fora até aquele momento. Na cabine, relaxada e alegre, senti, por um momento, toda a tristeza da minha adolescência se esvair. A personagem que eu interpretava em *The Simple Life* — uma personagem que estava ocupando cada vez mais da minha vida no mundo real — nem aparece nessa música. Cada verso foi produzido com cuidado e precisão. Sempre que elaborávamos um momento, um sopro, uma palavra — cada nuance —, ia ficando melhor. Eu mal podia esperar para o mundo ouvir.

"Stars Are Blind" saiu no dia 5 de junho de 2006, chegou à 18ª posição no Hot 100 da Billboard e ganhou vida própria. Até hoje, as pessoas me contam como a canção marcou aquele verão específico da vida delas, junto aos filmes *Nacho Libre*, *Ricky Bobby: A toda velocidade* e *O diabo veste Prada*. Alguns anos atrás, Charli xcx tuitou "'Stars Are Blind' é um clássico do pop" e citou a música como uma influência central. Em uma entrevista no tapete vermelho, Lady Gaga disse:

— "Stars Are Blind" é um dos melhores álbuns da história do pop. Você pode até rir, mas seria interessante entrar no estúdio com uma loira tão icônica.

Tenho tanto orgulho dessa música! Quero que viva para sempre. Recentemente, regravei, inspirada por Taylor Swift e sua missão de controlar seu repertório.

Em 2019, recebi uma carta da roteirista e diretora Emerald Fennell pedindo permissão para usar "Stars Are Blind", que incluíra no roteiro de uma cena fundamental de *Bela vingança*. O filme parecia engraçado e sombrio, e ela tinha uma ideia genial para essa música, que dizia ser meu "maior hit". Ela disse: "Preciso de uma música que, se um garoto que você gosta soubesse cantar inteira, deixaria você incrivelmente impressionada". Se já viu o filme, sabe o que ela quer dizer. (Se não viu o filme, vá ver agora mesmo!) A cena se passa em uma farmácia. Cassie (Carey Mulligan) dança com Ryan (Bo Burnham), um antigo conhecido, e a amizade casual evolui diante dos nossos olhos. Eles se apaixonam no espaço doce e alegre dessa música. *Bela vingança* é uma história de vingança de estupro cheia de fúria feminina latente, mas esse momento deixa entrar a luz e o ar que precisam estar presentes para a gente saber que a inocência inicial de Cassie ainda vive dentro dela.

Bela vingança foi lançado em streaming no Natal de 2020. O mundo estava em plena quarentena, então o filme nunca teve o lançamento cinematográfico que merecia. Concorreu ao Oscar em inúmeras categorias — Melhor Filme, Melhor Diretor, Melhor Atriz, Melhor Edição, Melhor Roteiro Original e ganhou nesta última —, mas eu teria adorado aparecer em pleno esplendor na première.

Em vez disso, Carter e eu vimos o filme da cama. Estávamos em um iate em algum canto do mundo, aproveitando as férias de Natal. No espaço doce e alegre dessa música, me permiti sentir minha inocência inicial — minha felicidade inicial —, que ninguém nunca poderia tirar de mim. Eu amava aquele homem muito, muito bom. E ele me amava. Eu tinha a capacidade de amar e ser amada. Que alívio descobrir isso sobre mim mesma, depois de anos de dúvida, o que era razoável.

Em 2007, o Tumblr foi lançado e a Apple inaugurou o iPhone. Senti o início de um momento importante, mas, ao mesmo tempo, uma era acabava para mim. *The Simple Life* estava na última temporada — aquela em que eu e Nicole servimos de monitoras de acampamento —, e o clima das festas parecia mudar. As janelas escancaradas das redes sociais facilitavam viralizar em um dia e ser engolido pelo esquecimento no outro. As pessoas surgiam e sumiam tão rápido, que nunca nem dava tempo de conhecê-las de verdade. Eu e meus colegas fomos com tudo, e nem todo mundo sobreviveu para pensar em retrospecto. Vi muita gente ser esmagada pelo moedor da fama.

Queria que todo mundo me amasse — e vivia constantemente ligada, ativa, forjando conexões, encontrando jeitos de trabalhar com gente que admirava. Saía com namorados ou amigas toda noite e, na maior parte do tempo, Elliot nos acompanhava no papel de motorista da rodada. Porém, de vez em quando, eu queria só fazer minhas paradas. Adoro dirigir, então, normalmente eu ia e voltava do trabalho no volante.

No 7 de setembro de 2006, eu acordei umas três da manhã e fiquei cochilando na cadeira enquanto me maquiavam para o segundo dia da gravação do clipe da minha música "Nothing in This World". O enredo do clipe trata de um menino que sofre bullying na escola até eu me mudar para a casa ao lado e acompanhá-lo na escola para ele pagar de fodão no campus. É uma espécie de homenagem a quando eu fui ao baile de formatura com um menino nerd foférrimo. A irmã mais velha dele pediu para Nicky ir com ele, e ela não quis porque tinha namorado, mas eu só disse:

— Queeeero!

Eu tinha 23 anos e ainda não tinha superado o fato de nunca ter ido ao baile de formatura. Fizemos o rolê completo — flores, limusine, mãe tirando fotos no quintal — e, quando aparecemos no baile, todo mundo surtou.

— Puta que pariu, a Paris Hilton está aqui? Com *aquele* cara?

Foi uma das melhores noites da minha vida.

Então, o clipe é bem fofo, mas tem muitos elementos. Trabalhamos por umas dezesseis horas, e eu não tive tempo para comer nada, mas, quando finalizamos a filmagem, no fim do longo dia, me juntei à equipe para brindar com uma margarita. Eu estava me sentindo bem, mas, no caminho para casa, fui parada por passar do limite de velocidade e bati 0,08 no bafômetro — que é o mínimo exigido na Califórnia para ser autuado pela infração de conduzir sob influência do álcool. Parei num drive-thru do In-N-Out, esperando hambúrguer e batata frita, o que provavelmente teria resolvido a situação.

Foi o escândalo menos espetacular da história dos escândalos de celebridades.

E a margarita mais cara na história das margaritas.

Passei por todo o processo me sentindo idiota e furiosa — contra mim mesma, principalmente. Já tinha passado muito de meia-noite. Eu não conseguia decidir se era pior ligar para meus pais e atrapalhar o sono deles, ou deixar eles acordarem de manhã e verem a notícia. Liguei para Elliot, e ele me buscou na delegacia. Eu só queria ir para casa, mas sabia que os paparazzi estariam à espera. Sugeri que talvez devesse ir à casa de uma amiga, mas Elliot falou:

— Você precisa ir para casa. Eles têm que ver que você está completamente sóbria.

Quando ele parou na frente do meu portão, eu percebi que não ia rolar a dança de sempre com os paparazzi. A energia era diferente. Mesmo através da janela fechada do carro, ouvi um deles zombar de mim com a voz esganiçada — *"Hihihi, cheguei!"* —, e esperei Elliot dar a volta e abrir minha porta. Saí fingindo estar ao telefone.

— Paris! Paris, como está se sentindo? Paris! Pode contar o que aconteceu?

— Ela não vai fazer nenhum comentário agora — disse Elliot. — Saio para falar com vocês daqui uns dez minutos.

— Tá, tchau. Te amo — falei para a pessoa imaginária ao telefone.

Digitei o código do alarme no portão e sorri para as câmeras antes de entrar. Os caras devem ter ganhado um bom dinheiro por ficar lá até tarde; vi aquela gravação ser repetida inúmeras vezes no noticiário do dia seguinte, acompanhada de uma breve conversa com Elliot.

— Vocês a viram por alguns momentos — Elliot disse aos paparazzi diante da minha casa. — Ela obviamente não estava embriagada. Não estava bêbada. Mas a polícia fez o que precisa fazer em uma situação dessas.

Levaram-na à delegacia. Ela passou pelo mesmo procedimento que todo mundo passa. Quando foi determinado que ela não tinha risco de fuga nem estava embriagada, eles a soltaram sob responsabilidade própria.

Ele enfatizou que eu tinha tomado uma única bebida e não tinha recebido nenhum tratamento especial no processo.

— Paris vai passar algum tempo na reabilitação? — perguntaram.

Parecia que era o que queriam: uma narrativa trágica de vício e redenção. Porém, eu não tinha uma história daquelas, e me lembrei do conselho de Elliot no dia de nossa primeira reunião: "Não minta. Assuma". Liguei para Ryan Seacrest e dei uma entrevista calma e sincera para a rádio na manhã seguinte, aceitando a responsabilidade, sem dar desculpas. Fui ao tribunal, onde decretaram três anos de condicional, uma multa de 1500 dólares, a suspensão da carteira de motorista por quatro meses e aulas de educação alcoólica oferecidas pelo tribunal.

Justo. Aceitei. Apesar de terem exagerado um pouco ao me condenar pela infração, provavelmente houve circunstâncias em que dirigi passando do limite e não fui pega.

Pausa para uma mensagem importante: SE BEBER, NÃO DIRIJA.

É burro, é perigoso e vai dar merda. Mesmo que você não se sinta bêbado, evite. E NÃO DIRIJA E MANDE MENSAGEM AO MESMO TEMPO. Mesmo motivo. NÃO DIRIJA se estiver distraído, perturbado, com sono, sei lá. Apesar de ter atingido apenas o mínimo no bafômetro, estava cansada demais para dirigir, e já ouvi falar que isso é pior ainda, apesar de não ser ilegal. Eu mereci ser repreendida pela minha decisão idiota.

O que não mereci foi o que aconteceu depois.

Fui informada pelo meu advogado que eu não poderia dirigir em circunstância alguma por trinta dias e que, pelos noventa dias seguintes, só poderia dirigir a caminho do trabalho. No dia do fim da suspensão (de acordo com ele), eu estava a para o trabalho quando fui parada por estar além do limite de velocidade. E estava de farol apagado. A rua estava muito iluminada, mas é um erro tão burro, que ainda me dá dor de cabeça. O que me ferrou de verdade é que meu advogado, que nunca tinha lidado com aquele tipo de infração, não tinha o documento correto que acreditou ter para a liberação da direção para eu ir trabalhar. Ele disse para Elliot, e Elliot me disse que eu poderia dirigir a partir daquele dia, mas não era o que diziam os documentos. Minha carteira foi suspensa de vez.

O advogado jogou a culpa em Elliot, e Elliot se culpou, mas eu era uma mulher adulta dirigindo um veículo de 500 mil dólares. Era minha responsabilidade cuidar de mim. Eu deveria ter lido os detalhes dos documentos em vez de depender de alguém que me diria o que podia ou não fazer. E, mesmo em uma rua iluminada, eu deveria ter acendido o farol. Mereci a multa por isso, como qualquer outra pessoa. Só que o erro de comunicação ligado à suspensão levou a situção a outro nível. Eu corria o risco de ser presa, o que me apavorou.

Meus pais ficaram devastados, mas me apoiaram. Minha família me cercou de amor. Toda a generosidade que desejaria pedir de meus pais na adolescência foi estendida a mim naquele momento. Minha mãe via como eu estava assustada e me deixou ficar agarrada nela que nem uma rã arborícola.

Elliot tentou se manifestar e testemunhar afirmando que ele me dissera que eu tinha permissão de dirigir para o trabalho, mas o juiz não engoliu. Ele estava a literalmente dias da aposentadoria e pareceu se deleitar com aquele último grande momento, seus quinze minutos de fama. Ele me condenou a 45 dias na cadeia e especificou que eu precisava passar esses dias na penitenciária do condado — com segurança máxima, para infratores violentos —, diferente do "xilindró glamoroso" para infratores não violentos e da prisão domiciliar que a maioria das pessoas enfrentaria em situação semelhante. Eu deveria servir de exemplo para todas as festeiras perigosas por aí. Os tabloides adoraram. Elliot me disse que quando o juiz chegou à igreja no domingo seguinte, recebeu aplausos de pé da congregação.

Meu advogado entrou com um recurso, alegando que a sentença era muito fora das normas. Elliot publicou uma declaração dizendo o que ele não tivera possibilidade de dizer no tribunal e levou na esportiva quando os tabloides deram a entender que eu o demitira por ódio. O fato era que eu estava muito puta com ele, com o advogado, com o juiz, com os tabloides — estava com raiva do mundo inteiro, começando por mim mesma.

Liguei para Elliot na noite seguinte e conversamos por muito tempo. Se houve um momento em que precisei do apoio dele, foi aquele. Ele publicou outra declaração dizendo que voltara a ser meu representante de relações-públicas e, quando um repórter comentou sobre a demissão e a recontratação rápidas, ele respondeu do jeito mais Elliot que já vi:

— Não escolho revisitar nada de conflituoso. Só tenho interesse no que é conciliador.

Quando eu falei que queria ser a pessoa mais famosa do mundo, sabia o que me esperava. Sabia que todos os meus erros estariam expostos. Nunca esperei que ninguém me poupasse; eu tinha visto o que acontecera quando Martha Stewart fora presa, alguns anos antes. Pura comédia. Eu entendo. Essa parte dava para aguentar. O que me matou foi a vividez com que tudo voltou. Revista íntima. Confinamento solitário. Paredes de cimento e portas de metal. O som de passos e gritos pelo corredor.

Os pesadelos nunca tinham ido embora, mas naquele momento eu estava acordada. Era verdade, e eu não podia explicar para ninguém por que aquilo era diferente de Martha Stewart ressignificar uma situação ruim. Na época, ninguém falava de "gatilho". Transtorno de estresse pós-traumático era associado a sobreviventes de zonas de guerra. Eu não tinha palavras para expressar a ansiedade profunda que sentia.

Foram inúmeras as conversas a respeito de como e quando eu deveria me entregar. Ocorreu-me que os transportadores estavam certos; se eu soubesse que eles viriam me buscar, eu teria fugido. O impulso de fugir era dominante. Sentia como ácido nos músculos da perna. Mas aonde eu iria? Meu desejo tinha virado realidade. Eu seria reconhecida em qualquer lugar do mundo.

Minha equipe desenvolveu a teoria de que, porque os paparazzi esperavam que eu fosse me entregar no último momento possível, dia 5 de junho, eu deveria ir ao MTV Awards no 3 de junho e seguir direto para a cadeia. Todos os fotógrafos da cidade estariam concentrados nas festas e esperariam minha presença lá. Era minha melhor oportunidade para fazer o necessário sem a invasão dos paparazzi.

Eu me arrumei. Cabelo. Maquiagem. Tudo. Posei no tapete vermelho, sorri para as câmeras, dei autógrafos e fiz minha vozinha de bebê rouca em uma entrevista atrás da outra.

Faz uma cara de raiva.

Cara de feliz.

Cara neutra, sem emoção.

No monólogo de abertura do evento, Sarah Silverman fez algumas piadas a meu respeito, que descreveu, depois, como "pesadas", e o material teve o resultado esperado de qualquer comediante.

— Paris Hilton vai para a cadeia — falou, e um coro de vivas e aplausos soou.

Muitas daquelas pessoas iam regularmente a festas na minha casa. Ali estavam elas, rindo e comemorando minha humilhação. Eu sentia o Rap se fechar ao meu redor. Fiquei sentada, tentando manter a cara de manequim — a fachada protetora que Porca nunca quebraria —, mas estava morrendo por dentro conforme a piada continuava com referências oblíquas à *sex tape*. Não vou repetir a apresentação toda aqui.

Não escolho revisitar nada de conflituoso.

Só tenho interesse no que é conciliador.

Quando era mais nova, achava que "ser superior" era engolir sentimentos negativos e fingir que nada estava acontecendo. Era assim que meus pais funcionavam, mas hoje vejo que raiva e dor enterradas podem fazer mal à nossa alma; o único jeito de resolver é expor tudo ao ar e à luz.

Em 2021, catorze anos depois daquele MTV Awards, Nicky participou do meu podcast, *This Is Paris*, e entramos no assunto do documentário do *New York Times*, *Framing Britney Spears: a vida de uma estrela*, que iniciou uma conversa, há muito tempo necessária, a respeito do modo depreciativo com que a mídia dos anos 2000 tratava Brit, eu e outras mulheres jovens e famosas.

Isso me levou a uma lembrança desagradável de David Letterman insistindo no assunto da cadeia, depois de prometer que não falaria daquilo. Eu tinha participado do programa várias vezes, e ele sempre ria de mim, mas nunca com tanta crueldade. Nicky lembrou de me esperar nas coxias quando eu saí do palco, tremendo e chorando.

— Chamar uma moça jovem para subir ao palco e fazer perguntas pensadas para humilhá-la é crueldade — disse Nicky, no podcast. — E acho que não aconteceria hoje.

— O mundo agora é muito diferente — concordei. — Muita coisa não aconteceria hoje.

— Sabe o que não aconteceria hoje? — disse Nicky. — Sarah Silverman subir ao palco do MTV Awards e…

Aí ela discorreu como só uma irmã mais nova faria, ultrajada de novo. De início, me encolhi, pensando: *Nossa! Não fale disso! Não dê pano para manga!* No entanto, me ocorreu como aquela dor era verdadeira e continuava presente, sem diminuir com o tempo, na voz da minha irmã. Todas aquelas coisas que eu tentara tratar com superioridade não tinham feito mal apenas para mim. Tinham feito mal para minha irmã, minhas sobrinhas, a filha que espero ter um dia. Pela primeira vez, vi a entrevista com Letterman e o monólogo da MTV no contexto de toda uma cultura de prazer na degradação de mulheres jovens, e não dava mais para enterrar. Entendo o negócio de "não dar pano para manga", mas chega um ponto em que a gente acaba cortando a própria manga. Finalmente abandonei essa ideia e falei, pela primeira vez, daquele momento extremamente dolorido.

A linda reviravolta é que Sarah me apoiou. No dia seguinte, em seu podcast, ela falou:

— Paris Hilton, em seu último podcast, me critica por piadas que fiz a respeito dela quando apresentei o MTV Awards em 2007. Lá vamos nós.

Eu prendi o fôlego, me preparando para uma retaliação agressiva.

— Sabe — disse Sarah —, ela mesma falou no podcast que isso não aconteceria hoje. E está certa. Hoje, eu nunca faria aquelas piadas. Na verdade, dediquei os últimos anos a tentar fazer comédia que misture piadas duras com sensibilidade real. Naquela época, o consenso parecia ser que era impossível. E eu aceitei isso plenamente. Fiz minha carreira em uma época em que apresentadores de talk show e comediantes eram contratados para zombar da cultura pop. A gente ria da cara das maiores celebridades e dos maiores ícones da cultura pop da época, e ninguém era maior que Paris Hilton. E aqui estamos nós, em um mundo mais desperto, e eu estou adorando. É assim que a gente cresce. É assim que a gente muda. Estou superdisposta a refletir sobre o passado e sobre meu papel em perpetuar umas merdas bem feias. E, sim, podemos continuar a contestar o passado, mas acredito que talvez isso deva vir junto com reconhecer qualquer crescimento desenvolvido no passar dos anos. [...] Comédia não é perene. Não podemos mudar o passado, então o crucial é mudar com o tempo.

Ela disse que não sabia que eu estaria na plateia do MTV Awards, que sentiu um aperto no peito ao ver minha expressão e que tinha escrito uma carta para se desculpar. Ela escolheu "o que é conciliador". É uma escolha corajosa. Honesta. Do bem. Fiquei de olhos marejados. Queria ter recebido essa carta na época. Teria sido importante para mim. Tantos anos depois, ela poderia ter desdenhado da situação: "Ei, eu tentei me desculpar mas a piranha me deu um gelo". Adoro que, em vez disso, Sarah tenha se mostrado vulnerável e oferecido um novo caminho para seguir em frente.

Não tenho sempre sucesso nisso, mas tento seguir a deixa dela e acreditar no crescimento das pessoas que me magoaram, e espero que as pessoas que eu magoei acreditem no meu crescimento contínuo. Penso no que poderia ter acontecido nos Raps da CEDU se todos os jovens dissessem:

— Não. Não vamos fazer isso.

Nunca nos ocorreu — a ideia de que poderíamos nos unir, em vez de nos dilacerar. Estávamos tão apavorados. Achávamos que não tínhamos poder nenhum contra as pessoas que nos voltavam uns contra os outros. Não sabíamos que bondade era nossa única esperança.

Revisitar os anos 2000 a partir de uma perspectiva pós-#MeToo/#-TimesUp é devastador. Eu me diverti — *muito* — e me recuso a lembrar qualquer outra coisa. Fora as poucas ocasiões que fizeram eu me encolher, não deixava os haters me afetarem. Porque, para falar a verdade, a gente meio que já esperava, né? Meninas que nem nós supúnhamos que seríamos julgadas e diminuídas. *Esperávamos* que meninas fossem sexualizadas e depois condenadas por sua sexualidade, castigadas por se calar e se pronunciar, ensinadas que deveriam aceitar a responsabilidade pelas próprias escolhas e depois chamadas de louca, burra ou puta se não seguissem as regras que outras pessoas impunham. Fico feliz de ver uma nova geração de mulheres — e homens — que rejeitam esse jeito cansativo de existir.

Acho que podemos melhorar. Acredito que gentileza e decência acabarão ganhando porque é um bom negócio. O mercado para babacas simplesmente não é sustentável. Isso deve ser de enorme conforto para todos os outros fodidos que nem eu: redenção existe. Às vezes, é difícil de encontrar. Outras vezes, aparece do nada e faz a gente chorar.

Na noite do evento da MTV, eu me entreguei na cadeia de Los Angeles e passei pelo processo inteiro: foto, revista íntima e uniforme laranja. A caminho da cela, as pessoas gritavam comigo — *piranha riquinha, filha da puta, vou te comer* —, e eu fiquei enjoada. Perdi o fôlego. Parecia que um punho enorme tinha se metido no meu peito e apertado meu coração. Achei mesmo que fosse morrer. Veio uma médica. Ou enfermeira. Ela me examinou e botou um saco de papel na frente da minha cara. A noite se arrastou para o dia e para outra noite. Eu não conseguia parar de chorar. Fiquei deitada na cela, encolhida e vomitando, engasgada, a ponto de sentir que minhas costelas estavam quebradas. Estava sofrendo de ataques de pânico e estresse pós-traumático severo.

Meu advogado forneceu provas de necessidade médica e recebeu permissão de outro juiz para eu passar o resto da sentença em prisão domiciliar, mas aquele velho que supostamente se aposentara se meteu outra vez e insistiu que eu fosse presa de novo, levada algemada, revistada e processada na cadeia. Não sei por que era tão importante para ele. Essas medidas extraordinárias não eram pretendidas para me tratar igual a todo mundo; eram para me tratar pior.

O carcereiro sentiu que seria perigoso e perturbador demais me colocar em meio à população geral, então me botou em solitária. Minha cela tinha uma cama estreita, um vaso com uma pia minúscula logo acima, e uma mesinha montada na parede, com um banquinho redondo embutido. Eu passava 23 horas por dia sozinha. Por uma hora, era levada para o chuveiro e tinha permissão de usar o orelhão. Eu podia falar com meus pais uma vez por semana, por meio de uma camada de acrílico.

Portais de mídia ofereceram milhões de dólares por fotos minhas de uniforme laranja. Todos os talk shows queriam falar comigo no telefone. Um guarda vinha sempre na minha cela, passava a mão na minha cabeça e me oferecia Sprite. Acordei de madrugada e o encontrei parado acima de mim com uma câmera. Eu cobri minha cabeça e gritei de desespero até outro guarda o expulsar e me levar ao carcereiro, que se irritou de me ver, mas estava do meu lado.

— Que ridículo. A gente não tem nem cama para as pessoas que representam ameaças de verdade à sociedade. Que piada. Que desperdício.

E falou e falou, andando em círculos na sala.

Eu não sabia o que dizer. No corredor, uma televisão estava ligada na CNN, com volume a mil. *A herdeira Paris Hilton blá-blá-blá.* Meu advogado prometeu continuar a lutar, mas uma calma estranha e exausta me tomou. Eu falei:

— Não. Só me deixe em paz.

Eu me encolhi na caminha, abraçando os joelhos, e me forcei a ir àquele lugar ao qual viajava naquelas horas longas na Obs.

Meu lindo mundo.

Não me surpreendi ao notar que, de modo geral, minha vida era exatamente o que eu visualizara. O que não fazia sentido era como eu podia estar me divertindo tanto, mas sentir tão pouca satisfação. Eu tinha tudo que queria. Mas não era suficiente. Talvez não existisse isso de suficiente, e minha única salvação fosse continuar na labuta. Fazer mais projetos. Namorar mais caras. Fazer parceria com uma pessoa tal, com um fabricante tal. Mais perfumes, mais propriedades, mais filmes, mais música. Mais festas. Mais gente. Mais dinheiro, mais dinheiro, mais dinheiro.

Eu li *O segredo*, um livro que sempre tinha me dado fé em mim e no mundo. Um guarda cheio de compaixão botava o audiolivro para tocar no alto-falante, para todo mundo ouvir as palavras reconfortantes de Rhonda Byrne. *Energia... confiança... amor... abundância... educação... paz.* Eu acreditava naquelas coisas. Queria recebê-las e ofertá-las. Pensei muito em como eu tinha mudado — ou não tinha mudado — naqueles dez anos. Por um minuto, parecia que eu tinha abraçado tudo, mas era impossível saber como seria meu mundo depois de ser solta, impossível dizer como aquilo impactaria minha marca — a marca que eu tinha construído e deveria proteger. Era tudo que eu tinha. De muitas formas, a marca era eu; se eu não a protegesse, não estaria me protegendo, e aí, o que faria?

A questão era o que eu queria sentir. Não o que queria ganhar.

Eu nunca mais esqueceria. Não seria mais vulnerável.

A personagem que eu interpretava — meio Lucy, meio Marilyn — era minha armadura de aço. Na adolescência, eu a tinha inventado: a loira burra com um toque doce, mas atrevido. Eu a usava para entrar em festas, fazia o papel dela na televisão e no cinema, e a soltava na frente dos paparazzi. As pessoas a amavam. Ou amavam odiá-la, o que vendia igualmente bem. Eu caprichava naquela personagem, meu ingresso para a liberdade financeira e um esconderijo seguro. Fiz questão de nunca ter um momento de silêncio para descobrir quem eu era sem ela. Eu tinha medo daquele momento, porque não sabia o que encontraria.

A resposta chegou na semana antes de eu ser solta. Abriram minha cela e trouxeram várias caixas de plástico cheias de cartas de Little Hiltons do mundo todo. *Estou com você. Fique firme. Você me inspira. Você consegue.* Naquelas milhares de cartas, nenhuma expressava raiva nem julgamento — era tudo amor. Era tudo gentileza. Passei os últimos dias de reclusão escrevendo as respostas para o máximo de cartas que consegui. Little Hiltons, não tenho palavras para dizer a importância de vocês para mim. Vocês me deram vida nova, 1 milhão de vezes. Morro de gratidão e orgulho das lindas pessoas que vocês são, por dentro e por fora.

Também comecei a escrever uma música que resume a experiência:

CNN and MTV, all cameras focused on me
Helicopters up above, oh what a travesty
There's a crazy world at war
Right outside of my front door
They're wasting time on me
I'm just a jailhouse baby
Oh, I'm singing so sweetly
Oh, jailhouse baby
Oh, no window of the world
I'm a little, I'm a little jail bird

Cold nights and freezing water, fluorescents always on
Stuck here behind this glass, my parents see their daughter
Judge, you're no celebrity
You're a desperate wannabe
Seems you'd rather leave
Real criminals on the streets

All those lonely nights of terror
I thank you for your letters,
Words from around the world
*For the lonely little jail bird**

No estado da Califórnia, se tira um dia da pena a cada dia de "bom tempo" de serviço, então eu passei 23 dias na cadeia. Na noite em que fui solta, helicópteros bloqueavam o céu; paparazzi e jornalistas se aglomeravam junto às cercas, que criavam um beco comprido que eu precisava descer a caminho do carro onde meus pais me esperavam. O ar estava cheio de flashes, ruído de motor e perguntas aos berros.

A fila de jornalistas era maior do que a de qualquer tapete vermelho ou festival de cinema ao qual já fui. Eu estava de calça jeans e rabo de cavalo curto, sem maquiagem, mas saí dali que nem uma top model do caralho. Só andei — e depois corri, meu trote de unicórnio de Louboutin — até o abraço da minha mãe. Naquela loucura toda, senti um cerne calmo de pura felicidade. Eu tinha saído do inferno pela segunda vez.

Nos meses que se seguiram, os paparazzi foram implacáveis. Acabei precisando vender minha casa e me mudar para um condomínio com seguranças perto de Mulholland. Amava minha nova casa, mas foi difícil deixar aquela casa feliz das festas na Kings Road.

Era o fim de uma era.

---

* "CNN e MTV, todas as câmeras focadas em mim/ Helicópteros lá no alto, ah, que absurdo/ Tem um mundo louco em guerra/ Bem na frente da minha porta/ Desperdiçam o tempo comigo/ Ah, sou só uma menina engaiolada/ Ah, meu canto é tão doce/ Ah, menina engaiolada/ Ah, sem janela para o mundo/ Sou uma pequena presidiária// Noites frias e água gelada, luz fluorescente sempre ligada/ Presa aqui atrás do vidro, meus pais veem a filha/ Juiz, você não é celebridade/ É um pretensioso desesperado/ Parece que prefere deixar/ Bandidos de verdade nas ruas// Todas essas noites solitárias de terror/ Agradeço pelas suas cartas/ Palavras que vêm do mundo afora/ Para a pequena presidiária solitária." (N. T.)

Parte 4

Às vezes coisas boas desmoronam
para coisas melhores surgirem.
— Marilyn Monroe

19

MINHA HISTÓRIA COM COACHELLA É LONGA. Nós dois entramos no mundo adulto em 1999, vivemos alguns anos de dificuldade, encontramos nosso equilíbrio e passamos as duas décadas seguintes em farras gloriosas de neon.

Coachella acontece toda primavera no Empire Polo Club, um campo de mais de 31 hectares a mais ou menos vinte minutos de Palm Springs. No ano em que morei com minha avó em Rancho Mirage, passamos muitas tardes de sábado no Empire Polo Club, passeando pelo gramado e assistindo às partidas de polo. Eu amava ver os cavalos. Ela amava ver os homens. Era bem o clima da cena de polo em *Uma linda mulher*, que foi filmada no Los Angeles Equestrian Center, em Burbank, mas é basicamente idêntica a uma tarde típica de sábado em Coachella Valley. Gram Cracker e eu sempre nos arrumávamos, com vestidos de verão sofisticados e sapatilhas rasteiras. Não dava para usar salto alto; seria uma tarde sofrida de andanças na grama.

No início dos anos 2000, Coachella — oficialmente Coachella Valley Music and Arts Festival — era chamado de "anti-Woodstock" porque ofereciam vários banheiros, comida e água para um público de gente bonita, que, de forma geral, era legal e comportada. Essa nova geração de público de festival tinha zero interesse em chafurdar na lama. Se estiver interessado em lama, a gente se vê em Glastonbury.

Em 2009, Brent Bolthouse criou a Neon Carnival, uma festa *after* exclusiva, só para convidados, e só para megacelebridades. (Lembra do Brent? Ele ainda arrasa, e a gente trabalha junto desde aquela festa de dezesseis anos na Pop, em 1997.) Desde o primeiro ano, fiquei obcecada. Na semana passada, alguém me perguntou:

— Você vai à Neon Carnival?

— Meu bem, eu *sou* a Neon Carnival — respondi.

Escrevo isto em 2022. A temporada de festivais finalmente ganhou vida, depois de ser assassinada pela covid dois anos seguidos. Estou meio estressada com minha roupa. Normalmente sou supercontroladora com meus looks do Coachella e do Burning Man, e disseco cada detalhe com meses de antecedência, mas eu ando muito ocupada em um evento-espelho — uma Neon Carnival no metaverso —, então, no último minuto, liguei para minha amiga Shoddy Lynn, dona da Dolls Kill, aquela loja irada de rave, que vende roupas e acessórios brilhantes, góticos, artísticos, doidos e sensuais. Amo apoiar esses pequenos negócios de mulheres empreendedoras.

Também pedi para Michael Costello fazer alguns vestidos diurnos — bem esvoaçantes, estilo *boho chic* — para eu usar com sapatilhas da collab da Nicky com a French Sole. Vou ser um anjo de renda esvoaçante de manhã e uma pirralha mimada de meia arrastão rasgada de noite. Cada look envolve glamour e sessão de fotos, então precisa ser planejado com antecedência, senão gasta muito do meu tempo de diversão, que já é limitado porque só vou poder aparecer em um fim de semana. Normalmente, eu nunca deixaria de ir ao segundo final de semana do Coachella, mas Carter tem um evento profissional ao qual preciso ir, junto a outras esposas e esposos que oferecem apoio.

Fico estranhamente animada com esses deveres de "esposinha". Carter e eu sabemos dominar o ambiente quando estamos juntos — uma dinâmica de casal poderoso, que nós dois aprendemos com nossos pais. Não sei como explicar, mas acontece — uma tranquilidade vasta e graciosa, uma forma de comunicação não verbal que não pode ser aprendida, nem fingida. Só acontece entre quem se respeita, confia e apoia genuinamente. Talvez a melhor palavra seja *aliança*. Estamos juntos nisso. O que é importante para Carter é importante para mim. O que é importante para mim é importante para Carter.

Mesmo assim, estou com medo de ficar frustrada ao ver todo mundo postar fotos do segundo fim de semana do Coachella.

Muita coisa mudou para mim desde a última vez que estive no Coachella. Eu mudei — acho que para melhor —, mas a maior diferença é ter Carter ao meu lado. Os primeiros anos do nosso relacionamento coincidiram com a quarentena. Essa vai ser nossa primeira temporada de festivais juntos. Agora, Carter está no hall, chocado ao ver a quantidade de malas de que preciso para três dias de final de semana: duas dúzias de malas e capas de roupa, várias cestas contendo bolsas, coroas e óculos escuros, um monte de caixas de equipamento de beleza e tecnologia, e uma foto em tamanho real impressa em papelão do DJ Paul "Let's get Fizzy!" Fisher, fundador da marca de hard seltzer Fizz. Tudo faz sentido. Confie em mim.

Não penso nisso de modo consciente, mas Coachella é um bom exemplo de como minha percepção do tempo moldada pelo TDAH se traduz em noção de tendências: no centro da espiral, ando pelo campo de polo com Gram Cracker e pela Neon Carnival com Carter. Sinto a terra sob minhas botas pesadas e minhas lindas sapatilhas. Se a influencer certa disser que o melhor dos dois mundos é uma linda bota, então alguém — de preferência um pequeno negócio de uma mulher — vai vender um monte.

Arrumamos a bagagem e saímos antes do sol nascer, fomos de jatinho para Palm Springs e nos instalamos na nossa suíte de hotel, onde minha equipe me ajuda a reorganizar tudo no closet. Na sexta de manhã, chegamos aos fundos do palco principal do Coachella em uma van do tamanho de um ônibus. Nas 72 horas seguintes, talvez eu durma umas dez. Dormiria ainda menos se não cochilasse enquanto arrumam meu cabelo e minha maquiagem.

Marilyn Monroe também fazia isso — dormia enquanto o pessoal da beleza trabalhava, como se passassem maquiagem em um cadáver. Não é sono de qualidade. Está mais para um cochilo rápido. Para o fim de semana, resolve. É meio divertido acordar com a boca iridescente e coques de Sailor Moon, e eu preciso aproveitar ao máximo meu único fim de semana no Coachella.

Em primeiro lugar, a música. Nos intervalos dos shows do palco principal — Megan Thee Stallion, Harry Styles, Billie Eilish, Swedish House Mafia com The Weekn e Doja Cat —, há uma rotatividade constante de artistas incríveis em oito outros palcos. Tenho que decidir meu cronograma e ir literalmente correndo de um palco a outro com aquelas botas de plataforma, para garantir que vou ter tempo para todos meus DJs preferidos e — minha parte preferida — a Neon Carnival.

A Neon Carnival é o último eco do clima de festa de Los Angeles que a gente amava na virada do século.

— Nova York tinha o Studio 54 — me disse Brent, há pouco tempo —, mas a gente teve os anos 1990 e 2000. Dava para ir a uma boate em Los Angeles na segunda-feira e parecer estar em uma festa do Emmy.

Não sou só eu que ainda quer curtir como se fosse 1999.

A Neon Carnival é uma experiência selecionada que me faz pensar naquelas festas coloridas e loucamente divertidas da virada do século. No começo, acontecia em um hangar de avião imenso, mas, depois de dez anos, mudaram para o HITS (Horse Shows in the Sun) Equestrian Center. A lista de convidados é limitada. Não vendem ingressos nem mesas. Não faz diferença ter dinheiro ou uma quantidade enorme de seguidores no Instagram.

Tem celebridades, que nem eu, e investidores, que nem Carter, mas fama e dinheiro não é tudo. É igualmente provável esbarrar em um poeta skatista de Veneza, um piloto de corrida da Austrália, modelos do Japão, magnatas da publicidade do Quênia, pessoas de culturas diferentes, pessoas de habilidades diferentes, pessoas barulhentas, pessoas quietas, pessoas hétero, pessoas gay, drag queens, *drama queens*, extrovertidos introvertidos e introvertidos extrovertidos. A única coisa que temos em comum é estarmos vivos e iluminados com magia leitosa de neon.

Na Neon Carnival, a moda de vanguarda é regra, não exceção, então as roupas, o cabelo e a maquiagem são descontrolados, isto é, sem regras, mas menos caros e desconfortáveis do que os looks de vanguarda que vemos nos VMAS ou no Met Gala. Amo ver todo mundo fugir do esperado e expressar sua doideira pessoal, qualquer que seja. Acho que vou usar um vestidinho preto bordado com contas verde-neon que brilham na luz negra, além de óculos escuros da minha nova collab com Quay, uma jaqueta neon de flanela da Dolls Kill e uma mochilinha holográfica para meus celulares, pacotes de ketchup (Heinz na batata frita, sempre), tiaras sobressalentes (desenhadas por Melissa Loschy da Loschy Crowns, que fabrica esses acessórios personalizados gloriosos e vende no Etsy) para eu distribuir de presente se sentir a motivação, uns dois perfumes (às vezes prefiro uma fragrância masculina), um kit de maquiagem e um ventiladorzinho à pilha. Porque a parada é quente. De temperatura.

Após o colapso econômico de 2008, veio a democratização da internet Web 2.0. Começamos a falar do conceito de "long tail" ["cauda longa"] de criador de conteúdo que respirava fora da caixa. Nada de janelas de lançamento de produto. Nada de barreiras. Era possível criar e dirigir seu próprio marketing na palma da mão. Eu estava na linha de frente disso tudo, com o nome conhecido — para o bem e para o mal — dando força à minha plataforma, que me levou a ótimas oportunidades em filmes, televisão e mídia tradicional.

Algumas pessoas diziam que o velho mundo e o novo mundo eram separados e incompatíveis, mas, para mim, era uma mistura simbiótica saudável. Não havia trajetória estabelecida para eu seguir nem modelo de comportamento do qual aprender. Eu só abri as asas e deixei o fluxo me levar.

Na campanha presidencial de 2008, a campanha McCain inexplicavelmente escolheu usar imagens minhas em suas propagandas, como exemplo da pior coisa que conseguiam imaginar: uma "celebridade de Hollywood". Acho que a intenção era igualar Barack Obama a mim e à Brit — celebridades superficiais, sem nada a contribuir com o diálogo. Um site relativamente novo chamado Funny or Die me procurou com uma ideia genial, e eu fiz uma série de propagandas políticas falsas de "Paris para Presidente", que incluem um pouco dos meus diálogos preferidos.

EU (*de maiô bonitinho, sentada em uma espreguiçadeira*): Tá, então minha política para energia é a seguinte: Barack quer se concentrar em nova tecnologia para diminuir a dependência do petróleo estrangeiro. McCain quer perfuração offshore. Por que não fazemos um híbrido das ideias dos dois candidatos? Podemos praticar perfuração offshore limitada, com acompanhamento ambiental rígido, enquanto criamos incentivos fiscais para Detroit fabricar carros híbridos e elétricos. Assim, a perfuração offshore sustenta a transição das novas tecnologias, que criarão novos empregos e independência energética. Crise energética resolvida! A gente se vê nos debates, vadias.

Estudei os roteiros para não usar teleprompter, e ficar claro que eu sabia do que estava falando. Nada de voz de bebê. Só eu. A equipe foi filmar nos Hamptons, então aproveitei para passar um tempo com minha família.

— Você volta para o Dia de Ação de Graças, né? — perguntou minha mãe.

Eu devo ter prometido vagamente que sim, e não evitei de propósito os feriados. Não fazia questão de ignorar, mas também não fazia questão de ir. Estava em um bom momento com meus pais.

Em 2010, o Instagram e o Pinterest foram lançados. Os maiores filmes eram *A origem* e *A rede social*. O clima das festas estava mudando nitidamente, e todo mundo sabia que, o que quer se fizesse, aonde quer que se fosse, alguém lá tinha uma câmera, e tudo que você dissesse ou fizesse poderia se espalhar para o mundo todo em questão de segundos. Casey Johnson morreu nos primeiros dias do novo ano. Ela era uma das melhores amigas minhas e de Nicky desde que éramos pequenas, e estava tão feliz nas últimas fotos que vi no Instagram. Linda, de minissaia dourada cintilante, sapatos de pele de cobra e uma bolsa Chanel. Eu cliquei no coraçãozinho. Era inimaginável que eu e Nicky nunca mais fôssemos vê-la.

Em 2011, fiz trinta anos. Era uma nova era de redes sociais como forma de arte. O Twitter cresceu, seguido do Instagram, e eu estive na primeira onda de usuários. Vi como oportunidade de expandir minha marca global. Além do potencial de construir meus próprios interesses, procurei oportunidades de divulgar pessoas e causas nas quais acreditava.

Experimentei fazer uma nova série de reality com minha mãe — *The World According to Paris* —, parcialmente filmada durante meu serviço comunitário como parte da pena por uma pequena infração de posse de drogas. Não tem grande história aqui, foi só um pouco de maconha, que hoje é legalizado e deveria ser legalizado na época (especialmente para quem sofre de transtorno de estresse pós-traumático), mas, como era ilegal, foi justo. Cumpri minhas duzentas horas de serviço obrigatório e, de tanto que me diverti, fiz até 350. Fiquei feliz por dirigir certa atenção a organizações importantes que servem à população em situação de vulnerabilidade em Los Angeles.

O programa foi divertido, e minha mãe estava ótima. Minha vida era tão dominada por viagens, que decidi fazer uma coleção Passaporte de perfumes

— Paris, South Beach, Tokyo e St. Moritz —, e dei a volta ao mundo para promovê-la. Patrocinei um time de motociclismo em Madri e desfilei na São Paulo Fashion Week ao som de "Born This Way", da Lady Gaga. Eu me diverti muito postando minhas viagens no Twitter, até descobrir que, quando você posta sobre todos os lugares legais que visita, as pessoas sabem que você não está em casa e aproveitam para roubar suas coisas.

Fiquei chocada ao descobrir que um grupo de adolescentes, que depois ficou conhecido por "Bling Ring", tinha entrado na minha casa diversas vezes enquanto eu não estava e roubado joias, sapatos, roupas, dinheiro e o que mais eles quisessem. Eu sei, eu sei — é difícil sentir pena de alguém cujo closet transborda a ponto de ela não notar imediatamente que coisas no valor de 1 milhão de dólares desapareceram, mas, quando finalmente fiquei em casa tempo o suficiente para entender, me senti invadida e furiosa.

Eu tinha trabalhado muito por aquele espaço. Estava exausta ao chegar em casa. Era para ser meu santuário. Levei muito tempo para me sentir segura lá de novo, mas não consegui nem pensar em me mudar. Eu tinha cansado de fugir. E, enfim, a casa era muito especial. Quando Sofia Coppola filmou *Bling Ring: a gangue de Hollywood*, me perguntou se podia gravar lá.

— Não dá para recriar — falou. — Tem que ser de verdade.

De certa forma, me fez bem transformar o acontecido em uma ótima obra de arte. Adoro Emma Watson e todo o elenco. A equipe respeitou o fato de ser uma casa de verdade, na qual morava uma pessoa de verdade.

Minha vida, meu negócio e minha marca eram todos focados em amar seus looks "hot", morar em casas lindas, com coisas bonitas e bichinhos fofos, e curtir com meninas que sabem se divertir. Eu cresci no período mais turbulento de cultura pop desde Cleópatra. Enquanto acontecia, parecia tudo acelerado. Desfiles, festas, aparições, esqui, paraquedas, bichinhos fofos, gente linda, sessões de foto icônicas, sororidade, negócios, perfumes, família, fãs, boates, cílios, bolsas, redefinir feminilidade, criar música, botar a beleza nos olhos de quem vê, transformar a arte em experiência e experimentar a arte como estilo de vida — é muita coisa. Eu sei. Gosto do excesso.

Eu e os Little Hiltons transformamos o sentido de ser famoso. E o mais importante, transformamos o sentido do que é ser genuíno.

20

AMNESIA É AONDE VOU PARA ESQUECER. Seja lá o que esteja tentando deixar para trás, acredite, nem se compara à energia indescritível dessa boate, do tamanho de uma arena, no centro de Ibiza, uma ilha entre a Espanha e o norte da África, no mar Mediterrâneo.

A primeira vez que ouvi falar daquele lugar foi aos quinze anos, quando morava no Waldorf com meus pais. Implorei para meu pai me deixar ir, mas ele conversou com o concierge, que falou:

— Não, não, não. Ibiza, não. É uma ilha notória pelas festas. Não é o lugar para boas meninas.

Por isso, nada de Ibiza até eu ter idade e dinheiro para ir sozinha.

Em 2006, organizei uma viagem épica entre amigas, com Caroline d'Amore e Kim Kardashian. Ficamos em uma tenda atrás da casa da minha amiga Jade Jagger. Foi tudo bem boêmio e descolado. Kim não era muito baladeira, e nenhuma de nós tinha passado por uma experiência que nem a da Amnesia. As superboates só abrem depois de os bares no perímetro da ilha fecharem, então a festa só começa às três da manhã. A maioria das pessoas vai para dançar e curtir a música, e não beber. Kim e eu fomos espertas e nos cuidamos. Ter pessoas confiáveis é elemento essencial para uma viagem entre amigas. A música incessante é barulhenta demais para ouvir alguém chamar, então é preciso juntar um grupinho legal de amigos confiáveis na festa, para ficarem uns de olhos nos outros.

A produção da Amnesia era uma loucura. Equipamentos de som surreais. Shows de laser épicos brilhando pela multidão. Música pulsando em um estilo particular de house — *Balearic beat*, um som único que nasceu nessas ilhas. Ficamos em uma área VIP, com vista perfeita da cabine onde o DJ operava um elaborado conjunto de decks e mixers. Foi a primeira vez que prestei atenção de verdade no que um DJ fazia e vi como era poderoso. Arrasando, que nem uma estrela do rock, ele comandava o ambiente inteiro, com milhares de pessoas na palma da mão.

Até que eles ligaram o canhão de espuma.

Tem regras de vestimenta — era proibido ir de short, camiseta e chinelo —, mas a maioria das pessoas usava roupa de banho por baixo do look. Tirei meu vestido, amarrei na cintura e continuei a dançar de biquíni.

— Paris! *Ven aquí*! — chamaram as meninas, da espuma do outro lado da grade.

Tomei controle do canhão e jorrei espuma com cheiro de limão na galera lá embaixo. As pessoas enlouqueceram, quicando que nem patinhos de borracha em um banho de espuma. Kim e eu não paramos de rir. Nosso rosto se iluminou com o tipo de alegria que se vê em criancinhas descendo tobogãs. Aquela felicidade eletrizante — era isso que eu queria que as pessoas sentissem quando fossem à festa Foam & Diamonds, que organizei por cinco anos em Amnesia. Queria que saíssem de lá que nem a gente, exaustas e extasiadas, semicerrando os olhos diante do sol da manhã.

Eu queria voltar para dormir no hotel, mas Kim queria ver a vida diurna em Ibiza, então fomos à praia e nos deitamos na areia branca.

Kim protegeu os olhos com o braço e riu.

— Foi maneiro.

— O DJ é foda — falei. — Um dia, vou ser eu lá em cima.

— Sempre vale sonhar.

— É o que diz em *O segredo*: "A vida não acontece com você. Você que a cria". Vou criar isso.

— Você com *O segredo* — disse Kim. — Que obsessão.

— Mas é sério.

— Eu acredito em você.

Ela já estava quase dormindo, mas pareceu sincera.

Eu respondi:

— Também acredito em você, gata.

A água estava fresca e intensamente azul. Eu e Caroline, flutuando em boias infláveis, cruzamos os braços e, de tanta exaustão depois de dançar a noite toda, pegamos no sono e acordamos a oitocentos metros da orla.

Levei anos para começar a atacar de DJ de verdade, mas foi definitivamente aí que a ideia surgiu. Eu ainda era adolescente quando descobri que podia ser paga para aparecer em uma festa, e aprendi muito indo às melhores festas e boates do mundo. As pessoas apareciam para ver celebridades, mas só um grande DJ podia criar a experiência eletrizante que vimos em Ibiza naquela noite. Eu sabia que, se me dedicasse a aprender sobre a tecnologia usada, poderia fazer as duas coisas.

A primeira coisa que aprendi é que é muito mais difícil do que parece, mas, ainda assim, sou inteligente o bastante para fazer perguntas em vez de fingir que sei tudo. Um cara genial chamado Mike Henderson, ou DJ Endo, me ensinou o básico de hardware e software. Ao longo dos anos seguintes, entre 1 milhão de outras coisas, eu passei centenas de horas aprendendo tudo que podia sobre trabalhar de DJ, treinando todos os truques que encontrava no YouTube e inventando uns truques novos só meus. Fui a todos os maiores festivais — Burning Man, Coachella, Ultra e Tomorrowland — para observar, absorver, sentir o astral e aprender a fazer as pessoas pularem e dançarem.

Como qualquer mulher em um negócio majoritariamente masculino, fui recebida com certa resistência reativa. Quando comecei a fazer shows, tinha gente que não acreditava que era eu de verdade. Eu não podia abrir espaço para isso na minha cabeça. Trabalhei mais, me provei, fui crescendo. Participei de festivais enormes e megaboates nos Estados unidos, na China, na Europa e no Oriente Médio. E aí, finalmente voltei a Ibiza.

Na minha residência de cinco anos em Amnesia, família, amigos e milhares de fãs, muitos dos meus Little Hiltons, muitas pessoas lindas e divertidas vieram do mundo todo, e foi tudo que eu imaginava. Não era fácil tirar várias semanas para aquilo todo verão, então eu soube que a festa final de

A autobiografia 283

2017 seria minha última visita a Ibiza por um tempo. Eu amava estar lá, mas o negócio estava bombando.

Meus perfumes tinham lucrado quase 3 bilhões de dólares, e eu estava trabalhando com dezenove outras marcas de estilo de vida, inclusive cuidado dermatológico, sapatos, roupas, bolsas, batom, iluminação, decoração, moda pet e qualquer outra coisa que conseguisse organizar em um moodboard. Meus investimentos imobiliários incluíam spas e boates, e até segui os passos do meu bisavô e abri meus próprios hotéis. Eu escrevia e gravava músicas, e estava sempre disposta a participar de filmes ou aparecer no lugar certo, pelo preço certo.

Por vinte anos, enquanto cada milímetro da minha pele era exposto ao mundo, eu mantive algumas coisas escondidas. O esforço me deixou esguia e desconectada, forte o suficiente para sobreviver ao sucesso estonteante, a traições devastadoras e a quantidades insuportáveis da minha própria merda.

Mas, mais cedo ou mais tarde, todo mundo vai embora de Ibiza.

Amnesia nunca era suficiente para mim. Por mais que eu trabalhasse, por mais que curtisse, uma hora precisava dormir e, nos pesadelos, lembrava de tudo. Parecia que o tempo passado na cadeia tinha aberto a porta de um porão que eu deixara trancada por anos. Os pesadelos nunca tinham me deixado, mas passar 23 dias presa os tinha levado a outro nível. Tinha voltado a ser concreto. Imediato. Físico. Perigoso. Eu não acordava só gritando; acordava sufocando, como se estivesse afogando em um rio lamacento.

Às vezes, eu me levantava e pegava o laptop na cama. Não era um hábito saudável. Na primeira vez que procurei "Provo Canyon School" no Google, fiquei chocada ao saber que ainda existia. Depois de tantos anos. Ninguém tinha feito porcaria nenhuma. Nem eu. A culpa veio como a picada de uma vespa. Porque é isso que pedófilos, agressores e estupradores fazem: eles tornam você cúmplice da infração deles, ao dar a você a única coisa que os ameaça: agora, você sabe. Você pode impedi-los. Se não fizer nada, a próxima vítima está na sua conta. É claro que isso é uma baboseira sem fim, injusta e mentirosa, mas sei que não sou a única que carregou esse fardo. Tantos sobreviventes compartilharam suas histórias e choraram comigo, todos carregavam o peso do arrependimento por toda criança que sofreu enquanto tentávamos deixar aquele lugar para trás. Nossa sanidade — às vezes nossa mera sobrevivência — dependia de esquecer aquele lugar e criar uma vida na qual nunca mais precisássemos pensar nele.

Com o surgimento do Reddit e de outros fóruns, sobreviventes de Provo, Ascent, Cascade e CEDU começaram a encaixar as peças de uma história terrível de abandono e abuso. A extensão do desastre era devastadora: vício, transtorno de estresse pós-traumático, suicídio, insônia e famílias destruídas. E o volume de dinheiro... *tanto dinheiro*, que eu perdia o fôlego. Bilhões entravam nessas instituições por financiamento particular e público. Puta que pariu, era um equívoco imenso que continuassem a mudar de CNPJ para escapar de processos e acusações. CEDU Education tinha sido vendida para Brown Schools em 1998. A empresa tinha declarado falência em 2005 e sido substituída por United Health Service, Inc. As firmas sumiam e ressurgiam sem parar. Alguns esforços de responsabilizá-las tinham sido feitos, mas ninguém conseguia fazer nada dar certo.

Eu precisava dar as costas. Precisava dizer a mim mesma: *Não é minha culpa. Não posso fazer nada.* Eu não podia me envolver naquilo. E se alguém em um daqueles fóruns se lembrasse de mim? Me odiasse daquela época? Tudo aquilo do Rap. O chute na transportadora. O complô para enfiar a seringa no auxiliar de enfermagem, que foi colocado na minha conta... tudo aquilo. Minha marca era mais do que meu negócio; era minha identidade, minha força, minha autoestima, minha independência, minha vida inteira. Eu precisava proteger minha marca. Tudo que fugisse da marca... *não*. Circulado e riscado. Não dá.

Eu me recolhi em um terreno mais seguro: o trabalho.

O Facebook comprou o Instagram em 2012, e o Twitter comprou o Vine. Lancei uma linha de óculos em Xangai e saí em turnê para divulgar meu décimo quinto perfume, Dazzle, que ainda é um dos meus preferidos e me permitiu tirar umas férias do modelo espanhol que estava namorando. Fiz um acordo de franquia que envolvia quarenta lojas Paris Hilton, especialmente na Europa e na Ásia, para vender bolsas, cosméticos, óculos escuros e outros objetos.

Em 2013 e 2014, quando não estava em residências de DJ em Atlantic City ou Ibiza, nem em shows na Espanha, na França, em Portugal, na Coreia

A autobiografia 285

do Sul, e nos Estados Unidos, eu estava no estúdio trabalhando na minha própria música. Incluí novos singles, "High Off My Love" e "Come Alive", no meu set, junto da minha música-tema clássica. Mais do que nunca, eu estava sentindo "Free" ("livre"), de Ultra Naté.

Não conseguia parar de pensar nas crianças presas na Provo Canyon School, mas sentia exatamente o que a escola me treinara para sentir: desamparo.

Eu queria ajudar, mas não sabia para quem pedir ajuda. Tudo que eu fizesse seria um risco para minha narrativa cuidadosamente construída. Magoaria ou envergonharia minha família.

Eu me sentia protetora em relação a Papa. Ele era saudável para a idade, mas um pouco de sua energia se esvaiu quando perdemos Nanu em 2004. Ele nunca foi muito sentimental, mas, conforme minha vida de empresária crescia, tínhamos cada vez mais coisas em comum. Era um relacionamento importante para mim. Em 2014, investi mais no mercado imobiliário e abri Paris Beach Club nas Filipinas, o que ele adorou. Sempre que eu o levava para jantar, perguntava se ele queria sair pelos fundos para evitar os paparazzi, mas ele ficava feliz e orgulhoso em me dar o braço e sair pela frente.

Ver meus pais tão orgulhosos de tudo que eu conseguira era muito importante para mim. Ganhei o prêmio de Melhor DJ Feminina no NRJ DJ Awards, e a *Time* relatou que eu era a mulher DJ que mais faturava, pois ganhava até 1 milhão de dólares por show. Ainda estou trabalhando para chegar ao dia em que vou poder parar de incluir "mulher" e "feminina" na conversa. Tem tantas DJs incríveis por aí que classificar assim parece datado e desconectado. As oportunidades são abundantes; os meninos não têm nada a temer. Se você for bom, vai ter trabalho. Concorrência é saudável, né?

Nicky também estava arrasando. O livro dela, *365 Style*, foi publicado, e ela ficou noiva de James Rothschild, que era (a) maravilhoso, e (b) da família Rothschild.

Ou seja, eu não queria mexer no vespeiro familiar ao revirar o passado desagradável.

Em 2015, "High Off My Love" chegou à terceira posição na lista de baladas da *Billboard*, eu me apresentei a uma multidão de 50 mil pessoas no Summerfest, em Milwaukee, e Nicky se casou com James no Kensington Palace. O pior momento do ano foi perder Tinkerbell, minha companheira querida de tantos pontos altos e baixos. Ela morreu pela idade avançada, aos catorze anos.

O TikTok foi lançado em 2016, e virou sensação imediata. Donald Trump virou presidente. E eu virei tia quando Nicky e James tiveram uma filha linda, Lily-Grace Victoria. A irmãzinha dela, Theodora Marilyn, nasceu em 2017.

Virar Tia Paris fez surgir em mim um novo nível de ferocidade. Enquanto eu via aquelas criaturinhas incríveis crescerem, lembranças da minha infância voltavam. Um dia, eu tinha sido uma criança-sereia feliz e livre assim. Até que... certas coisas aconteceram.

TikTok e Instagram me ajudavam a fingir que eu vivia um conto de fadas perfeito, mas, na verdade, minha vida de conto de fadas é a que não aconteceu: escola de elite, faculdade Ivy League, mestrado no estrangeiro, uma carreira em medicina veterinária, um bom marido, filhos. Tudo isso desapareceu antes mesmo de eu poder imaginar. Eu tinha acabado presa dentro daquela caricatura do *The Simple Life*, essa pessoa que era eu, mas não exatamente, e que saía pelo mundo vivendo minha vida.

Redes sociais viraram a nova realidade.

O *self* virou a *selfie*.

A privacidade foi mercantilizada.

Nossa atenção coletiva virou espaço de publicidade.

Uma geração inteira de crianças cresceu insensibilizada pela ritalina e deu um jeito de reinventar a arte da conexão.

Eu fui carregada por uma maré de empoderamento. Foi subindo debaixo de mim, conforme mulheres de todas as idades iam se cansando de como fomos desprezadas. Eu estava me esforçando para trocar de pele, e deixar para trás a personagem de voz de bebê. Eu queria ser a mulher à qual Marilyn nunca tivera a chance de evoluir: de *It Girl* à Influencer.

Tudo que eu faço é ligado à tecnologia de avanço rápido: música, redes sociais, DJ, artes visuais, desenvolvimento e design de produto, NFTs e o que vier pela frente. Carter e eu falamos muito de como vamos criar filhos no meio disso.

(Falamos muito de filhos, de forma geral, porque queremos muito ter filhos um dia.)

— Nem imagino como deve ser a vida de uma menina de treze anos hoje em dia — falei. — Vamos precisar ser rígidos quanto ao uso de telas.

— Nossos pais enfrentaram o mesmo desafio — disse Carter —, só que eles tiveram que ser rígidos quanto a computadores e videogames. E os pais deles tiveram que se preocupar com aquela nova invenção chamada televisão.

Que loucura, né? Tudo acontece tão rápido.

Porém, eu tinha construído uma muralha ao meu redor. Tinha me esforçado para mantê-la ali. Tomado decisões ruins. Permitido certas influências tóxicas. Tinha desperdiçado tanto tempo com encostados famintos e belos valentões que sempre pareciam precisar de dinheiro, atenção constante, ou as duas coisas. Se eu acidentalmente me conectasse com um homem que era homem o bastante, sempre dava um jeito de sabotar aquilo.

— Não sinto tanta pena de você — disse Nicky, depois de eu terminar com alguém de quem mal me lembro. — Se você quisesse filhos, se quisesse um marido, daria um jeito. Talvez você não queira. Acha que a sociedade espera isso de você, mas é uma responsabilidade imensa. Se não quiser genuinamente, não deveria fazer isso.

Eu queria. Genuinamente! Mas parte de mim não estava aberta ao tipo de parceria que eu via em Papa e Nanu, nos meus pais, e em Nicky e James. Eu aceitava que não era capaz daquilo. Eu não me via capaz de desaprender aquela lição: é melhor ficar sozinha.

Eu viajava 250 dias ao ano. Meu tempo era consumido por criar e cultivar. Fazer coisas acontecerem. Era minha força vital. Toda a atividade me isolava da memória. Todo show, voo e ensaio fotográfico, toda ponta em filme e todo namorado descartável, tudo virava um tijolo na muralha que eu construía ao meu redor. Ninguém sabe disso melhor do que Nicky. O fato de eu nunca ter contado a ela o que de fato aconteceu durante o tempo em que eu supostamente estava "no internato em Londres" é prova de como enterrei aquilo.

Fiz 36 anos em 2017: a idade de Marilyn Monroe e princesa Diana quando elas morreram. O trajeto que elas tinham aberto para mim acabava ali. Uma sensação esquisita de *alguma coisa precisa acontecer* me tomou.

Ofertas para fazer reality eram constantes na minha vida, e eu normalmente recusava sem nem uma reunião. Não queria voltar atrás. Mas vivia ouvindo falar de Aaron Saidman, que era produtor executivo do documentário *Leah Remini: Scientology and the Aftermath*. Fui conquistada pelo dever de casa que ele fez e pela substância que buscava.

Na nossa primeira reunião, Aaron me falou:

— Caí num buraco de mídia e li muita coisa. Para falar a verdade, a maioria era desagradável. Crítica. Comecei a pensar no público que consumia essas matérias. Passamos vinte anos obcecados por Paris Hilton, fofocando sobre as irmãs Hilton, mas vocês não estavam falando de si próprias. Todo mundo conversava sobre aquilo, mas, sempre que surgia um escândalo, a família se fechava. Mandava o representante de relações-públicas lidar com o drama.

Sorri, pensando em Elliot bebendo chardonnay.

Eu limpo o que ficou manchado, e amplio o que brilha.

— Como narrador de não ficção — disse Aaron —, fiquei mais curioso quanto ao que você diria se tivesse a oportunidade de falar em primeira pessoa.

Eu também estava curiosa. Pouco tempo antes, tinha produzido e estrelado *Império de memes*, um documentário sobre influencers de redes sociais, e queria que aquele filme fosse igualmente cinematográfico, assustador, engraçado, divertido e comovente. (Também era meu projeto para o livro, e espero que tenha dado certo.) Aceitei participar de um documentário sobre Paris Hilton, a diva dos negócios, viajando pelo mundo, pagando de chefona, falando com fãs, tocando em festivais de música imensos e namorando homens gostosos. Queria levar os fãs para minha casa em Beverly Hills, Slivington Manor, e mostrar um pouco do trabalho diário necessário para construir uma entidade corporativa global na tradição do império hoteleiro insano do meu bisavô.

Eu não tinha intenção de revelar a verdade dos meus anos de "internato". Até que Demi Lovato me deu um sacode.

Eu conhecia e amava Demi já fazia tempo, mas fiquei tão espantada quanto o resto do mundo com a sinceridade, vulnerabilidade e coragem que ela mostrou no documentário *Demi Lovato: Simply Complicated*, em 2017. Pouco depois do meu último show em Ibiza, fui DJ na cena de festa na casa de Demi, ambiente de seu clipe para "Sorry Not Sorry". No documentário, Demi compartilhou o enfrentamento dolorido de seu passado difícil; em pessoa, eu a vi no meio de uma jornada intensa de autoaceitação e descoberta.

Eu invejava essa aceitação. Queria viver aquela descoberta também. E, principalmente, me inspirei com a coragem de Demi. Vê-la acendeu a coragem em mim. Em vez de temer o impacto em minha marca, comecei a pensar no efeito na indústria de serviços para adolescentes considerados problemáticos se eu saísse das sombras e contasse minha verdade.

Fiquei em êxtase quando Alexandra Dean entrou no projeto como diretora de *A verdadeira história de Paris Hilton*. (Ela fez também o documentário *Bombástica: A história de Hedy Lamarr*, que explora a vida secreta da deusa do cinema, que também foi uma cientista brilhante.) Alexandra e a equipe começaram a me seguir, acompanhando meu cronograma intenso, de um continente a outro, gravando eventos e entrevistas, mostrando os fãs que aparecem para me ver aonde quer que eu vá, em geografia ou estilo. Era o único relacionamento que parecia funcionar: eu e essas pessoas todas que não conheço. Sentia amor até ficar sozinha no fim do dia. Precisava sair do mundo iluminado e tentar dormir, sabendo que os pesadelos estariam sempre à espreita, esperando pacientemente entre o papel de parede e a arte estéril do hotel.

Depois de vários meses de gravação em aeroportos, shows, lojas e no meu armário, pousamos em Seul, na Coreia do Sul. Eu estava exausta, e Alexandra queria capturar aquele momento autêntico. Deixei ela levar uma câmera portátil ao meu quarto de hotel. Ela me filmou tirando os cílios postiços antes de me deitar e ficou sentada ali, em silêncio, enquanto eu me embrulhava na coberta, pegava o celular, revirava minhas bolsas e reclamava do frio. Ela não jogou perguntas, como a maioria das pessoas faz quando tem uma entrevista a entregar. Só ficou comigo, durante as horas insones, e seu silêncio foi como um ímã.

Virei uma dose de Dream Water. O rótulo dizia: "Acorde renovada!".

— Só em sonho — falei. — Eu nunca acordo renovada. Estou exausta para caralho. É só que… minha cabeça fica literalmente revirando os próximos meses, sem parar um segundo. Viajo o mundo todo e só vejo hotéis, boates e lojas. Às vezes, nem sei quem eu sou. Vivo fazendo essa pose de vida feliz e perfeita. Eu tinha um plano. Criei essa marca, essa persona, esse personagem e fiquei presa nisso. E eu não fui assim sempre.

Foi aquele momento de pular de paraquedas. Contar a verdade me deu aquele momento maravilhoso e terrível de queda livre.

— Aconteceu uma coisa comigo. Na infância.

Alexandra se sentou na cama, de pernas cruzadas, e segurou a câmera nas mãos firmes, enquanto tudo jorrava de mim.

— Tiraram todo meu controle, e eu não podia ser nada, tipo, ter, só... basicamente, tiram todos seus direitos humanos, e você, tipo, não tem *nada*. E aí você, você literalmente não pode controlar... não pode nem, tipo, andar, falar, ou ir ao banheiro, ou tossir... tudo que um ser humano normalmente faria sem empecilhos, mas você tem que pedir permissão. E ser trancado. E controlado. E receber 50 milhões de regras que, tipo... não faziam o menor sentido. Era, tipo, literalmente criar essa coisa impossível... Sei lá, é tortura psicológica. Loucura! Nem parece verdade. Tipo, quando falo disso, penso: *Nem sei como isso é verdade*. Mas tem tantos outros sobreviventes na internet... agora sei que tem outras pessoas que nem eu por aí, e que entendem, mas não são ouvidas. Não *acreditam* nelas, não acreditam que crianças são jogadas nesses lugares ainda piores do que a cadeia.

Em fragmentos confusos, contei a história que contei para você nas páginas deste livro. Quando tudo saiu, o céu estava iluminado pelo brilho da alvorada. Do outro lado da janela, Seul era um mar azul-escuro salpicado de sinais de trânsito e arranha-céus empresariais. Alexandra e eu nos deitamos na cama do hotel, física e emocionalmente exaustas. Nós duas estávamos chorando. Os braços dela tremiam de cansaço por ter segurado a câmera por horas. Choro agora, pensando no vigor, na paciência e na generosidade necessários apenas para *escutar*.

— Queria poder levar uma câmera aos meus sonhos e mostrar como é — falei. — É apavorante. E acho que o único jeito de parar com esses pesadelos é fazer alguma coisa.

Ao longo do processo de filmar e editar *A verdadeira história de Paris Hilton*, Alexandra me incentivou a ir muito além da minha zona de conforto habitual, e em alguns momentos intensos entramos em conflito. Fiquei especialmente nervosa quando ela me botou em contato com as poucas meninas que eu conhecia de Provo, e os momentos finais do filme nos acompanham à Provo Canyon School, onde me juntei a outros sobreviventes na missão de quebrar o "código de silêncio" e fechar aquele inferno específico.

O momento mais assustador do processo foi me sentar com minha mãe e conversar com ela sobre o que aconteceu. Ao analisar sua expressão, vi primeiro incredulidade, depois choque e, por fim, uma tristeza profunda. Parecia que ela estava ouvindo de uma vez só todas as vezes que eu chorara por ela — todas as noites assustadoras e os dias miseráveis em que meu peito soluçava *mãe, mãe, mãe*. Sobrecarregada, ela cobriu o rosto com as mãos, apertou a testa com os dedos e ficou um bom tempo em silêncio. Quando ergueu o rosto outra vez, sua expressão estava elegante e composta. Uma máscara graciosa sob pressão. Ela precisava processar aquilo a seu próprio modo.

De início, achei que ela pudesse continuar no papel de rainha de jogar tudo para baixo do tapete, mas, alguns dias depois, recebi uma mensagem dela, com um link para um artigo sobre sobreviventes da Provo Canyon, como se quisesse que eu soubesse que ela estava pronta para enveredar comigo por aquele caminho. Dali em diante, começamos uma conversa cuidadosa e lenta a respeito do passado, respeitando os sentimentos uma da outra, sem querer acrescentar mais dor.

Conforme meu trabalho de ativismo cresce, me concentro na legislação necessária e urgente para proteger crianças ainda em custódia, mas tenho uma percepção agonizante das famílias devastadas pela indústria de serviços para adolescentes considerados problemáticos — as famílias que começam em crise e acabam completamente destruídas, com dívidas sufocantes e cicatrizes emocionais muito profundas. Elas também precisam de ajuda. Precisam de cura.

Ter a companhia da minha mãe em viagens de ativismo legislativo me dá esperança para ajudar essas famílias. Em particular, não resolvemos tudo. Talvez nunca resolvamos. Publicamente, sua disposição a falar disso revela uma coragem impressionante. Sua presença dá um recado simples e potente: *Mamãe chegou.*

21

CARTER GOSTA DE DIZER QUE ME CUROU da minha *baladite*, que é seu jeito de falar do medo que eu tinha de perder qualquer coisa. E esse medo era intenso. Eu ia a festas compulsivamente, ano após ano, sentindo que precisava compensar o tempo perdido.

O carrossel girava e girava, seguindo o mesmo trajeto global todo ano: Festival de cinema de Cannes. Vamos lá. Depois de Cannes, o Grand Prix de Mônaco. Dali, voamos para Ibiza, e aí Saint-Tropez, Tomorrowland, Coachella, Burning Man, Ultra Music Festival, Art Basel, Miami, EDC. Tinha um calendário completo de eventos que não podia perder e, entre as paradas regulares, estavam os tapetes vermelhos, as premières e as festas *afters* épicas. Reformei minha nova casa, incluindo closets gigantescos, um estúdio de gravação e uma versão atualizada e adulta de Club Paris, onde reunia meus amigos quando estava por lá.

Carter e eu nos cruzamos várias vezes ao longo dos anos. Ele estava em muitos dos mesmos festivais e eventos, e me conta que ele, o irmão Courtney e o primo Jay foram de penetra a várias festas na minha casa. Eu não os convidei — nem os conhecia —, mas conhecíamos tanta gente em comum que eles não tiveram nenhuma dificuldade em se encaixar. Aparentemente, Jay passou uma noite fumando maconha com Snoop Dogg e Suge Knight em um quarto do segundo andar. Ele voltou para casa, no Michigan, e contou para todo mundo, até virar uma das lendas preferidas da família: "Aquela vez que Jay ficou chapado com Snoop e Suge".

A família de Carter sempre se encontra nos feriados. Ele cresceu em uma cidade pequena nos arredores de Chicago. É do Meio-Oeste, o que adoro nele. Depois da faculdade, trabalhou na Goldman Sachs até ele e Courtney se mudarem para Los Angeles, abrirem VEEV, uma marca de bebidas alcoólicas de luxo — uma das empresas privadas de crescimento mais rápido nos Estados Unidos —, e fundarem sua empresa de capital de risco, M13 Investments, em 2016.

Ele gosta de pensar que a gente se conhecia, porque estivemos nos mesmos lugares ao mesmo tempo em várias ocasiões, mas a verdade é que eu não o notei. Estava ocupada demais com o meu papel de Rainha da Noite. Em agosto de 2019, durante a pós-produção de *A verdadeira história de Paris Hilton*, eu fui ao Burning Man. Uma amiga veio me cumprimentar e tirar uma foto, e Carter estava lá. Eu mal o olhei.

É esquisito. Como se tivéssemos sido feitos um para o outro, mas Deus não me permitisse vê-lo até estar pronta.

No outono, os planos para as festas de fim de ano começaram a tomar forma, e minha mãe queria que eu fosse passar o feriado de Ação de Graças nos Hamptons com a família. Fazia quinze anos que eu não ia. Estava sempre trabalhando. Tinha sempre um motivo para estar em Londres, na Índia, em qualquer lugar que não fosse a mesa de jantar dos meus pais. Minha resposta foi uma negativa definitiva, especialmente quando soube que Nicky e James iriam a Abu Dhabi.

— Não vou ficar lá sozinha com a mamãe e o papai — falei. — Seria um porre.

— Paris — disse Nicky, com a voz de irmãzinha mandona —, vá ver a família. Não dê uma de órfã. As meninas estarão lá! Faz um tempo que você não vê Lily-Grace e Teddy, e elas crescem rápido.

Falei que ia pensar e, ao olhar para Los Angeles, me surpreendi ao notar que estava cansada de vagar, desconectada, cansada de festas nas quais precisava desempenhar um papel roteirizado.

Eu estava pronta para voltar para casa.

A semana de Ação de Graças foi cheia — cozinhando, comendo e fazendo visitas. Minha mãe foi convidada a jantar na casa de uma amiga e me convidou para ir também. Ela esperava que eu inventasse uma desculpa, falasse que precisava ir dormir ou fazer compras, mas eu falei:

— Vamos lá.

Eu esperava morrer de tédio, mas cheguei lá, vi um cara bonito — alto e atlético, com um sorriso incrível e olhos gentis —, e pensei: *O.k., talvez seja interessante.* A irmã de Carter, Halle, é casada com o filho da amiga da minha mãe. O pai de Carter tinha falecido repentinamente dois anos antes, e Carter estava lá acompanhando a mãe, Sherry, uma senhora pequena, tipo flor de aço. O jeito de Carter cuidar dela era fofo: atencioso, mas não insistente, compassivo, mas forte. Ele estava sempre de olho nela.

Quando Carter me viu, seu rosto se iluminou. Ele diz que, quando me viu sentada perto da lareira com uma caneca de chocolate quente, pediu para o irmão interferir para ele vir conversar a sós comigo. Começamos com o básico de *oi tudo bem*, e notei que ele achava que eu o conhecia. Ele falou do Burning Man e, tentando ser simpática, eu falei:

— Ah, seeeeeei. Claro.

Ele me perguntou dos meus planos, e eu falei:

— Estou prestes a ir em uma viagem com o Dalai Lama e um pessoal.

Ele falou:

— Ah, conheço umas pessoas que vão nessa viagem. Deixa eu pegar seu número para apresentar vocês.

Na verdade, ele não conhecia ninguém. Era só um jeito de pegar meu número de telefone de verdade sem parecer excessivamente agressivo.

Quando as pessoas começaram a organizar o jantar, corri para o banheiro para retocar a maquiagem, e Carter foi direto à mesa, sentando a mãe à esquerda e segurando a cadeira à direita para mim. Quando me sentei ao lado, ele nem tentou se fazer de blasé. Ficou só muito alegre de estar ali sentado comigo. Ao longo da noite, falamos das nossas famílias, de arte, da vida, de negócios e da nossa coisa preferida: trabalho. Então Carter continuou a falar de trabalho, enquanto eu pensava em como levá-lo para fora da casa, para beijá-lo.

Um dos garçons se aproximou e falou, baixinho:

— Srta. Hilton, percebo que não está comendo. Podemos trazer alguma outra coisa para a senhorita?

— Não — respondi. — É que não gosto de comer na frente de meninos bonitos.

Depois do jantar, perguntei se ele queria dar uma caminhada e praticamente me joguei em cima dele. Empurrei-o na cerca da quadra de tênis e o beijei, e ficamos nos agarrando que nem adolescentes por uns dez ou quinze minutos.

Carter falou:

— Bom. Eu não estava esperando isso.

— Eu sempre consigo o que quero — disse a Rainha da Noite.

— É melhor eu ir — disse Carter. — Vamos voltar à cidade ainda hoje. Estou hospedado no Plaza com minha mãe e meu irmão.

Eu pensei: *Espera aí, é o quê? É só isso?* E eles foram embora.

Emergência do Google: passei o resto da noite pesquisando esse cara, investigando a empresa, vendo ele dar entrevistas e fazer comentários sobre negócios na CBS, na Fox e no *Hatched*, um programa de televisão sobre empreendedores.

Ele era uma gracinha. Fiquei obcecada. Precisava vê-lo de novo.

— Não vá à cidade — disse minha mãe. — Vai parecer desesperada.

Eu *estava* meio desesperada. Fiquei mais uma noite nos Hamptons, acordei e fiz a mala. Falei para minha mãe:

— Preciso encontrar ele.

Voltei ao meu apartamento em Nova York. Carter foi me encontrar. Pedimos Mr. Chow, abrimos uma garrafa de vinho e passamos horas conversando. Contei para ele do documentário que estava prestes a sair e do segredo chocante que seria revelado ao mundo. Ele escutou a história de olhos marejados.

Pela primeira vez na vida, comecei um relacionamento com base em sinceridade total. Fiz uma conexão que não incluía cantos separados para segredos cuidadosamente protegidos. Fomos honestos. Que ideia doida, né? Primeiro, a gente assume. Depois, pode compartilhar.

Devagar e completamente, minhas muralhas desmoronaram.

Ao longo dos meses seguintes, Carter e eu nos vimos muito. Abri espaço para isso, tornei uma prioridade e recusei todo convite para baladas e viagens. Meus amigos viviam me perguntando se estava tudo bem, e eu dizia:

— Tudo bem. Só não quero estragar a história com esse cara legal.

Alguns meses depois, em março de 2020, a pandemia da covid-19 fechou tudo, e meu mundo barulhento se aquietou. Eu nem lembrava da última vez que tinha passado tantos dias em casa. Sempre achei que aquilo fosse me enlouquecer. Porém, eu gostei. Carter e eu nos recolhemos em um mundo próprio. Cozinhamos, limpamos e nos cuidamos. Ele foi gentil com meu coração recém-exposto. Aquilo era novidade para mim: um relacionamento verdadeiramente adulto e em pé de igualdade. Ele me devolveu a alegria que eu sentia quando criança e fez eu me sentir pronta para ter filhos.

Sabíamos que era para sempre. Sabia que éramos uma família. Começamos fertilização in vitro (FIV) com grandes sonhos da nossa turminha fofa e da vida que construiríamos com ela.

Para mim e para Carter, a quarentena foi um oásis, mas foi apavorante ver as mortes crescentes. Tantos dos meus fãs viveram perdas e tragédia. Muitas pessoas que amamos ficaram especialmente vulneráveis. Eu me sentia culpada de estar vivendo um momento de tanta bênção e sorte no meio de tamanho sofrimento.

Fiquei devastada por Alexandra quando a première de *A verdadeira história de Paris Hilton* foi cancelada, mas, pessoalmente, foi um golpe de misericórdia. Fiquei agradecida pelo filme sair naquele momento extraordinário de isolamento obrigatório. Eu não sabia como seria recebido pelo público, nem — e mais importante — pela minha família. Não havia como prever como afetaria cada faceta da minha vida profissional e pessoal.

A verdadeira história de Paris Hilton foi lançado no YouTube em 14 de setembro de 2020 e visto mais de 16 milhões de vezes nos primeiros trinta dias. O impacto imediato foi além de qualquer coisa que eu imaginaria, mas foi doloroso para minha família finalmente confrontar a verdade do ocorrido. A recuperação é um processo contínuo, o que provavelmente é o caso de todas as famílias.

Desde o lançamento de *A verdadeira história de Paris Hilton*, viajei diversas vezes a Washington, DC, para me reunir com legisladores e funcionários da Casa Branca e discutir mudanças desesperadamente necessárias nas leis relativas à regulação e fiscalização da indústria voltada para cuidados a adolescentes problemáticos. Com apoio total de Carter, contratei a produtora de impacto Rebecca Mellinger para minha equipe. O trabalho dela é traduzir ultraje em ação: organiza protestos e coletivas de imprensa, prepara *position papers*, isto é, documentos com posicionamentos, e apresenta nosso podcast, *Trapped in Treatment*, com Caroline Cole, que também é sobrevivente dessa indústria. Rebecca e eu passamos por um treinamento de ação legislativa que abriu meus olhos para o poder que nós — nós, a população — temos. Meu objetivo é fechar toda instituição com histórico de abuso, e garantir que toda criança tenha acesso a cuidado adequado.

Queremos que as crianças presas em tratamento saibam: *Estamos aqui para vocês.*

E queremos que os abusadores institucionais saibam: *Estamos indo atrás de vocês.*

Os projetos que ajudamos a deslanchar e as leis que ajudamos a codificar são a maior conquista da minha carreira, a coisa de que mais me orgulho. Queria que Papa, Nanu e Gram Cracker estivessem aqui para ver isso. Queria até que Conrad Hilton estivesse aqui para ver isso! E sinto um prazer perverso ao saber que as pessoas que fizeram mal a mim e a tantas outras crianças estão, sim, vendo isso. Espero que estejam se cagando de medo.

Eu finalmente me posicionei — por mim e por outros —, e é um poder incrível. Eu durmo à noite sabendo que estou fazendo todo o possível para ajudar crianças presas nessa rede de mentiras, abuso e silêncio.

Carter deu um apoio incrível ao meu esforço para gerar consciência e trazer mudanças significativas à indústria de serviços para adolescentes considerados problemáticos. Ele ama que eu seja uma guerreira, uma ativista e uma magnata criativa que se deita ao lado dele na cama e trabalha em visões criativas e orçamentos, enquanto ele cuida de lançamento de produtos e documentos de aquisição. Posso dizer honestamente que nenhum homem jamais me amou como Carter me ama, pelos motivos dele. Eu nem sabia que era possível um relacionamento fazer a gente se sentir protegida e poderosa ao mesmo tempo.

Em fevereiro de 2021, eu testemunhei diante de um subcomitê do Senado, suplicando para que aprovassem o projeto de lei 127, que depois foi aprovado pela Câmara, obrigando regulação e fiscalização de instituições para jovens por parte do Departamento de Saúde e Serviços Humanos. Duas semanas depois, no meu aniversário de quarenta anos, Carter me pediu em casamento, e eu aceitei.

Nosso casamento de contos de fadas, ocorrido no dia 11/11, foi documentado (óbvio) na série da Peacock, *Paris in Love*, então não entrarei em detalhes aqui. O programa mostra toda a loucura de planejar o casamento, além do progresso incrível de nosso trabalho e ativismo, e alguns pequenos passos no meu relacionamento com minha mãe. O casamento em si se deu ao longo de três anos de prazer ininterrupto. A lista de convidados foi limitada pelos efeitos da pandemia, mas Carter e eu fomos cercados de amor e submersos em alegria.

Depois de três anos juntos, somos um casal unido e confortável. Amamos as manhãs de sábado, quando vamos à feira comprar ovos, frutas e verduras, que trazemos para casa para eu preparar um brunch elaborado, e então comemos, comemos e comemos, enquanto conversamos sobre coisas maravilhosamente nerds, como garantia cruzada e financiamento cinematográfico. Rimos muito e tiramos tempo para refletir e sentir gratidão. Amamos nosso trabalho, nossas casas, nossos empregos e adoramos nossos cachorros.

Os bichinhos Hilton têm sua própria plataforma nas redes sociais, e foram contratados para vários comerciais. Diamond Baby roubou a cena em uma série de propagandas Hilton. Carter e eu brincamos que Slivington nem levanta a patinha por menos de um quarto de milhão. Além de servir de mãe empresária deles, equilibro linhas de produto, desenvolvo meu conglomerado midiático e meu mundo no metaverso, e gerencio um calendário cheio de eventos. As oportunidades que chegam a mim todo dia são tão extraordinárias que acho difícil recusar, mas estou aprendendo. Carter e eu sabemos muito bem que dinheiro é muito legal, mas que o recurso mais precioso que temos é o tempo.

Amo que Carter ainda seja um romântico incorrigível. Pouco tempo atrás, no nosso mesversário, ele arrumou o pátio com sofás, almofadas, presentes, aperitivos e uma tela de cinema para exibir o clássico de

Marilyn Monroe, *Os homens preferem as loiras* — o musical de 1953 no qual Marilyn faz o papel de Lorelei Lee, a menina materialista icônica que canta "Diamonds Are a Girl's Best Friend".

"Se uma menina passar o tempo todo preocupada com o dinheiro que não tem, como vai arranjar tempo para se apaixonar?", diz Marilyn, em sua famosa voz de bebê. "Quero que você encontre felicidade e pare de se divertir."

Eu ri, me sentindo mais viva, desperta e apaixonada do que jamais me senti. Naquela noite, dormi sem sonhos e acordei me sentindo uma paraquedista, pronta para me jogar em um futuro de possibilidades.

É isso que a FIV me dá. Possibilidade. Esperança. É difícil, mas a gente se dispõe a qualquer coisa para ter o que desejamos.

Sempre quis gêmeos: um menino e uma menina.

— É possível — disse o médico. — Em um mundo ideal...

Se ao menos meu mundo fosse tão ideal quanto parece.

Meses e meses de injeções, procedimentos de coleta de óvulos, mais injeções, novos remédios de TDAH, meu estado natural de caos... é muita coisa. É um bom amor, uma base forte para a família. Por favor, Deus, continuo a rezar, negociar e suplicar.

Depois de Carter e eu passarmos por quase dois anos de FIV, bebês estavam a caminho!

Nicky e minha nora Tessa estavam grávidas, as duas.

Eu, não.

Foi um momento agridoce. Fiquei felicíssima por eles, mas sempre achei que seria divertido se eu e Nicky estivéssemos grávidas ao mesmo tempo. Agora ela e Tessa estavam lindas, felizes e brilhando, e eu estava espetando mais uma agulha na barriga, me sentindo excluída e invejosa. Fiquei triste de perder a experiência toda de gravidez — festa de revelação de gênero, looks de maternidade incríveis, sessão de fotos de barriga entre rosas, ao estilo Beyoncé —, mas o que mais importa é um bebê feliz e saudável. Custe o que custar.

Para tanta gente, engravidar é só apertar um botão, né? Pelo menos é o que parece. E, quando você quer um bebê, parece que todo mundo espalha bebês para todo canto. É uma droga, mas não estou sozinha. Tem muitas mulheres jovens na clínica de fertilidade, muitas famílias prontas, esperando só acontecer. Meu médico diz que todo o lixo que a gente come, e até o ar que a gente respira, tem efeitos complexos, que não podemos nem começar a entender.

Acho que a lição é que as mulheres precisam controlar seu destino reprodutivo. Precisamos nos conhecer, saber o que é certo para nós — e quando —, e continuar no volante. Sei que é caro, mas, se for importante para você, eis um conselho de irmã mais velha: não adie. Não espere o sr. Certo aparecer. Entenda suas opções e tome controle do seu futuro. Colete seus óvulos enquanto ainda estiverem jovens e animadas.

Carter e eu continuamos tentando ter meninas. Mais injeções. Mais coleta. É muito pesado para meu corpo e minha cabeça, mas sempre sonhei em ter duas filhas e um filho. As injeções doem. Eu achei que não aguentaria mais. Precisava encarar o fato de que minha cabeça e meu corpo nunca tinham se recuperado por completo — e provavelmente nunca se recuperem — do trauma que vivi na adolescência.

Na adolescência, passei fome, fui espancada, fui levada ao limite emocional. No início da vida adulta, viajei muito, bebi muito álcool e comi muita besteira. Por décadas, fui louca e motivada. Vivi esses anos ao máximo, e não me arrependo de nada, porque amo onde estou agora, e todas as escolhas me trouxeram para cá. Porém, quero continuar a viver por pelo menos mais oitenta anos, e isso exige autocuidado — que não é sinônimo de autoindulgência.

Carter se cuida porque quer ser seu melhor para as pessoas que ama. Bem-estar como ato de amor era um conceito novo para mim. Nunca mais o ignorarei.

Na primavera de 2022, passei por mais uma rodada de FIV. Mais óvulos foram coletados. Tínhamos muitos meninos possíveis, mas apenas uma menina. Um time de futebol e só uma líder de torcida. Nós nos mudamos para uma casa nova e começamos a planejar nossa nova vida: um quarto só para os bebês de início, e depois quartos separados, uma piscina para ensinarmos eles a nadar, um jardim coberto para flores e verduras, e um espaço verde para eu e minha mãe organizarmos festas de aniversário épicas.

Planejamos chamar nossa menina de London, porque sempre me imaginei com uma filha chamada London. Não só por graça, tipo "Ah, não seria fofo?". Ia além disso. Era uma parte central da minha ideia de vida perfeita.

Minha filha, London. Ela se pareceria comigo. Eu a amaria perdidamente. Ela seria... tudo.

Em meados de setembro, fui a uma consulta médica. Quando voltei, Diamond Baby tinha desaparecido. Estávamos no processo da mudança para nossa casa de família feliz. Os carregadores abriram a porta, e ela deve ter escapulido pela grade de ferro. Talvez fosse só para se aventurar.

Eu surtei. Fiquei em frenesi.

De início, temi que ela tivesse sido pega pelos coiotes que vagam pelas colinas, até que uma médium entrou em contato com minha mãe e falou que Diamond Baby estava viva e sendo bem cuidada. Oferecemos uma recompensa e, em meio à avalanche de baboseira que naturalmente se seguiu, alguém mandou mensagem dizendo que a filha de uma vizinha tinha encontrado Diamond Baby e se apaixonado imediatamente. Disseram que a mãe da menina não suportaria abrir mão de Diamond Baby. Nenhuma recompensa seria suficiente para magoar assim sua filha. (Essa pessoa acabou se revelando uma golpista.) Pensamos em aumentar o valor da recompensa, mas tivemos medo de, nesse caso, nossos bichos ficarem mais atraentes para sequestradores.

Passaram-se dias, e depois semanas. Eu não parava de chorar. Perder Diamond Baby no meio da situação sofrível da tentativa de engravidar era demais. Foi que nem perder minha filha, irmã e melhor amiga de uma só vez. DB era tudo para mim. Meus braços, meu coração, tudo em mim doía de tristeza.

Precisei engolir a dor e ir à Milan Fashion Week. Era para eu fechar o desfile da Versace e trabalhar de DJ em uma festa depois. Donatella Versace é uma amiga querida. Não podia deixá-la na mão no último minuto.

— Tudo bem — falei para Carter. — Consigo trabalhar.

Sempre consigo trabalhar. Sempre consigo desfilar. Às vezes, é a única coisa que sei fazer: botar um pé na frente do outro. Por isso, fui a Milão. Nicky foi comigo, e fiquei agradecida pela companhia. Ela sabia o quanto eu amava Diamond Baby e supôs que fosse o motivo do meu sofrimento. Fiquei de óculos escuros mágicos enquanto provava a roupa: um minivestido rosa metálico com um véu de noiva cintilante. O vestido era a celebração do amor em um desfile todo voltado para o futuro brilhante. De sapatos de desfile, fui ensaiar e segui o diretor pela passarela que parecia ter mais de dez quilômetros. Ele não parava de falar, então foi bom eu não dizer nada.

— Gire bem, tá? É para marcar. A batida é bem quente. Bem na câmera — falou, apontando os olhos e a posição da câmera. — Ande aqui. Fique no centro. Ombros para trás, queixo para baixo, o.k.?

— O.k. — concordei.

Emily Ratajkowski apareceu e me beijou nas bochechas.

— Oi, linda — falei.

— Que emocionante — disse Emily. — Estou muito feliz de ver você.

— Eu também — falei. — Seu bebê é lindo.

— Obrigada. Ele está aqui!

Ela se iluminou — literalmente — ao falar dele. Fiquei feliz de estar de óculos.

Eu andava pensando muito naquilo. Em levar meu bebê comigo ao trabalho, à estrada, aos bastidores da Fashion Week. É o mundo em que vivemos hoje, e pode ser um mundo lindo se a gente superar os pensamentos intrusivos. Se tiver esperança. E seguir em frente.

Se tudo der certo, quando você ler isto, Carter e eu teremos um menino. Planejamos chamá-lo de Phoenix, um nome que escolhi há anos, enquanto pesquisava cidades, países e estados em um mapa, procurando algo que combinasse com Paris e London. Phoenix, como cidade, tem algumas boas referências de cultura pop, mas, o mais importante, leva o nome da fênix, o pássaro que pega fogo e ressurge das cinzas para voltar a voar. Quero que meu filho cresça sabendo que desastre e triunfo vão e voltam ao longo da vida, e que isso deve nos dar mais esperança para o futuro, mesmo quando o passado dói e o presente parece estar uma merda. É esquisito que duas ideias tão diferentes — tão opostas — coexistam assim, mas é verdade.

Liberdade e sofrimento.

Alegria e tristeza.

Amor e perda.

Ombros para trás, queixo para baixo, no centro, esperei no escuro até ser minha vez de adentrar a luz.

O diretor não mentiu. A batida era quente.

Posfácio

Escrevi este livro na tentativa de entender meu lugar em um momento crítico: o renascimento tecnológico, a era dos influencers. Não tinha espaço neste livro para todas as histórias que eu queria contar, então me concentrei nos aspectos centrais da minha vida que levaram ao meu ativismo: como meu poder foi tirado de mim e como o recuperei.

Pretendia oferecer a representação mais honesta da vida que levei e dos fatores motivadores que guiaram meu trajeto. O melhor e mais difícil, para todo mundo, é se manter honesto, e foi o que tentei fazer aqui. Espero que você me aceite por quem sou, mas, se não puder, entendo. Em última instância, espero que minha história tenha feito você rir e pensar, e motivado você a se amar um pouco mais do que no começo.

Ao contar minha história, tentei tomar cuidado para não contar minha versão de histórias que não me pertencem. Nem todo mundo que é importante para mim aparece como personagem neste livro. Além de serem bisnetos de Conrad Hilton, Conrad e Barron cresceram como irmãos de Paris Hilton, mas os dois têm suas próprias histórias. A fama é conhecida por causar danos colaterais, e meus irmãozinhos estavam no raio de impacto da bomba desde a infância.

Nicky viveu uma vida extraordinária, na qual eu tenho apenas papel coadjuvante. Espero que ela e minha mãe um dia escrevam seus próprios livros de memórias, porque mulheres inteligentes, engraçadas, trabalhadoras e sensíveis arrasam, e às vezes suas histórias de verdade se perdem na névoa de melodrama tóxico de socialites. Meu pai não é de memórias, mas superdeveria fazer um livro de negócios ao estilo *Be My Guest*.

Conrad Hilton concluiu *Be My Guest* com uma lista de conselhos prolixos para empreendedores. Talvez um dia eu escreva outro livro sobre esse assunto, mas, por enquanto, direi apenas o seguinte:

- Siga sua curiosidade. Ela está chamando você para seu verdadeiro propósito.
- Não desperdice energia em uma vida que outra pessoa projetou para você. A vida é individual, uma só por cliente. Deixe que cada um cuide da sua. Você cuida da própria.
- Aceite a necessidade de reinvenção incessante. Ficar sempre igual é (a) chato e (b) impossível.
- Nada substitui o esforço. Continue a arrasar, e alguma coisa vai rolar. Provavelmente não é o que você espera, mas é alguma coisa.
- Saiba que você é uma estrela. E se veja como parte de uma galáxia.
- Comemore o positivo, reconheça o valor do negativo e agradeça pelas duas coisas, pois é o que torna você quem você é.

— Você é uma mulher que viveu oito vidas ao mesmo tempo — disse Elliot recentemente. — Respirou o oxigênio de Marilyn Monroe.

Nasci com imenso privilégio e vivo uma vida extraordinária. A quantidade de mídia ao redor da minha história de vida é aterradora. Precisei contratar alguém para me ajudar a dar sentido a isso tudo. Revisando milhares de páginas ao longo de mais de um ano, mal conseguimos avançar. Precisei deixar isso tudo para lá. Este livro é meu jeito de atravessar o espelho.

A cada ano, é menos importante para mim que outras pessoas me amem, odeiem, adorem ou desprezem. Estranhamente, isso me ajuda a entender as pessoas, de forma geral. Não estou tentando dizer que sou igualzinha a você.

Estou tentando dizer que vejo você e acho possível que a gente se entenda melhor do que imagina. Tenho segredos, como qualquer outra mulher no mundo. Como qualquer outra mulher no mundo, passei por coisas horríveis, e sobrevivi.

Dizem que devemos mudar a narrativa de coisas ruins, e fazê-las parecerem boas, mas isso é besteira. Aquele ataque cardíaco não salvou sua vida. Câncer não é uma bênção. Seu agressor não é a fonte da sua força. Coisas terríveis são terríveis. Vamos reconhecer. Se você encontrou força, sabedoria ou uma nova perspectiva, é incrível, mas note que a força, a sabedoria e a nova perspectiva saíram de você, o que significa que estavam dentro de você desde o princípio.

O ativismo salvou minha vida. Carter é uma bênção. Coisas boas são boas, e eu agradeço. Coisas terríveis podem ir tomar no cu, mas gosto de acreditar que tudo acontece por um motivo.

Toda história de vida é uma teia de causa e consequência. Eu nasci precisamente no momento certo, filha exatamente das pessoas certas. Essa alquimia cósmica me tornou quem sou e me botou em posição de ajudar pessoas com necessidades desesperadas. Na espiral disso tudo, o trabalho com ativismo me abençoou com o truque que transforma meu TDAH em superpoder: *propósito*.

Por anos, eu disse que era incapaz de me concentrar em qualquer coisa; hoje, sei que meu foco pode ser certeiro se for voltado para algo verdadeiramente importante.

Quando eu e minha mãe fomos a Washington, DC, em 2022, Rebecca montou uma réplica de uma cela de isolamento Obs para as pessoas entrarem e terem uma noção do que era. Eu deveria entrar para uma foto.

— Não feche a porta — cochichei para Rebecca.

Ela me abraçou com força e eu entrei, tentando não chorar.

Não porque estava com medo. Chorei porque não sentia mais medo.

Chorei porque eu tinha passado o dia inteiro ouvindo histórias: alguém viu meu documentário e decidiu não mandar o filho para Provo. A tia de alguém ouviu nosso podcast e interveio para tirar o sobrinho de lá. Uma menina que estava em Provo quando eu e outros sobreviventes entramos marchando me contou que os funcionários correram para cobrir as janelas e forçar todo mundo a entrar nos quartos, mas a história se espalhou que nem fogo pelos corredores, entre funcionários e pacientes.

— Como assim, a *Paris Hilton* está aí?

A polícia veio, e a mídia se seguiu, voltando sua luz impiedosa para a indústria cruel que não pode mais se esconder nas sombras.

te peguei te peguei te peguei te peguei te peguei

Naquele dia, eu queria que todo mundo atrás daquelas paredes soubesse a mesma coisa que quero que você saiba agora: as pessoas que machucaram você não têm direito à palavra final. Você pode contar sua história, e sua história tem mais poder do que você imagina.

Agradecimentos

As OPINIÕES QUE EXPRESSEI NESTE LIVRO não necessariamente refletem as opiniões da família Hilton, de 11:11 Media nem de nenhuma organização com a qual eu esteja envolvida profissionalmente. É minha história, de acordo com minha memória imperfeita. Se outros tiverem lembranças diferentes, respeito seu direito de contar suas próprias histórias, de suas próprias perspectivas. Tentei processar tudo com amor e compaixão e espero que todos façam o mesmo.

Tantos OBRIGADAS são devidos! Não tem espaço neste livro nem em uma biblioteca inteira para a gratidão que sinto pelo apoio, bom humor e amor da minha família e dos meus amigos. Mãe, pai, vocês me deram o mundo e me ensinaram a viver nele. Sou para sempre a menina de vocês. Nicky, você sempre lê minha mente, então sabe como é importante para mim. Você é minha melhor amiga e não imagino minha vida sem você. Conrad, Tessa e Barron, vocês me fazem felizes só por serem quem são. Para minhas primas Brooke, Whitney e Farrah: foram tantas lembranças divertidas pelo mundo juntas. Para meus outros primos, tias e tios: vocês arrasam. A família que encontrei — Nicole, Jen, Allison, Holly, Cade, Brit, Kim e tantos outros que nem consigo mencionar: vocês me acompanharam com humor, amor, bom senso e quantidades loucas de diversão quando mais precisei. Little Hiltons:

espero que vocês se vejam nas partes mais felizes da minha história. Quero que todos vocês sintam meu amor e minha gratidão.

Minha vida mudou para sempre por causa da equipe do documentário que se recusou a aceitar qualquer coisa menor que minha história de verdade. Muitos agradecimentos a Alexandra Dean, Aaron Saidman e toda a equipe talentosa que trabalhou em *A verdadeira história de Paris Hilton*. Meu trabalho legislativo e de ativista não seria possível sem minha diretora de impacto, Rebecca Mellinger e sua equipe. Ao seu lado, sei que podemos mudar o mundo. Bruce Gersh, o presidente da minha empresa de mídia, faz o impossível todo dia e mantém esse carrossel louco em movimento, assistido por todo mundo da minha equipe incrível na 11:11 Media. Amor e agradecimento especial a todos que trabalham comigo nos meus perfumes, produtos, podcasts, redes sociais, metaverso… tudo; vocês fazem isso dar certo. E fazem ser divertido.

Minha equipe dos sonhos atravessou o espelho e voltou comigo durante o processo de escrita deste livro. Albert Lee, meu agente literário da UTA, encontrou uma editora perfeita. A editora Carrie Thornton e sua equipe na Day Street moveram montanhas e criaram um projeto lindo. Joni Rodgers me ajudou a encontrar minha voz e segurou minha mão pelo caos, apoiada pela própria agente, Cindi Davis-Andress, e pela pesquisadora, Patty Lewis Lott. Nada disso teria importância sem as pessoas que leem este livro, então agradeço pelo seu tempo e por sua energia atenciosa. Mal posso esperar para ouvi-los nas redes sociais e ver vocês mundo afora. Muito obrigada a todos os meus Little Hiltons pelo mundo.

Para Carter: Conrad Hilton disse que a sorte é estar com as pessoas certas, no lugar certo, na hora certa. Amor, você é minha pessoa, meu lugar e minha hora. Nossa família e nosso futuro — isso é tudo para mim. Obrigada por fazer eu me sentir uma princesa de conto de fadas todos os dias. Você é meu mundo e, como falei no nosso casamento, vou fazer você se sentir o homem mais sortudo do mundo pelo resto da vida. Te amo.

Paris Hilton
Primavera de 2023

Este livro, composto na fonte Fairfield,
foi impresso em papel Pólen Natural 70 g/m², na Coan.
Tubarão, fevereiro de 2023.